自伝的記憶の心理学

佐藤浩一・越智啓太・下島裕美 編著

Psychology of
Autobiographical Memory

北大路書房

まえがき

　If there is one topic that binds the various subdisciplines of psychology together, it is memory.
　　もし，心理学のさまざまな領域をつなぐトピックが1つあるとするなら，それは「記憶」である。
(Ross & Buehler, 1994, p.55)

　自伝的記憶（autobiographical memory）とは，過去の自己に関わる記憶の総体である。こうした記憶に対する関心のルーツは古い。人類学や社会学では1900年代初頭から，個人の生活史（ライフヒストリー）が資料として活発に利用されていた（Langness & Frank, 1981）。心理学ではJames（1892）が「記憶は，単にある事実に過去の日付をつけるだけでは足りない。それは私の過去の中に日付をつけられなければならない」（James, 1892／今田，1992, p.85）と述べて，記憶と自己が不可分の関係にあることを指摘している。また自伝的記憶が人間の心的機能を探求するうえで重要な問題であるということは，20世紀初頭にGalton（1907）やFreud（1914）によって指摘されていた。Galtonが観念連合の研究に用いた方法は「手がかり語法」として，今日の研究で一般的に用いられている（1章3節参照）。Freudは感情と記憶の関係（8章参照）や，偽りの記憶につながる問題について考察をめぐらせた。1920年代以降も，Freudの抑圧説を実証的に検討しようとした人たちによって，「快な経験と不快な経験では，不快な経験のほうが忘却されやすいのか」という問題意識のもとで検討が続けられた（たとえば，Meltzer, 1930）。その後もこの問題は取り上げられ，「記憶」が「言語学習」と呼ばれていた1940年代・1950年代にあっても，快経験と不快経験の保持を比較しようとする試みは続けられていた（たとえば，Steckle, 1945）。
　ところが認知心理学が盛んになった1960年代以降，自伝的記憶の研究はしばらく表舞台から姿を消すことになった。当時の記憶研究の中心には短期記憶と長期記憶を分けるボックス・モデルの考え方があり（Atkinson & Shiffrin, 1971），短期記憶の容量や，短期記憶から長期記憶に情報を転送するための符号化方略について，言語材料を用いた研究が多く行なわれていた。Tulving（1972）は個人が経験し，時空間的に定位できる出来事の記憶を「エピソード記憶」として概念化し，意味記憶・手続き記憶と並列させた記憶理論を提唱した。しかし現実には，「ある日，ある実験室で学習

した記憶リストを再生する」ことが，エピソード記憶の研究だったのである。

　こうした流れは1970年代後半に入って徐々に変化してきた。1970年代の終わりには，Neisser（1978）が認知研究における「生態学的妥当性（ecological validity）」の重要さを説き，「日常記憶（everyday memory）」あるいは「記憶の現実的な側面（practical aspects of memory）」といった表現が，研究のキーワードとして認識されるようになった（Neisser, 1982）。その頃から，日常経験の記憶に関わる研究も次第に盛んになったのである。1986年には，当時の研究を集成した専門書"Autobiographical memory"が編纂された（Rubin, 1986）。そしてそれからの20年間で，日常認知研究の隆盛とともに，自伝的記憶についての研究成果も急速に蓄積されてきた。

　アメリカ心理学会が編集しているデータベースPsycINFOを用いてみよう。索引語に'autobiographical memory'が登場したのは1990年頃と推測されるが，これで検索すると1991～1995年に217件，1996～2000年に537件，そして2001～2005年までは660件がヒットする（2008年6月現在での検索結果。雑誌論文，書籍，学位論文を含む）。この隆盛は単に，認知心理学の枠組みによる研究が増えたことによるのではない。「私が経験した出来事の記憶」「過去の私の記憶」は，RossとBuehlerの指摘にもあるように，心理学のさまざまな領域にとって重要な問題を投げかけるのである。そのため社会，発達，臨床，感情，性格，文化など，さまざまな領域の研究者が自伝的記憶に関心を寄せ，このような研究の増加につながったのである。

　しかし，研究の隆盛とはうらはらに，「結果の再現性が低い」「概念が曖昧である」「記憶理論全体の中での位置づけや独自性が不明確である」といった問題点が指摘されることもある。これは，いわゆる生態学的妥当性を追求する日常認知研究の大きな波の中で，テーマのおもしろさに目を奪われ，研究方法や理論をめぐる議論が後回しにされてきたことにもよると考えられる。自伝的記憶は確かに魅力的なテーマだが，研究法や理論をめぐる議論を抜きにしてデータを集積することは，長い目でみると，研究を混乱させる危険性をはらんでいる。RossとBuehlerが指摘するように，「記憶」は心理学のさまざまな領域を束ねるテーマとなる可能性を秘めている。しかしそのことは逆に，自伝的記憶が1つの「おもしろい」テーマとして，さまざまな関連領域に吸収されてしまう危険性をも意味する。そうならないためには，しっかりとした研究法，頑健なデータ，そしてデータを統合する理論的枠組みが求められよう。

　こうした問題意識を背景に，2003年に開催された日本心理学会第67回大会で，「自伝的記憶研究の理論と方法―研究の現場から」と題するワークショップが企画された。このワークショップはその後も継続し，2007年の日本心理学会第71回大会で5回を

数えた。本書の各章は，一連のワークショップで話題提供をしてくださった先生方に，そこでの内容をもとに加筆，あるいは書き下ろしていただいたものである。さらにワークショップで指定討論を担当していただいた太田信夫先生には，本書全体に対する指定討論者として，今後の自伝的記憶研究の方向を見据えるコメント論文を書いていただいた。なお第1回目から4回目までのワークショップの内容は，日本認知科学会のテクニカルレポートとして公刊されている（http://www.jcss.gr.jp/technicalreport2.html）。関心のある方は，本書と合わせてご覧いただければ幸いである。

Rubin の編集した"*Autobiographical memory*"から22年が経過して，わが国で初めて，自伝的記憶と関連領域の成果をまとめた書籍が刊行される運びとなった。本書の刊行をきっかけに，さらに多くの方が自伝的記憶に関心をもち，魅力的な問題の解明に取り組んでくださることを願う。

北大路書房編集部の柏原隆宏氏には，本書の企画から刊行に至るまでお世話になった。氏のご尽力に御礼申し上げる次第である。

2008年8月

編者を代表して　佐藤浩一

引用文献

Atkinson, R. C., & Shiffrin, R. M. 1971 The control of short-term memory. *Scientific American*, 225, 82-90.

Freud, S. 1914 Zur Geschichte der psychoanalytischen Bewegung. 野田　倬（訳）1983　精神分析運動史　高橋義孝・生松敬三・他（訳）フロイト著作集10　文学・思想篇Ⅰ　人文書院　Pp.255-310

Galton, F. 1907 *Inquiries into human faculty and its development*. 2nd. ed. London: J. M. Dent & Sons.（2004年に Kessinger 社から reprint 版が刊行されている。手がかり語法を用いた実験は Pp.133-146 に記載されている）

James, W. 1892 *Psychology, brief course*. London: Macmillan. 今田　寛（訳）1992　心理学（下）　岩波書店

Langness, L. L., & Frank, G. 1981 *Lives: An anthropological approach to biography*. Novato, CA: Chandler & Sharp Publishers. 米山俊直・小林多寿子（訳）1993　ライフヒストリー研究入門―伝記への人類学的アプローチ　ミネルヴァ書房

Meltzer, H. 1930 Individual differences in forgetting pleasant and unpleasant experiences. *Journal of Educational Psychology*, 21, 399-409.

Neisser, U. 1978 Memory: What are the important questions? In M. M. Gruneberg, P. E. Morris & R. N. Sykes (Eds.), *Practical aspects of memory*. London, UK: Academic Press. Pp.3-24.

Neisser, U. 1982 *Memory observed: Remembering in natural contexts*. San Francisco,

CA: Freeman & Company.
Ross, M., & Buehler, R. 1994 On authenticating and using personal recollections. In N. Schwarz & S. Sudman (Eds.), *Autobiogaphical memory and the validity of retrospective reports*. New York, NY: Springer-Verlag. Pp.55-69.
Rubin, D. C. (Ed.) 1986 *Autobiographical memory*. New York, NY: Cambridge University Press.
Steckle, L. C. 1945 Again−affect and recall. *Journal of Social Psychology*, **22**, 103-106.
Tulving, E. 1972 Episodic and semantic memory. In E. Tulving & W. Donaldson (Eds.), *Organization of memory*. New York, NY: Academic Press. Pp.381-403.

数えた。本書の各章は，一連のワークショップで話題提供をしてくださった先生方に，そこでの内容をもとに加筆，あるいは書き下ろしていただいたものである。さらにワークショップで指定討論を担当していただいた太田信夫先生には，本書全体に対する指定討論者として，今後の自伝的記憶研究の方向を見据えるコメント論文を書いていただいた。なお第1回目から4回目までのワークショップの内容は，日本認知科学会のテクニカルレポートとして公刊されている（http://www.jcss.gr.jp/technicalreport2.html）。関心のある方は，本書と合わせてご覧いただければ幸いである。

Rubin の編集した "*Autobiographical memory*" から22年が経過して，わが国で初めて，自伝的記憶と関連領域の成果をまとめた書籍が刊行される運びとなった。本書の刊行をきっかけに，さらに多くの方が自伝的記憶に関心をもち，魅力的な問題の解明に取り組んでくださることを願う。

北大路書房編集部の柏原隆宏氏には，本書の企画から刊行に至るまでお世話になった。氏のご尽力に御礼申し上げる次第である。

2008年8月

編者を代表して　佐藤浩一

引用文献

Atkinson, R. C., & Shiffrin, R. M. 1971 The control of short-term memory. *Scientific American*, **225**, 82-90.

Freud, S. 1914 *Zur Geschichte der psychoanalytischen Bewegung.* 野田 倬（訳）1983 精神分析運動史　高橋義孝・生松敬三・他（訳）フロイト著作集10 文学・思想篇 I　人文書院　Pp.255-310

Galton, F. 1907 *Inquiries into human faculty and its development.* 2nd. ed. London: J. M. Dent & Sons. （2004年にKessinger 社から reprint 版が刊行されている。手がかり語法を用いた実験は Pp.133-146 に記載されている）

James, W. 1892 *Psychology, brief course.* London: Macmillan. 今田 寛（訳）1992 心理学（下）岩波書店

Langness, L. L., & Frank, G. 1981 *Lives: An anthropological approach to biography.* Novato, CA: Chandler & Sharp Publishers. 米山俊直・小林多寿子（訳）1993 ライフヒストリー研究入門―伝記への人類学的アプローチ　ミネルヴァ書房

Meltzer, H. 1930 Individual differences in forgetting pleasant and unpleasant experiences. *Journal of Educational Psychology*, **21**, 399-409.

Neisser, U. 1978 Memory: What are the important questions? In M. M. Gruneberg, P. E. Morris & R. N. Sykes (Eds.), *Practical aspects of memory.* London, UK: Academic Press. Pp.3-24.

Neisser, U. 1982 *Memory observed: Remembering in natural contexts.* San Francisco,

CA: Freeman & Company.
Ross, M., & Buehler, R. 1994 On authenticating and using personal recollections. In N. Schwarz & S. Sudman (Eds.), *Autobiogaphical memory and the validity of retrospective reports*. New York, NY: Springer-Verlag. Pp.55-69.
Rubin, D. C. (Ed.) 1986 *Autobiographical memory*. New York, NY: Cambridge University Press.
Steckle, L. C. 1945 Again−affect and recall. *Journal of Social Psychology,* **22**, 103-106.
Tulving, E. 1972 Episodic and semantic memory. In E. Tulving & W. Donaldson (Eds.), *Organization of memory*. New York, NY: Academic Press. Pp.381-403.

目 次

まえがき

第I部 自伝的記憶研究の方法

■1章■ 自伝的記憶研究の方法と収束的妥当性 [佐藤浩一] ─── 2

1節 はじめに　2
2節 自伝的記憶とは何か　2
　　1 自伝的記憶の定義／2 出来事
3節 自伝的記憶を探る手法　4
　　1 自伝的記憶の想起方法／2 出来事と記憶・想起経験の特性／
　　3 脳機能画像研究
4節 研究デザインの多様性と収束的妥当性　9
　　1 研究デザインの多様性／2 収束的妥当性

■2章■ 自伝的記憶研究における実験的方法とその問題点 [越智啓太] ─── 19

1節 はじめに　19
2節 自伝的記憶を想起させる方法　19
3節 自伝的記憶の内容を分析対象とする研究　20
　　1 自伝的記憶の内容を分析対象とする研究とは／2 自伝的記憶の
　　内容を分析対象とする研究の例／3 自伝的記憶の内容を分析対象と
　　する研究の問題点
4節 自伝的記憶の属性を分析対象とする研究　22
　　1 自伝的記憶の属性を分析対象とする研究とは／2 自伝的記憶の
　　属性を分析対象とする研究の例／3 自伝的記憶の属性を分析対象と
　　する研究の問題点
5節 自伝的記憶の反応時間などを分析対象とする研究　25
　　1 自伝的記憶の反応時間などを分析対象とする研究とは／2 自伝

的記憶の反応時間などを分析対象とする研究の例／3　自伝的記憶の反応時間などを分析対象とする研究の問題点
6節　自伝的記憶実験における倫理の問題　27
1　自伝的記憶の想起自体が与えるネガティブな効果／2　自伝的記憶を操作する研究に関する問題／3　自伝的記憶研究の倫理基準

■3章■ 日誌法を用いた自伝的記憶研究 [神谷俊次] ──33

1節　はじめに　33
2節　日誌法とは　33
1　現在の出来事と過去の出来事の記録／2　日誌法研究の留意点／3　日常的な出来事の構造化された記録／4　日記を利用した研究
3節　日誌再生法に基づく研究　37
1　出来事の保持と忘却／2　想起の手がかり／3　自伝的記憶とパーソナリティ
4節　不随意記憶日誌法に基づく研究　40
1　不随意記憶とは／2　不随意記憶の研究テーマ
5節　日誌法による自伝的記憶研究の意義　42
1　生態学的妥当性の高い自伝的記憶研究／2　今後の日誌法研究の課題

■4章■ 自伝的記憶の発達と縦断的研究 [上原　泉] ──47

1節　はじめに　47
2節　縦断的研究の手法　47
3節　自伝的記憶の発達──研究の動向　48
1　乳幼児のエピソード記憶と自伝的記憶／2　ナラティブの獲得と自伝的記憶
4節　幼少期におけるエピソードの想起──縦断的調査　50
1　調査1：主要な時期の特定／2　調査2：経験時期による想起の違いの検討
5節　展望　54

第II部　自伝的記憶の理論

■5章■ 自伝的記憶の機能 [佐藤浩一] ──60

1節　はじめに　60

2節　自伝的記憶の機能への接近――交わることのなかった2つの道　60
　　　　1　回想の研究／2　自伝的記憶の研究／3　自伝的記憶研究と回想研究
　3節　自伝的記憶の3つの機能――自己，社会，方向づけ　63
　　　　1　自己機能／2　社会機能／3　方向づけ機能
　4節　機能研究の課題　69
　　　　1　意識的な利用と無意識的な利用／2　いつ記憶に立ち返るのか／3　構造と機能の適合性／4　青年期以前の記憶

■6章■ ライフスパンを通じた自伝的記憶の分布　[槇　洋一]――76

　1節　はじめに　76
　2節　自伝的記憶の分布の研究方法　76
　3節　自伝的記憶の分布の特徴　77
　　　　1　新近性効果／2　幼児期健忘／3　レミニセンス・バンプ
　4節　自伝的記憶の分布と想起内容　83
　　　　1　社会‐発達的段階／2　家族と対人関係／3　想起内容と回想の機能
　5節　おわりに　86

■7章■ 記憶システムの中の自伝的記憶　[堀内　孝]――90

　1節　はじめに　90
　2節　自伝的記憶の記憶システムに対する位置づけ　91
　　　　1　Tulvingの記憶論／2　自伝的記憶の記憶システムに対する位置づけ
　3節　エピソディックな自伝的記憶――自伝想起の生成・再認モデル2008を中心に　94
　　　　1　モデルが想定する基本条件／2　自伝想起の生成・再認モデル2008の検証／3　生成・再認モデルの拡張／4　自伝想起の生成・再認モデル2008の評価
　4節　おわりに――記憶のシステム論の意義　100

■8章■ 情動と自伝的記憶　[越智啓太]――103

　1節　はじめに　103
　2節　衝撃的な体験の記憶　103
　　　　1　被爆のトラウマ記憶／2　トラウマ記憶の特徴
　3節　特殊メカニズム説　105
　4節　非特殊メカニズム説　105

　　　　　1　Neisserの理論／2　広島平和記念資料館の記憶
　5節　侵入想起と再符号化　107
　6節　衝撃的な体験の想起困難　108
　　　　　1　トラウマ記憶の抑圧／2　トラウマ記憶の忘却／3　想起を妨げるような符号化
　7節　衝撃的な体験の記憶の変容　110
　　　　　1　トラウマ記憶の変容／2　偽りのトラウマ記憶／3　なぜ偽りのトラウマ記憶が作られるのか

第III部　自伝的記憶と時間

■9章■ 自伝的記憶の時間的体制化 ［下島裕美］ ——— 116

　1節　はじめに　116
　2節　自伝的記憶の時間情報　117
　　　　　1　Friedmanによる時間情報処理プロセスの分類：位置，距離，相対順序／2　幼児の時間概念の発達：幼児期健忘と自伝的記憶の発生／3　時間情報の再構成における時間スキーマの役割／4　ニュースイベントの時間情報の再構成
　3節　主観的時間と客観的時間の時隔感　121
　　　　　1　「もうそんなにたったのか」という感覚／2　主観的時間が意識されるとき
　4節　今後の展望—自伝的記憶と時間的展望　123
　　　　　1　「現在の広がり」と自伝的記憶／2　時間的展望の変化と自伝的記憶
　5節　おわりに　124

■10章■ 自己と記憶と時間
　　　 —自己の中に織り込まれるもの ［遠藤由美］ ——— 128

　1節　はじめに　128
　2節　「自己」と自伝的記憶の関係—これまでの通説　128
　3節　構成される自己　131
　　　　　1　人は自覚的で合理的な思考者か／2　現在に生きる私／3　自伝的記憶と主体とのフレキシブルな関係
　4節　自己と時間　134

11章 時間的展望と自伝的記憶 [白井利明] ──── 138

- 1節 はじめに 138
- 2節 時間的展望は自伝的記憶とどう関わるか 138
  - 1 時間的展望とは何か／2 自伝的記憶と時間的展望の関係
- 3節 過去をくぐって未来が構想される 140
  - 1 過去と未来を立ち上げる現在の重要性／2 過去をくぐらないと未来を構想できないのか／3 現在・過去・未来の順にできあがるのか
- 4節 過去・現在・未来のダイナミックな視点の移動と事実性の問題 144
  - 1 個別エピソードの活性化による「現在の広がり」のゆらぎと安定化／2 事実性の問題はどう関わるか
- 5節 今後の検討課題 146

第IV部　自伝的記憶と語り

12章 転機の語り
──転機の語りと生涯発達の実相 [杉浦 健] ──── 150

- 1節 はじめに 150
- 2節 「自己転機の語り」の発見 151
- 3節 転機の語りがもつ意味 152
  - 1 自己の非連続性を認識させる自己転換の語り／2 社会的に構築される成長／3 主観的な成長が客観的な成長をもたらす／4 転機の語りによって保たれる成長
- 4節 力動的な安定としての成長 157
  - 1 循環関係にある現在の自己と転機の語り／2 成長の浮力としての転機の語り／3 転機の語りと生涯発達の実相
- 5節 転機の語りの積み重ねと生涯発達 161

13章 高齢者における回想と自伝的記憶 [野村信威] ──── 163

- 1節 はじめに 163
- 2節 回想法と先行研究の問題点 163
- 3節 回想の定義と分類 164
  - 1 自伝的記憶と回想／2 ライフレヴューと一般的回想法／3 回想のタイプ・機能
- 4節 回想のモダリティと研究方法の問題 167

　　　　　1　回想の研究方法の違い／2　回想のモダリティ
　5節　心理的適応を高める回想の語り　　169
　　　　　1　個人回想法の内容分析の試み／2　グループ回想法における語りの質的検討
　6節　語りたくない／語るべき回想　　171
　　　　　1　自伝的記憶に伴う感情の割合／2　回想法における聴き手の意義

■14章■ 語りとその構造　[野村晴夫]　——————175

　1節　はじめに　　175
　2節　語りの構造という着眼点　　176
　3節　生活史調査面接における高齢者の語りの構造　　177
　　　　　1　分析対象とした語り／2　抽出したカテゴリー／3　抽出したカテゴリーの意義
　4節　臨床心理面接におけるクライエントの語りの構造　　180
　　　　　1　分析対象とした語り／2　抽出したカテゴリー／3　抽出した語りの構造の意義
　5節　自伝的記憶研究における含意　　183

■15章■ 子どもの語りと感情表現　[仲　真紀子]　——————186

　1節　はじめに　　186
　2節　感情表現の発達　　186
　　　　　1　感情表現の開始／2　感情表現の理解と認知発達／3　社会的要因／4　ジェンダー差と言語環境
　3節　感情を語ることの機能　　191
　　　　　1　なぜ気持ちを語るのか／2　ネガティブな出来事についての語り
　4節　リスクのある子どもによる感情の報告　　193
　　　　　1　司法場面／2　入院／3　ハイリスクな環境

第V部　これからの自伝的記憶研究

■16章■ 自伝的記憶研究の今後に向けて　[太田信夫]　——————200

　1節　はじめに　　200
　2節　自伝的記憶研究に関する5つの問題提起　　200
　　　　　〔問題提起〕1　想起できない記憶をどのように扱ったらよいか／2　自伝的記憶における「自己」の概念をどのようにとらえるか／3　記憶の信憑性は問題にしなくてよいのか／4　想起しても，言いたくな

い，あるいは言語化できない記憶をどのように扱うのか／5 倫理的問題にどう配慮するのか

3節　自伝的記憶研究の拡大と発展　208
　　　1　自己／2　エピソード記憶

4節　今後の自伝的記憶研究への2つの提案　211
　　　1　自伝的記憶研究と伝統的な実験室的記憶研究との相違点／2　自伝的記憶の構造やメカニズムについての理論的検討／3　自伝的記憶研究から心理学の再編成を

人名索引　215
事項索引　218

第I部

自伝的記憶研究の方法

1章

自伝的記憶研究の方法と収束的妥当性

佐藤　浩一

1節　はじめに

　本章ではまず，自伝的記憶の定義を検討し，そのうえで研究においてしばしば用いられる「出来事（event）」という単位について考える。次に，研究の参加者に記憶を想起してもらう方法，出来事や記憶の特性を評価する方法を幅広く紹介する。そして最後に，自伝的記憶研究が記述・相関・実験などさまざまなデザインによって行なわれていることを示し，多様なアプローチが自伝的記憶研究の収束的妥当性を高めることを指摘する。

2節　自伝的記憶とは何か

1 ── 自伝的記憶の定義

　Brewer（1986）は自己に関わる記憶を，獲得条件と表象形態によって4種類に分類した（表1-1）。獲得条件とは，その記憶が1回の経験に基づくものか，複数回の類似の経験に基づくものか，ということを意味する。表象形態とは，その情報を視覚的にイメージできるか否かということを意味する。これは想起意識に関する近年の研究でいう autonoetic な意識・noetic な意識あるいは Remember 反応・Know 反応の違

表 1-1　自己に関わる記憶　（Brewer, 1986より作成）

		表象形態	
		イメージ的	非イメージ的
獲得条件	1回	個人的記憶 （personal memory）	自伝的事実 （autobiographical fact）
	複数回	概括的な個人的記憶 （generic personal memory）	自己スキーマ （self-schema）

い（その出来事を具体的に思い出すことができるのか，経験したことを知っているだけなのか）に対応する（7章2節参照）。

　表1-1の個人的記憶とは，たとえば「自分は2008年の学会口頭発表でポインターの操作に失敗した」のように，1回の経験に基づく記憶で，その場面を鮮明に想起できるものである。自伝的事実とは「自分は1985年に初めて学会で発表した」ことを知ってはいるが，そのときの様子を具体的には想起できないといったケースが該当する。「概括的な個人的記憶」とは，学会で発表している自分の姿をイメージできるように，複数の類似の経験から構成された自己のイメージである。そして自己スキーマとは，「自分は学会ではいつも緊張している」というように，複数の経験から抽象化された，自己に関する知識である。

　自伝的記憶と関連の深い概念に，エピソード記憶がある。Tulving (2002) によるとエピソード記憶とは，自己が autonoetic な意識を伴って過去経験を想起し，主観的な時間軸上を心的時間旅行することを可能にする，神経認知的なシステムである。autonoetic な意識とは，確かに自分の過去の一部である経験を思い出している (remembering) のであり，知覚（perceiving）や思考（thinking）や想像（imaging）や夢（dreaming）などではない，という感覚である（Tulving, 1985）。前記の4種類の記憶のうち，個人的記憶はエピソード記憶と同義と考えてもよいだろう。しかし実際に参加者に自伝的記憶の想起を求めた場合，必ずしも個人的記憶だけが引き出されるわけではない。たとえば抑うつ状態の参加者では，概括的な個人的記憶や自己スキーマのレベルで検索が止まって，特定のエピソードまで検索されないことが多い (Williams et al., 2007)。あるいは，まずランドマークとなるような自伝的事実が検索され，それを手がかりに個人的記憶が想起されることもある。また研究者によっては，これら4種類の情報をつないで構成された個人史やライフストーリーまでも，自伝的記憶に含めることがある（たとえば，榎本，1998）。このように考えると，自伝的記憶はエピソード記憶よりも曖昧な概念であり，過去の自己に関わる情報の記憶と定義することが研究の実情に即しているといえる。

2 ── 出来事

　多くの研究では表1-1に示した個人的記憶，すなわち，具体的で鮮明に想起できる特定の出来事の記憶を検討することが多い。では「出来事」とは何であろうか。研究によっては，「あなた自身が人生で経験した，1つのユニークで特定の，数時間以上にわたらない出来事（a unique, specific event, from the person's own life, lasting no more than a few hours）」（Wright & Nunn, 2000, p.481）と，非常に厳密な教示が与

えられることもある。これに対してBurtら（2003）の研究では，人が認識する「出来事」は，もっと大きな単位であることが示された。Burtらは日誌法で日々の活動記録を収集したうえで，活動を記したカードを参加者に渡して，参加者個々人の判断で「出来事」を構成するよう並べさせた。その結果，参加者は平均6.5個の活動をまとめて1つの「出来事」として判断していた（例：クリスマスのための買い物）。また1つの出来事がカバーする範囲も，長い場合には数十日にわたっていた。

　Conway（Conway, 1996, 2005; Conway & Pleydell-Pearce, 2000）は数年幅の「人生の時期（lifetime period）」から，数日～数ヶ月の「一般的な出来事（general event）」，そしてさらに特定性の高い「出来事に特異的な知識（event specific knowledge）」という3層構造によって，自伝的記憶の構造を理論化した。これをふまえると，WrightとNum（2000）の厳密な教示が想定している出来事と，Burtら（2003）のいう出来事はそれぞれ，異なる層に対応しているといえる。どういう出来事の記憶を検討するかということは，単に方法上の問題としてではなく，自伝的記憶の構造との関連で考えられなければならない。

3節　自伝的記憶を探る手法

1 ── 自伝的記憶の想起方法

(1) 手がかりの利用

　自伝的記憶の想起をうながす（方向づける）ため，さまざまな手がかりが考案されてきた。自伝的記憶研究の初期から，単語を手がかりとして呈示する方法（手がかり語法）が用いられている（Crovitz & Schiffman, 1974; Rubin & Schulkind, 1997）。その他にも音楽（Schulkind et al., 1999; Schulkind & Woldorf, 2005），匂い（Chu & Downes, 2002; Goddard et al., 2005），写真（Aschermann et al., 1998; Burt et al., 1995）などの手がかりが利用される。また，手がかり語法で自伝的記憶を収集したうえで，その記憶から別の出来事の想起を求める方法（出来事手がかり法：event cueing）も開発され，自伝的記憶の構造の検討に用いられている（Brown, 2005; 榊, 2007; Sato, 2002）。

　想起される出来事の特性や内容を指示することで，参加者の想起をうながすこともある。たとえば「鮮明な記憶」（Fitzgerald, 1988），「重要な出来事」（Rubin & Schulkind, 1997），「あなたの人生についての本に含めるような重要な出来事」（Fitzgerald, 1996），「きわめて幸福な（あるいは悲しい）出来事」（Berntsen & Rubin, 2002），「恐怖（誇り，嫉妬，愛情，怒り）を経験した出来事」（Rubin &

Berntsen, 2003）といった指示が用いられる。自己定義記憶（self-defining memory）の研究にみられるように，研究の目的によっては，内容をさらに詳細に限定することもある（5章3節参照）。

また，手がかりの呈示から特定の出来事が想起されるまでの潜時を測定することもある。その場合，参加者は手がかりに対して特定の出来事を想起できた時点で反応キーを押し，その後で想起内容を報告する。反応潜時はさまざまな検索手がかりの有効性（Fitzgerald, 1980, 1981; Goddard et al., 2005），自伝的記憶の構造（Conway & Bekerian, 1987; Dijkstra & Kaup, 2005; Schulkind & Woldorf, 2005），うつ病患者や自殺未遂経験者の想起特性（Moore & Blackburn, 1993; Williams & Broadbent, 1986）などを検討する研究で有効に活用されている。

(2) 日誌法

自伝的記憶研究の問題の1つに，想起された出来事の真偽が確認できないことがある。この問題を回避するために，出来事を経験した時点で記録を日誌に残しておき，後でその出来事の再生や再認を試みるという方法が用いられる。Linton（1975），Wagenaar（1986），White（2002）はこの手法で，自分自身の毎日の経験と，そのときに感じた感情や出来事の特性（珍しさ，重要度など）を記録に残した。そして半年〜数年（Whiteは20年！）の遅延期間をおいて記憶を繰り返しテストし，忘却はどのようなパターンで進行するのか，何が検索手がかりになるのか，どういう特性をもつ出来事の記憶が持続しやすいのか，といった問題を検討した。日誌法は参加者に大きな負担をかけるため，研究者自身の記憶を検討することが多いが，参加者を募った研究も報告されている（Betz & Skowronski, 1997; Ready et al., 2007）。ただしその場合，記憶テストまでの遅延期間は数十日程度であり（例外的に，Walker et al., 1997），テストを繰り返すことは難しい。

日誌法はまた不随意記憶の検討にも活用される。参加者は日誌を携帯し，思い出そうという意図がない場面で自伝的記憶が想起されるたびに，その出来事（内容，時期，感情，重要度など）とその場の状況（そのとき何をしていたか，そのときの感情，想起のきっかけなど）について簡潔に記録する（神谷, 2003, 2007）。さらにその日のうちに，想起された出来事や想起状況について詳しい記録を求めることもある（Berntsen, 1996, 1998, 2001）。

(3) 自伝的記憶面接

記憶障害の一種である逆行性健忘の検討には，社会的な材料（ニュース，TV番組，有名人の顔など）を利用した検査が行なわれることが多かった。ところが1980年前後から自伝的記憶への関心が高まり（平野ら, 1997），逆行性健忘の患者の自伝的記

憶を検査する，半構造化面接の技法が開発された（Kopelman, 1994, 2002; Kopelman et al., 1989）。この自伝的記憶面接では，人生を子ども時代・青年期・最近の3つの時期に分け，それぞれの時期における個人的意味記憶（学校の名称と所在地，子どもはどこで生まれたかなど，表1-1の自伝的事実に該当）と，自伝的出来事記憶（学校での経験，20代で出会った人のエピソードなど，表1-1の個人的記憶に該当）が問われる。そして個人的意味記憶については完全性が，自伝的出来事記憶についてはエピソード性（記述の詳しさ，時間・空間情報の特定性）が評価される。

　研究目的に応じて変更を加えた手続きも考案され，健忘症に限らずさまざまな参加者に用いられている。たとえばHunterとAndrews（2002）は被虐待経験を有する成人女性と対照群で，就学前，小学校，中学校・高等学校の3つの時期について面接を行ない，子どもの頃の被虐待経験が個人的意味記憶を損なうことを指摘した。Levineら（2002）は人生を5つの時期に分けて，それぞれの時期に経験した出来事について詳細な想起を求めた。そのプロトコルを分析した結果，高齢者は若者に比べると，詳細な意味情報を想起することが示された。Piolinoらは人生を5つの時期に区切り，指定されたテーマ（学校での出来事，旅行など）に該当する特定の出来事の想起を求め，エピソード性，想起の流暢さ（特定の出来事を想起するのに，どの程度の手がかりが必要だったか），想起経験（Remember反応・Know反応と想起の視点）を詳細に検討する半構造化面接を開発している（Piolino et al., 2006, 2007）。

(4) ライフストーリー

　手がかりに対して個別の出来事を想起するのではなく，人生全体を振り返って，ライフストーリーを語るよう参加者に求めることがある。ライフストーリーは近年盛んになっている質的心理学においても，重要な研究方法として位置づけられている（Atkinson, 1995; 徳田，2004; やまだ，2007）。

　ライフストーリーの収集方法は多様である。十数分程度で語ってもらう場合もあれば（Fromholt & Larsen, 1991），30分以上を与えられる場合もある（Schrauf & Rubin, 2001）。想起内容に関する指示も研究によって異なる。とくに指示を与えず「人生のストーリー」を語ってもらう場合もあれば（Schrauf & Rubin, 2001），「重要な出来事」を語ってもらう場合もある（Fromholt & Larsen, 1991）。また，キャリアの移行（Bauer & McAdams, 2004），配偶者との死別（Bauer & Bonanno, 2001），子どもの障害（King et al., 2000）など，テーマを限定して語ってもらうこともある。McAdams（1988, 1993）のライフストーリー面接では参加者に，人生を一冊の本に見立てるよう指示を与えたうえで，章立て，鍵となる8つのシーン（ピーク経験，どん底の経験，転機，子ども時代の重要なシーン，青年期の重要なシーンなど），4人

の重要な人物，信念や価値観などが問われる。そして最後にライフストーリー全体に通底する主題やメッセージについて語るよう求められる。面接全体では2時間程度を要することもある（McAdams et al., 2001）。

ライフストーリーを聞き取る際に，面接者が参加者に無意図的に影響を及ぼすことがある。そのため特定の時期や事柄に面接者が特別な関心を示すことは避けなければならない（Rubin, 2005）。しかし面接者からの影響は，それだけで防げるものではない。たとえばLuborsky（1987）は，参加者は面接者が知っていそうなことについては，わざわざ詳しくは語らないと指摘している。また研究者の側に「自己実現」や「道徳発達」という規範的なモデルがあると，それに沿って参加者の語りを解釈してしまう可能性があるという。

こうして収集されたライフストーリーは，内容，構造（筋立て），あるいは経験への意味づけが分析され，適応やパーソナリティ，アイデンティティ形成などとの関連が検討される。McAdamsの一連の研究は，ライフストーリーには悪い出来事の後に良い出来事が続く救済シーケンスと，良い出来事の後に悪い出来事が続く汚濁シーケンスという2種類の対照的な筋立てがあり，内容の肯定度よりも筋立ての違いが，精神的な健康やパーソナリティと結びついていることを指摘している（McAdams, 2004; McAdams et al., 2001）。

2 ── 出来事と記憶・想起経験の特性

多くの研究では，想起された出来事の特性や，その出来事がどのように想起されたかを問う質問が参加者に与えられる。

(1) 出来事の特性

想起された出来事については，生起時期，重要度，新奇度，当時の感情などがしばしば問われる。BerntsenとRubin（2006）はストレスフルな経験やトラウマ経験がその人のライフストーリーやアイデンティティにとってどれほど中心的なものとして認識されているかを検討する尺度を開発した（出来事の中心性尺度：centrality of event scale）。この尺度は「この出来事は私が新たな経験を理解するための参照点となった」「この出来事は私のアイデンティティの一部になったと感じる」「この出来事は私の人生の転換点だった」などの20項目から構成されており，出来事に対する認識や意味づけを問う内容になっている。

(2) 記憶・想起経験の特性

想起経験の現象的な側面（Larsen, 1998）が検討されることも多い。記憶の鮮明度，記憶に含まれる感覚成分（音，匂いなど），リハーサル頻度（これまでに思い出した

り話した頻度），想起の視点（自己の視点か観察者の視点か），前後の出来事との一貫性，その出来事を再体験している感覚，Remember 反応・Know 反応などが問われる。また想起された記憶の概括性（特定の出来事が想起できず，複数の出来事をまとめて要約的に想起する傾向）は，参加者ではなく研究者の側で評定されるが，これは抑うつ状態などの感情障害の重要な特徴とされている（Williams et al., 2007）。

(3) 包括的な質問紙

　出来事や記憶の特性は研究の目的に応じて選択されて問われることが多いが，これらを包括的にとらえる質問紙も構成されている。Johnson ら（1988）が作成した 39 項目からなる記憶特性質問紙（memory characteristics questionnaire）は，Takahashi と Shimizu（2007）によって日本語版が作成され，鮮明度，感覚経験，奇異性などの 8 因子から構成されることが見いだされた。Sutin と Robins（2007）は出来事や記憶の特性に，その記憶を他者と共有する程度や，当時と現在の自分が同じに感じられる程度なども含め，10 因子・63 項目からなる記憶経験質問紙（memory experiences questionnaire）を構成した。Rubin ら（2003）は，自伝的記憶の想起を特徴づける主観的な感覚として，「その出来事を再体験しているという感覚（例：私はもとの出来事をもう一度繰り返しているように感じる）」と「その記憶が正しいという確信（例：その出来事は自分が思い出したとおりに起きたものであり，想像や脚色は混ざっていない）」という 2 つを重視した。さらに出来事や想起経験の特性を検討する項目も含めて，19 項目からなる自伝的記憶質問紙（autobiographical memory questionnaire）を構成した。

　このような質問紙を用い，フラッシュバルブメモリーやトラウマ記憶の特殊性が検討されている（Berntsen et al., 2003; Talarico & Rubin, 2007）。たとえば Berntsen ら（2003）は PTSD と判定された人とそうでない人のトラウマ記憶を比較し，PTSD のトラウマ記憶は出来事や感情を再体験している感覚を強く伴い，自伝的記憶を体制化する参照点となっていることを指摘した。

3 ── 脳機能画像研究

　自伝的記憶の想起に脳のどの部位（あるいは複数の部位から構成されるネットワーク；Maguire, 2002）が関与しているかを検討する研究が，近年，進展している（Cabeza & St Jacques, 2007; Svoboda et al., 2006）。

　この種の研究では研究者の側で選択した単語を手がかりとして呈示するだけでなく（Conway et al., 1999），参加者が経験した出来事に基づいて手がかりを作成することが多い。すなわち，実験に先だつ面接や質問紙調査で自伝的記憶を想起させた

みに収まらないテーマも多いという自伝的記憶研究の事情を考えると，記述・相関分析・実験など，さまざまな手法からそれぞれにモデルや理論を構築し，そこから自伝的記憶に関する妥当な結論を収束的に導くことが（図1-1 (b)），1つの現実的な研究方略ではないだろうか。

(3) 自伝的記憶以外にも目を向けることの有効性

自伝的記憶以外の研究に目を向けることも，収束的妥当性を得るには有効である。自伝的記憶の「構造」について，このことを考えよう。

自伝的記憶の検討からも（Barsalou, 1988; Berntsen, 1996），人工的な文章の記憶を検討した研究からも（Lancaster & Barsalou, 1997; Taylor & Tversky, 1997），記憶は活動・人・物などさまざまな情報を媒介として結びついていることが指摘されている。また表面に現れる活動や人以外にも，解釈や意味を共有する出来事が結びついて記憶が構造化されることもある。佐藤（2006）は出来事手がかり法を用いて自伝的記憶を収集し，約28％のケースで，解釈や意味を共有する出来事が連続して想起されることを見いだした（例：「剣道の試合でベスト5になった」と「文化祭の準備で泊まり込み，生徒会長として最後の挨拶をしたら皆も感動した」，いずれも頑張った成果）。人がこうした高次の意味づけに従って複数の出来事を記憶することは，教訓的な主題をもつ物語文を材料とした実験からも示されている。JohnsonとSeifert(1992)の実験では，物語文を読む際にそれと共通の主題をもつ他の物語文が想起されやすいことが示された。またSeifertら（1986）の実験では，物語文を先行呈示することで，それと同じ主題をもつ後続の物語文の展開に関する判断時間が短縮された。これらの結果は，自伝的記憶も物語の記憶も，主題（教訓）という高次の類似性に基づいて構造化され得ることを示している。

自伝的記憶だけを独立させて，他の領域から切り離して検討することは，研究の狭小化を招きかねない。記憶あるいは認知システム全体の中で自伝的記憶の位置づけを考える視点が求められる。

●註
* 1　なおここでの「自伝的事実」は，「一番下の弟の名前はRayだ」といった内容であり，表1-1に示したものとは異なっている。

（convergent validity）」と呼べるだろう。

　収束的妥当性を示す研究例として不随意記憶があげられる。3章で詳細に検討されているように，不随意記憶は日誌法を用いて検討されることが多い。同時に近年，実験的に不随意記憶の想起をうながす手法が考案されている。そして日誌法を用いた検討からも実験的な検討からも，不随意記憶は注意が拡散しているときや穏やかな感情状態で想起されやすいということや（Ball, 2007; Berntsen, 1998; 神谷, 2003），その場の状況と気分的に一致した出来事が想起されやすいといった結果が得られている（雨宮・関口, 2006; Berntsen, 1996）。ここでは日誌法と実験による証拠が収束して，「注意が拡散した状況で，その状況と一致する出来事が不随意的に想起されやすい」という知見の確からしさを高めているといえるだろう。

　自伝的記憶の機能（5章3節参照）にも，収束的妥当性を示す研究例を見いだすことができる。Pillemer（1998）は自伝的記憶を収集し，その内容分析に基づいて，自伝的記憶に行動や判断を方向づける機能があることを指摘した。Pillemerの研究とは別に，日常場面を模した手段－目的問題解決課題を用いた実験的検討では，自伝的記憶を具体的に想起できることと，日常生活での問題に際して有効な解決法を思いつくことの間に密接なつながりのあることが示されている（たとえば，Goddard et al., 1996）。ここでは記述的な研究と実験的な研究による証拠が収束して，「記憶が日常の判断や行動を方向づける」という知見の確からしさを高めている。

　心理学の領域によっては，「現象の記述や相関的な研究を経て，実験的な研究に至ってはじめて，物事の因果関係が解き明かされ，モデルや理論が構築される」（図1-1 (a)）という枠組みを考えることも可能であろう。しかし統制の難しさや，実験という枠組

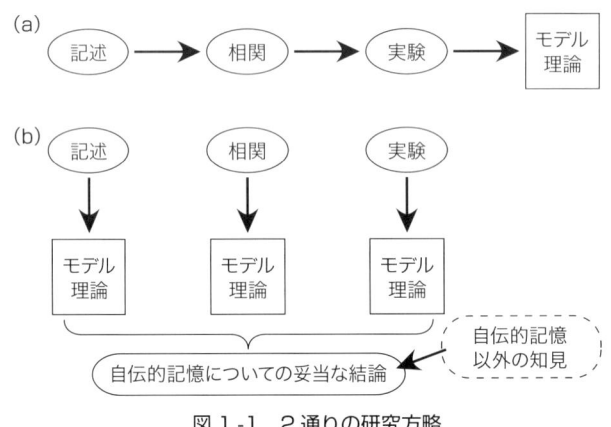

図1-1　2通りの研究方略

まざまな出来事によって分かれているという階層構造モデルが提唱された。これは実験的な手法で構造を検討した例である。これに対して，より素朴な手法を用いて記述的に構造を検討したのが，BrownとSchopflocher（1998a, 1998b）である。彼らは出来事手がかり法を用いた研究から，連続して想起された出来事ペアの約53%で，一方が他方の原因になっていることを見いだした。この結果は，自伝的記憶が因果連関に従って体制化されていることを示唆している。また，こうした因果連関による体制化は，発達に伴って次第に形成される。HabermasとPaha（2001）が12～18歳の女性にライフストーリーを語ってもらったところ，年齢が上がるにつれて，出来事の間の因果連関を示す表現が増えることが見いだされた。これは相関的な研究の例である。

2 ── 収束的妥当性

多様な研究デザインが並列して用いられているということは，どのテーマにおいても，単一の方法だけでは自伝的記憶の解明には不十分なことを示唆している。また多様な研究方法を用いることは，研究の妥当性という点からも必要なことと考えられる。

(1) 内的妥当性と外的妥当性

実験を行なう際には，統制という問題を避けて通ることができない。この問題はCampbellによって，「内的妥当性（internal validity）」「外的妥当性（external validity）」として概念化された（Campbell, 1957; Campbell & Stanley, 1963; 井上・佐藤, 2002）。実験的な処置が有意な効果を及ぼし，この効果が剰余変数では説明できないときに，研究は内的妥当性を有しているという。他方，外的妥当性とは，その研究で得られた結果をどのような集団や場面や条件にまで一般化できるかという問題である。内的妥当性を「その研究から得られた結論（解釈）の確からしさ」，外的妥当性を「その研究で得られた結論（解釈）の一般化可能性」と考えるなら，これら2つの妥当性は実験のみならず，準実験でも相関的研究や記述的研究でも問題になる。

(2) 収束的妥当性

自伝的記憶研究は，実験室的な記憶研究に比べると統制が難しく，内的妥当性が得られにくいという問題を抱えている。この問題を解決するために筆者は，外的妥当性の助けを借りることを提案したい。すなわち，ある研究デザインのもとで得られた知見が，他の研究デザインのもとで得られた知見と整合性が高ければ，それらの研究は「研究群」として妥当な結論を提供していると考えるのである。これはさまざまな手法を用いた研究群からの証拠が収束して（convergent evidence）自伝的記憶に関する妥当な（確からしさの高い）推論をもたらすという意味で，「収束的妥当性

り（Addis et al., 2004; Greenberg et al., 2005），あらかじめ日常の出来事を記録や写真に残させておいたり（Cabeza et al., 2004; Levine et al., 2004），あるいは参加者の家族や知人から参加者の経験に関する情報や写真を収集しておく（Gilboa et al., 2004; Steinvorth et al., 2006）。こうして事前に得られた情報から，手がかりや実験刺激が作成される。そしてそれらを呈示して自伝的記憶の想起を求め，その間の脳の活動を記録するのである。

　自伝的記憶の想起には，視覚イメージの形成や意味記憶の活性化などの成分も含まれている。そのため，自伝的記憶の想起に関与する部位を特定するには，適切な統制条件の設定が必要になる。たとえば Maguire（2002）は時間的特定性の有無と自己参照の有無から，公的な出来事の検索（時間的特定性あり，自己参照なし），自伝的事実の検索（時間的特定性なし，自己参照あり），一般的知識の検索（時間的特定性なし，自己参照なし）を統制条件として設定し，前頭葉内側部と左半球の海馬が自伝的記憶の検索に関わっていると指摘している[*1]。

4節　研究デザインの多様性と収束的妥当性

1 ── 研究デザインの多様性

　これまで紹介したとおり，自伝的記憶は多様な手法で収集，分析されている。しかし，多様なのはこうした手法だけではない。佐藤（2005）は自伝的記憶研究では，4種類の研究デザインが用いられることを指摘した。記述的研究（現象の記述を主目的とする。時間経過に伴う変化を記述するものも含む），相関的研究（複数の変数間の相関を検討する。発達に伴う変化を検討するものも含む），実験的研究（研究者側が独立変数を操作し，参加者を無作為に割り当てる。準実験的なものも含む），参加者のタイプを操作する実験的研究（さまざまな参加者のタイプによって，自伝的記憶の想起がどのように異なるかを検討する）の4種類である。そして自伝的記憶の構造，機能，再構成，フォールスメモリ，高齢者の回想，時間情報の記憶，不随意的想起，フラッシュバルブメモリーといった多様なテーマのいずれについても，4種類の研究デザインが用いられていることが指摘された。

　たとえば自伝的記憶の構造に関する研究をみてみよう。Conway と Bekerian（1987）は検索手がかりを操作し，自伝的記憶の検索潜時に及ぼす影響を検討した。その結果，人生の時期を示す語（例：大学時代）を最初に呈示しておくことで，その時期に経験した出来事（例：イタリア旅行）の細部の想起が促進されることが見いだされた。ここから自伝的記憶は人生の時期によって大きく体制化されており，その中がさらにさ

引用文献

Addis, D. R., Moscovitch, M., Crawley, A. P., & McAndrews, M. P. 2004 Recollective qualities modulate hippocampal activation during autobiographical memory retrieval. *Hippocampus*, 14, 752-762.

雨宮有里・関口貴裕 2006 無意図的に想起された自伝的記憶の感情価に関する実験的検討 心理学研究, 77, 351-359.

Aschermann, E., Dannenberg, U., & Schulz, A-P. 1998 Photographs as retrieval cues for children. *Applied Cognitive Psychology*, 12, 55-66.

Atkinson, R. 1995 *The gift of stories: Practical and spiritual applications of autobiography, life stories, and personal mythmaking*. Westport, CT: Bergin & Garvey. 塚田 守(訳) 2006 私たちの中にある物語──人生のストーリーを書く意義と方法 ミネルヴァ書房

Ball, C. T. 2007 Can we elicit involuntary autobiographical memories in the laboratory? In J. H. Mace (Ed.), *Involuntary memory*. Malden, MA: Blackwell Publishing. Pp.127-152.

Barsalou, L. W. 1988 The content and organization of autobiographical memories. In U. Neisser & E. Winograd (Eds.), *Remembering reconsidered: Ecological and traditional approaches to the study of memory*. New York, NY: Cambridge University Press. Pp.193-243.

Bauer, J. J., & Bonanno, G. A. 2001 I can, I do, I am: The narrative differentiation of self-efficacy and other self-evaluations while adapting to bereavement. *Journal of Research in Personality*, 35, 424-448.

Bauer, J. J., & McAdams, D. P. 2004 Personal growth in adults' stories of life transitions. *Journal of Personality*, 72, 573-602.

Berntsen, D. 1996 Involuntary autobiographical memories. *Applied Cognitive Psychology*, 10, 435-454.

Berntsen, D. 1998 Voluntary and involuntary access to autobiographical memory. *Memory*, 6, 113-141.

Berntsen, D. 2001 Involuntary memories of emotional events: Do memories of traumas and extremely happy events differ? *Applied Cognitive Psychology*, 15, S135-S158.

Berntsen, D., & Rubin, D. C. 2002 Emotionally charged autobiographical memories across the life span: The recall of happy, sad, traumatic, and involuntary memories. *Psychology and Aging*, 17, 636-652.

Berntsen, D., & Rubin, D. C. 2006 The centrality of event scale: A measure of integrating a trauma into one's identity and its relation to post-traumatic stress disorder symptoms. *Behaviour Research and Therapy*, 44, 219-231.

Berntsen, D., Willert, M., & Rubin, D. C. 2003 Splintered memories or vivid landmarks? Qualities and organization of traumatic memories with and without PTSD. *Applied Cognitive Psychology*, 17, 675-693.

Betz, A. L., & Skowronski, J. J. 1997 Self-events and other-events: Temporal dating and event memory. *Memory & Cognition*, 25, 701-714.

Brewer, W. F. 1986 What is autobiographical memory? In D. C. Rubin (Ed.), *Autobiographical memory*. New York, NY: Cambridge University Press. Pp.25-49.

Brown, N. R. 2005 On the prevalence of event clusters in autobiographical memory. *Social Cognition*, 23, 35-69.

Brown, N. R., & Schopflocher, D. 1998a Event clusters: An organization of personal events in autobiographical memory. *Psychological Science*, **9**, 470-475.
Brown, N. R., & Schopflocher, D. 1998b Event cueing, event clusters, and the temporal distribution of autobiographical memories. *Applied Cognitive Psychology*, **12**, 305-319.
Burt, C. D. B., Kemp, S., & Conway, M. 2003 Themes, events, and episodes in autobiographical memory. *Memory & Cognition*, **31**, 317-325.
Burt, C. D. B., Mitchell, D. A., Raggatt, P. T. F., Jones, C. A., & Cowan, T. M. 1995 A snapshot of autobiographical memory retrieval characteristics. *Applied Cognitive Psychology*, **9**, 61-74.
Cabeza, R., Prince, S. E., Daselaar, S. M., Greenberg, D. L., Budde, M., Dolcos, F., LaBar, K. S., & Rubin, D. C. 2004 Brain activity during episodic retrieval of autobiographical and laboratory events: An fMRI study using a novel photo paradigm. *Journal of Cognitive Neuroscience*, **16**, 1583-1594.
Cabeza, R., & St. Jacques, P. 2007 Functional neuroimaging of autobiographical memory. *Trends in Cognitive Sciences*, **11**, 219-227.
Campbell, D. T. 1957 Factors relevant to the validity of experiments in social settings. *Psychological Bulletin*, **54**, 297-312.
Campbell, D. T., & Stanley, J. C. 1963 *Experimental and quasi-experimental designs for research*. Chicago, IL: Rand McNally College Publishing Company.
Chu, S., & Downes, J. J. 2002 Proust nose best: Odors are better cues of autobiographical memory. *Memory & Cognition*, **30**, 511-518.
Conway, M. A. 1996 Autobiographical knowledge and autobiographical memories. In D. C. Rubin (Ed.), *Remembering our past: Studies in autobiographical memory*. New York, NY: Cambridge University Press. Pp.67-93.
Conway, M. A. 2005 Memory and the self. *Journal of Memory and Language*, **53**, 594-628.
Conway, M. A., & Bekerian, D. A. 1987 Organization in autobiographical memory. *Memory & Cognition*, **15**, 119-132.
Conway, M. A., & Pleydell-Pearce, C. W. 2000 The construction of autobiographical memories in the self-memory system. *Psychological Review*, **107**, 261-288.
Conway, M. A., Turk, D. J., Miller, S. L., Logan, J., Nebes, R. D., Meltzer, C. C., & Becker, J. T. 1999 A positron emission tomography (PET) study of autobiographical memory retrieval. *Memory*, **7**, 679-702.
Crovitz, H. F., & Schiffman, H. 1974 Frequency of episodic memories as a function of their age. *Bulletin of the Psychonomic Society*, **4**, 517-518.
Dijkstra, K., & Kaup, B. 2005 Mechanisms of autobiographical memory retrieval in younger and older adults. *Memory & Cognition*, **33**, 811-820.
榎本博明 1998 「自己」の心理学 サイエンス社
Fitzgerald, J. M. 1980 Sampling autobiographical memory reports in adolescents. *Developmental Psychology*, **16**, 675-676.
Fitzgerald, J. M. 1981 Autobiographical memory: Reports in adolescence. *Canadian Journal of Psychology*, **35**, 69-73.
Fitzgerald, J. M. 1988 Vivid memories and the reminiscence phenomenon: The role of a self narrative. *Human Development*, **31**, 261-273.
Fitzgerald, J. M. 1996 The distribution of self-narrative memories in younger and

older adults: Elaborating the self-narrative hypothesis. *Aging, Neuropsychology, and Cognition*, **3**, 229-236.

Fromholt, P., & Larsen, S. F. 1991 Autobiographical memory in normal agig and primary degenerative dementia (dementia of Alzheimer type). *Journal of Gerontology: Psychological Sciences*, **46**, P85-P91.

Gilboa, A., Winocur, G., Grady, C. L., Hevenor, S. J., & Moscovitch, M. 2004 Remembering our past: Functional neuroanatomy of recollection of recent and very remote personal events. *Cerebral Cortex*, **14**, 1214-1225.

Goddard, L., Dritschel, B., & Burton, A. 1996 Role of autobiographical memory in social problem solving and depression. *Journal of Abnormal Psychology*, **105**, 609-616.

Goddard, L., Pring, L., & Felmingham, N. 2005 The effects of cue modality on the quality of personal memories retrieved. *Memory*, **13**, 79-86.

Greenberg, D. L., Rice, H. J., Cooper, J. J., Cabeza, R., Rubin, D. C., & LaBar, K. S. 2005 Co-activation of the amygdala, hippocampus and inferior frontal gyrus during autobiographical memory retrieval. *Neuropsychologia*, **43**, 659-674.

Habermas, T., & Paha, C. 2001 The development of coherence in adolescents' life narratives. *Narrative Inquiry*, **11**, 35-54.

平野幹雄・野口和人・葉石光一　1997　健忘症患者の自伝的記憶研究の方法論の変遷　長野大学紀要, **19**, 167-174.

Hunter, E. C. M., & Andrews, B. 2002 Memory for autobiographical facts and events: A comparison of women reporting childhood sexual abuse and non-abused controls. *Applied Cognitive Psychology*, **16**, 575-588.

井上　毅・佐藤浩一　2002　日常認知研究の意義と方法　井上　毅・佐藤浩一（編著）　日常認知の心理学　北大路書房　Pp.2-16.

Johnson, H. M., & Seifert, C. M. 1992 The role of predictive features in retrieving analogical cases. *Journal of Memory and Language*, **31**, 648-667.

Johnson, M. K., Foley, M. A., Suengas, A. G., & Raye, C. L. 1988 Phenomenal characteristics of memories for perceived and imagined autobiographical events. *Journal of Experimental Psychology: General*, **117**, 371-376.

神谷俊次　2003　不随意記憶の機能に関する考察――想起状況の分析を通じて　心理学研究, **74**, 444-451.

神谷俊次　2007　不随意記憶の自己確認機能に関する研究　心理学研究, **78**, 260-268.

King, L. A., Scollon, C. K., Ramsey, C., & Williams, T. 2000 Stories of life transition: Subjective well-being and ego development of children with Down syndrome. *Journal of Research in Personality*, **34**, 509-536.

Kopelman, M. D. 1994 The autobiographical memory interview (AMI) in organic and psychogenic amnesia: A new assessment of autobiographical and personal semantic memory in amnesic patients. *Memory*, **2**, 211-235.

Kopelman, M. D. 2002 Retrograde amnesia. In A. D. Baddeley, M. D. Kopelman., & B. A. Wilson (Eds.), *The handbook of memory disorders*. 2 ed. West Sussex, UK: John Wiley & Sons. Pp.189-207.

Kopelman, M. D., Wilson, B. A., & Baddeley, A. D. 1989 The autobiographical memory interview: A new assessment of autobiographical and personal semantic memory in amnesic patients. *Journal of Clinical and Experimental Neuropsychology*, **11**, 724-744.

Lancaster, J. S., & Barsalou, L. W. 1997 Multiple organizations of events in memory.

Memory, **5**, 569-599.

Larsen, S. F. 1998 What is it like to remember? On phenomenal qualities of memory. In C. P. Thompson, D. J. Herrmann, D. Bruce, J. D. Read, D. G. Payne & M. P. Toglia (Eds.), *Autobiographical memory: Theoretical and applied perspectives*. Mahwah, NJ: Lawrence Erlbaum Associates. Pp.163-190.

Levine, B., Svoboda, E., Hay, J. F., Wincour, G., & Moscovitch, M. 2002 Aging and autobiographical memory: Dissociating episodic from semantic retrieval. *Psychology and Aging*, **17**, 677-689.

Levine, B., Turner, G. R., Tisserand, D., Hevenor, S. J., Graham, S. J., & McIntosh, A. R. 2004 The functional neuroanatomy of episodic and semantic autobiographical remembering: A prospective functional MRI study. *Journal of Cognitive Neuroscience*, **16**, 1633-1646.

Linton, M. 1975 Memory for real-world events. In D. A. Norman & D. E. Rumelhart (Eds.), *Explorations in cognition*. San Francisco, CA: Freeman & Company. Pp.376-404.

Luborsky, M. R. 1987 Analysis of multiple life history narratives. *Ethos*, **15**, 366-381.

Maguire, E. A. 2002 Neuroimaging studies of autobiographical event memory. In A. Baddeley, J. P. Aggleton & M. A. Conway (Eds.), *Episodic memory: New directions in research*. Oxford, UK: Oxford University Press. Pp.164-180.

McAdams, D. P. 1988 *Power, intimacy, and the life story: Personological inquiries into identity*. New York, NY: The Guilford Press.

McAdams, D. P. 1993 *The stories we lived by: Personal myths and the making of the self*. New York, NY: The Guilford Press.

McAdams, D. P. 2004 The redemptive self: Narrative identity in America today. In D. R. Beike, J. M. Lampinen & D. A. Behrend (Eds.), *The self and memory*. New York, NY: Psychology Press. Pp.95-115.

McAdams, D. P., Reynolds, J., Lewis, M., Pattern, A. H., & Bowman, P. J. 2001 When bad things turn good and good things turn bad: Sequences of redemption and contamination in life narrative and their relation to psychosocial adaptation in midlife adults and in students. *Personality and Social Psychology Bulletin*, **27**, 474-485.

Moore, R. G., & Blackburn, I-M. 1993 Sociotropy, autonomy and personal memories in depression. *British Journal of Clinical Psychology*, **32**, 460-462.

Pillemer, D. B. 1998 *Momentous events, vivid memories*. Cambridge, MA: Harvard University Press.

Piolino, P., Desgranges, B., Clarys, D., Guillery-Girard, B., Taconnat, L., Isingrini, M., & Eustache, F. 2006 Autobiographical memory, autonoetic consciousness, and self-perspective in aging. *Psychology and Aging*, **21**, 510-525.

Piolino, P., Desgranges, B., Manning, L., North, P., Jokic, C., & Eustache, F. 2007 Autobiographical memory, the sense of recollection and executive functions after severe traumatic brain injury. *Cortex*, **43**, 176-195.

Ready, R. E., Weinberger, M. I., & Jones, K. M. 2007 How happy have you felt lately? Two diary studies of emotion recall in older and younger adults. *Cognition and Emotion*, **21**, 728-757.

Rubin, D. C. 2005 Autobiographical memory tasks in cognitive research. In A. Wenzel & D. C. Rubin (Eds.), *Cognitive methods and their application to clinical research*. Washington, DC: American Psychological Association. Pp.219-241.

Rubin, D. C., & Berntsen, D. 2003 Life scripts help to maintain autobiographical memories of highly positive, but not highly negative, events. *Memory & Cognition*, **31**, 1-14.

Rubin, D. C., Schrauf, R. W., & Greenberg, D. L. 2003 Belief and recollection of autobiographical memories. *Memory & Cognition*, **31**, 887-901.

Rubin, D. C., & Schulkind, M. D. 1997 Distribution of important and word-cued autobiographical memories in 20-, 35-, and 70-year-old adults. *Psychology and Aging*, **12**, 524-535.

榊美知子　2007　自伝的記憶の感情情報はどのように保持されているのか——領域構造の観点から　教育心理学研究, **55**, 184-196.

Sato, K. 2002 Changes in the temporal organization of autobiographical memories. *Psychological Reports*, **91**, 1074-1078.

佐藤浩一　2005　自伝的記憶における方法論的折衷主義——収束的証拠を求めて　佐藤浩一・越智啓太・神谷俊次・上原　泉・川口　潤・太田信夫　自伝的記憶研究の理論と方法(2)　日本認知科学会テクニカルレポート, **55**, 3-7.

佐藤浩一　2006　自伝的記憶の構造——event cueing法を用いた検討　日本認知心理学会第4回大会発表論文集, 89.

Schrauf, R. W., & Rubin, D. C. 2001 Effects of voluntary immigration on the distribution of autobiographical memory over the lifespan. *Applied Cognitive Psychology*, **15**, S75-S88.

Schulkind, M. D., Hennis, L. K., & Rubin, D. C. 1999 Music, emotion, and autobiographical memory: They're playing your song. *Memory & Cognition*, **27**, 948-955.

Schulkind, M. D., & Woldorf, G. 2005 Emotional organization of autobiographical memory. *Memory & Cognition*, **33**, 1025-1035.

Seifert, C. M., McKoon, G., Abelson, R. P., & Ratcliff, R. 1986 Memory connections between thematically similar episodes. *Journal of Experimental Psychology: Learning, Memory, and Cognition*, **12**, 220-231.

Steinvorth, S., Corkin, S., & Halgren, E. 2006 Ecphory of autobiographical memories: An fMRI study of recent and remote memory retrieval. *NeuroImage*, **30**, 285-298.

Sutin, A. R., & Robins, R. W. 2007 Phenomenology of autobiographical memories: The memory experiences questionnaire. *Memory*, **15**, 390-401.

Svoboda, E., McKinnon, M. C., & Levine, B. 2006 The functional neuroanatomy of autobiographical memory: A meta-analysis. *Neuropsychologia*, **44**, 2189-2208.

Takahashi, M., & Shimizu, H. 2007 Do you remember the day of your graduation ceremony from junior high school?: A factor structure of the Memory Characteristics Questionnaire. *Japanese Psychological Research*, **49**, 275-281.

Talarico, J. M., & Rubin, D. C. 2007 Flashbulb memories are special after all: in phenomenology, not accuracy. *Applied Cognitive Psychology*, **21**, 557-578.

Taylor, H. A., & Tversky, B. 1997 Indexing events in memory: Evidence for index dominance. *Memory*, **5**, 509-542.

徳田治子　2004　ライフストーリー・インタビュー——人生の語りに立ち会う作法　無藤隆・やまだようこ・南　博文・麻生　武・サトウタツヤ（編）　質的心理学——創造的に活用するコツ　新曜社　Pp.148-154.

Tulving, E. 1985 Memory and consciousness. *Canadian Psychology*, **26**, 1-12.

Tulving, E. 2002 Episodic memory: From mind to brain. *Annual Review of Psychology*, **53**, 1-25.

Wagenaar, W. A. 1986 My memory: A study of autobiographical memory over six years. *Cognitive Psychology*, **18**, 225-252.

Walker, W. R., Vogl, R. J., & Thompson, C. P. 1997 Autobiographical memory: Unpleasantness fades faster than pleasantness over time. *Applied Cognitive Psychology*, **11**, 399-413.

White, R. 2002 Memory for events after twenty years. *Applied Cognitive Psychology*, **16**, 603-612.

Williams, J. M. G., Barnhofer, T., Crane, C., Hermans, D., Raes, F., Watkins, E., & Dalgleish, T. 2007 Autobiographical memory specificity and emotional disorder. *Psychological Bulletin*, **133**, 122-148.

Williams, J. M. G., & Broadbent, K. 1986 Autobiographical memory in suicide attempters. *Journal of Abnormal Psychology*, **95**, 144-149.

Wright, D. B., & Nunn, J. A. 2000 Similarities within event clusters in autobiographical memory. *Applied Cognitive Psychology*, **14**, 479-489.

やまだようこ　2007　ライフストーリー・インタビュー　やまだようこ（編）　質的心理学の方法―語りをきく　新曜社　Pp.124-143.

2章

自伝的記憶研究における実験的方法とその問題点

越智 啓太

1節 はじめに

　従来の記憶研究があらかじめ設定した短い期間の限られた対象のエピソードについて研究することが多かったのに対して，自伝的記憶研究は我々が生きてきた人生すべての記憶の総体を扱っていくという点で特別である。また，その研究テーマも記銘，検索，忘却など伝統的な記憶研究が扱ってきたものにかぎらず，人生の方向づけ，パーソナリティ形成との関係，精神病理との関連など幅広くなっている。そのため，自伝的記憶研究は従来の記憶研究の方法論にとどまらず，さまざまな方法論によって研究が行なわれている。今まで自伝的記憶研究において使われてきた方法論に関しては，佐藤（2005）が包括的にまとめているが（1章参照），本章では，自伝的記憶を実験的に想起させ，それについて分析する研究について検討してみたい。

2節 自伝的記憶を想起させる方法

　分析対象となる自伝的記憶を想起させる方法としては，とくに明示的な手がかりを示さずに一定時間でできるだけ多くの自伝的記憶を想起させるもの（Waldfogel, 1948; Crovitz & Harvey, 1979）などもあるが，何らかの想起手がかりを呈示して，連想される自伝的記憶を思い出させる方法が一般的である。手がかりとしては，「最も古い記憶」「小学校の頃」「去年の冬」などの時期を用いる方法，「家族」「友人」といった記憶の登場人物などを指定する方法，感情や場所などを指定する方法などさまざまである。とくによく用いられるのは単語リストを手がかりとして用いる方法で，この方法は Galton によって用いられたことが知られているが，その後，Crovitz によって用いられ，現在では，Crovitz 法（Crovitz & Shiffman, 1974）といわれることが多い。
　自伝的記憶の想起自体は，質問紙などを用いて集団で実施することも可能であるし，実験室などで構造化，半構造化面接によって聞き取るということも可能である。

実験室で行なわれる場合には,想起時の気分を統制したり(McFarland & Buehler, 1998),教示など(Sanitiosso et al., 1990)により想起される自伝的記憶の内容がどのような変化を受けるかを調べたりするなどの操作を加えることもある。また,実験参加者の個人差に注目した分析がなされることも多く,病理的な面からみた個人差(うつ病,PTSD,アルツハイマー症など),年齢差,性差(Cowan & Davidson, 1984; Williams, & Broadbent, 1986; Moses, et al., 2004),パーソナリティの違い,人種や出身国の違い(Mullen, 1994)などが検討されている。

最近では,実験室でなく日常生活の場面で,不随意に想起される自伝的記憶を記録し,その想起パターンについて分析を行なうという方法も用いられることがある(神谷, 2003; Schlagman et al., 2007; 本書3章4節参照)。

では,このようにして想起された自伝的記憶をどのような観点で分析するのだろうか。以下3つの方法論について順次検討してみたい。

3節　自伝的記憶の内容を分析対象とする研究

1 ── 自伝的記憶の内容を分析対象とする研究とは

まず,最初に取り上げるのは自伝的記憶を想起させ,その内容について分析する方法である。

自伝的記憶の内容を分析することは心理学では比較的古くから行なわれていた。たとえば,精神分析学では,患者が苦しんでいる不安などの精神症状の原因を過去の体験に求めるため,患者の自伝的記憶の語りを分析し,そこから症状を作り出している心的なダイナミクスを明らかにしていくという方法論がとられている。また,その他の臨床心理学研究,パーソナリティ研究でも自伝的記憶の内容を手がかりにする研究アプローチが存在する(Mosak & DiPietro, 2006; Woike et al., 1999)。

2 ── 自伝的記憶の内容を分析対象とする研究の例

自伝的記憶の内容を分析対象としている研究の例として,Bruhnの研究をあげてみよう。彼は一連の研究から我々の自伝的記憶の語り,とくに一番古い記憶についての語りは,現在の自分のパーソナリティの状態を映し出す一種の鏡であり投影法の1つとして理解することが可能であると主張している(Bruhn, 1985, 1992; 越智, 2008)。そうだとすると,検査対象者の特性が異なれば想起する一番古い記憶も異なったものになるはずである。そこで彼は,非行少年と一般少年に一番古い記憶を想起させ,違いが生じるか否かを確認しようとした(Bruhn & Davidow, 1983)。15〜17

歳の有罪が確定した財産犯の非行少年 20 名と出身社会階層と知能指数を統制した非行少年でない少年 20 名が実験に協力した。彼らに個別面接で「一番古い記憶」について語らせ，その内容を分析した結果，次の 5 つの記述要素が非行少年群と統制群で異なっていることがわかった。

　怪我：非行少年は自分がした怪我，統制群は他人の怪我について語る。
　ルール破り：非行少年はルールを破ったが怒られなかった体験，統制群は怒られた体験の記憶を語る。
　孤独：非行少年は孤独，統制群は他人とのインタラクションについて語る。
　達成：非行少年は失敗経験，統制群は成功経験について語る。
　被害：非行少年は自分が被害を受けた経験，統制群は他人が被害を受けた経験を語る。

続いて，Davidow と Bruhn (1990) は，非行少年 71 名と統制群の少年 71 名に，同様に最も古い記憶について尋ねる 20 分の構造化面接を行ない，その内容を上記の 5 つの記述要素をもとに分析した。その結果，記憶内容から，非行少年と統制群の少年を識別できることがわかった。正確に識別できた割合は，非行少年の 81.7%，統制群の 95.8% と高かった。とくに「ルール破り」の項目が識別には重要であった。

3 ─── 自伝的記憶の内容を分析対象とする研究の問題点

さて，自伝的記憶の内容を分析対象とするタイプの研究では，1 つの大きな問題が存在する。それは，報告された自伝的記憶が本当にあった出来事であるか否かがわからないという点である。

たとえば，実験参加者に子どもの頃の記憶などを想起させて報告させたとしよう。この場合，その記憶が「本当の記憶」なのか，そうでないのかを判断することは実はなかなか困難である。本人が意図して正確でない記憶やうその記憶を語っている場合もあるが，本人もそれが本当の記憶であると思っているのに実際には，「偽の」記憶であるというケースが存在する。自分が体験していない出来事であっても，写真などの情報から再構成が行なわれ，「自分が体験したかのように」想起してしまうことや，想像と現実が区別できなくなってしまうことによって想像を現実の記憶として語ってしまうことはしばしば生じることが示されている (Loftus, 1997; Hyman et al., 1995; Lynn et al., 1991; Brewin et al., 1993)。時々，自分が生まれた瞬間の記憶や胎児の頃の記憶を想起できるという人がいるが，実証研究からはこのようなことが生じるとは考えがたいため，このような記憶に関しても，何らかのメカニズムによって後から作られた記憶である可能性が高い。

第Ⅰ部　自伝的記憶研究の方法

　このような問題点について，研究者がとる立場は2通りある。1つは，その記憶の正確性についてはとくに問題にする必要はないとする考え方である。とくに臨床心理学などの研究においては，古くから記憶自体の現実性については問題にしないという立場が公言されている。「心理的現実（psychological reality）」という概念である。上記のBruhnらの研究も基本的にはこの考えをとっている。むしろ，自伝的記憶の主観性や変化し得る特性に価値があると考えるのである。

　もう1つは，それを確認することは困難であるが，基本的には真実性についての検討を忘れてはならないといった考え方である。認知心理学に基づいた自伝的記憶研究ではこのような立場がとられることが多い。この立場に立つ研究者は，両親やきょうだい，ルームメイトなどの記憶と本人の自伝的記憶とを照合するという方法（Howes et al., 1993; Mingay et al., 1994; Bruce et al., 2000），双生児の記憶を相互に比較するという方法（Sheen et al., 2001; Ikier et al., 2003），日記などのあらかじめ記録されている自伝的記憶体験について想起させて照合するという方法（Loftus & Polage, 1999），ある時点で一度体験を記録し，後でその体験について再び思い出させて照らし合わせるという方法（Levine & Bluck, 1997）などで記憶の真実性を確認しようとしている。究極的には後に自伝的記憶実験を行なうことを念頭において日々の体験をシステマテックに記録しておき，そのデータベースを使用して実験を行なうという方法（Wagenaar, 1986）なども使用される（3章3節参照）。ただし，内容を問題にする研究では，まさに「何を」思い出すかが重要になってくるので，想起する対象をあらかじめ指定してしまうと研究ができないというジレンマに陥る。したがって，あらかじめ記録された自伝的記憶を想起するという研究方法論は実際には，内容的な側面を分析する研究では用いられないことが多い。

　自伝的記憶の内容を問題にする研究では，真実性の問題や語られた記憶の質的な側面をどのように分析していけばよいかなどの問題はあるが，精神病理や本人のパーソナリティを分析する研究，自伝的記憶の機能を明らかにしていくための研究などでは多くの手がかりを与えてくれる有効な研究方法である。

4節　自伝的記憶の属性を分析対象とする研究

1 ── 自伝的記憶の属性を分析対象とする研究とは

　第2の方法は，何らかの方法で自伝的記憶を想起，報告させる実験を行なうが，分析対象が想起された記憶の内容自体ではなく，その記憶のもっている属性であるというものである。記憶の属性とは具体的には，想起された記憶の年齢（何歳の頃の記憶

か）(Rubin & Schulkind, 1997), 想起された記憶の感情価（Salovey & Singer 1989; Howes et al., 1993; Robbins & Tanck, 1994), 視点（Nigro & Neisser, 1983; Robinson & Swanson, 1993; Libby, & Eibach, 2002), 想起内容の抽象度（超概括性：Williams, 1996), 安定性(Cohen & Faulkner, 1988; Wynn & Logie, 1998; 神谷, 1994), モダリティ(D'Argembeau et al., 2003) などである。このタイプの研究は認知心理学における自伝的記憶の中心を担ってきた方法論であり，今まで発見された自伝的記憶に関する現象の多くはこの方法論によって示されてきたものである。記憶の内容自体に直接的に立ち入らないことによって，記憶の真実性などの問題は回避されていることが多く，また，結果も客観的で，安定したものが得られる場合が多い。

2 ── 自伝的記憶の属性を分析対象とする研究の例

このタイプの具体的研究例として，「我々の自伝的記憶は何歳まで遡ることができるのか」についての研究を取り上げてみよう。これは，想起された記憶の年齢という属性に関する研究である。この問題は，一般的にも興味をそそられる問題であるが，自伝的記憶の発達という点からも重要な意味をもつ。

この問題に関する最も単純な研究方法は，質問紙法を使用して，「あなたの記憶の中で一番最初の記憶は何で，それはいつのものですか？」と直接，実験参加者に聞いてみるものである。この種の研究は，古くから行なわれてきたが，今まで行なわれてきた研究を整理してみると，3～4歳程度の記憶が最も古いと報告されることが多い。この年齢については，多くの研究でほぼ一致した値が得られている（Waldfogel, 1948; Dudycha & Dudycha, 1933; Gordon, 1928; Potwin, 1901)。

ただし，このような研究では，記憶の真実性の問題が生じてくる。つまり，思い出された記憶は本当の記憶なのかという問題である。また，この研究では，「記憶の年齢」について推定させているわけであるが，その推定がどの程度信頼できるものなのかについても明確ではない。「記憶の年齢」の推定にはさまざまなバイアスが生じることがわかっている（Bradburn et al., 1993)。

そこで，より客観的な方法で，この問題を解決できないかが課題となる。この点にこたえて行なわれた研究として Sheingold と Tenney (1982) の研究があげられる。彼らは，巧妙な方法を用いて，この問題を解決しようと考えた。具体的には，弟か妹がいる実験参加者に対して，弟妹が生まれたときの記憶をどの程度，思い出せるのかを調べたのである。彼らは，実験参加者に対して，「弟や妹が生まれるため，お母さんが入院しているとき誰があなたの面倒をみていましたか」「誰がお母さんと赤ちゃんを連れて帰ってきましたか」「初めて赤ちゃんを見たとき赤ちゃんはどんな服を着

ていましたか」などの質問を行なった。大学生を対象にして研究を行なった結果，弟や妹が生まれたときに3歳以下であった学生は，このときの周囲の状況についてほとんど思い出すことができなかった。これに対して，弟妹の誕生日に4歳以上になっていた学生は，いろいろなことを想起することができた。これは初めての記憶は3～4歳程度のものであるという自己報告型の実験と一致したものである。この研究方法は，その後も「初めての引っ越し」などの課題を用いて，AdairとNeisser（1993），EacottとCrawley（1998），越智・相良（2002）などによって行なわれている。

また，Terr（1991）は，子どもの頃のトラウマ体験について客観的な証拠の残っている20例の子どもとの面接記録を分析している。その結果，トラウマとなる出来事が，28～36ヶ月以下で生じた場合，子どもはその体験の記憶をもっていないことがわかった。これは，たとえ，子どもの心に大きな影響をもたらす出来事であっても，体験年齢が3歳以下の場合には自伝的記憶として残らないことを意味している。

いずれの研究でも，最も古い記憶についての自己報告研究とおおむね一致した結果が出されている。

3 ── 自伝的記憶の属性を分析対象とする研究の問題点

自伝的記憶の属性を分析対象とするタイプの研究は比較的問題点が少ない。しかし，実際に研究を行なってみると，いくつかの問題点があることがわかる。まず最初にあげられるのは，自伝的記憶の属性が内容の要因と関連している可能性があるという点である。たとえば，自伝的記憶におけるバンプ現象（自伝的記憶の中で，青年期から成人期初期の記憶が相対的に多く想起される現象：Rubin & Schulkind 1997; Rubin et al., 1986; 本書6章参照）の研究の多くはその記憶内容にはあまりこだわらずに，想起された記憶の年代という属性を中心に分析されてきた。しかし，たとえば，快な出来事の記憶については，バンプが生じやすいが，不快な出来事やトラウマティックな出来事の記憶についてはバンプが生じず，むしろ，最近のことになるほど思い出しやすいという新近性効果が生じる（Berntsen & Rubin, 2002）など，実際には記憶内容とバンプ現象は関連していることが示されている。このようなことをふまえると，自伝的記憶の属性を問題にするにせよ，その記憶内容を無視するのでなく，それを何らかの変数として取り込んでモデルを作っていくことが必要になると考えられる。

次に，実験の再現性が予想外に低い場合があるという問題があげられる。これは比較的著名な実験にもいえることである。たとえば，NigroとNeisser（1983）の自伝的記憶想起における視点の研究は自伝的記憶研究の中では引用される頻度がかなり高い研究である。この研究では，自伝的記憶を想起したとき，その記憶の視覚的イメー

か）(Rubin & Schulkind, 1997)，想起された記憶の感情価（Salovey & Singer 1989; Howes et al., 1993; Robbins & Tanck, 1994)，視点（Nigro & Neisser, 1983; Robinson & Swanson, 1993; Libby, & Eibach, 2002)，想起内容の抽象度（超概括性：Williams, 1996)，安定性(Cohen & Faulkner, 1988; Wynn & Logie, 1998; 神谷, 1994)，モダリティ (D'Argembeau et al., 2003) などである。このタイプの研究は認知心理学における自伝的記憶の中心を担ってきた方法論であり，今まで発見された自伝的記憶に関する現象の多くはこの方法論によって示されてきたものである。記憶の内容自体に直接的に立ち入らないことによって，記憶の真実性などの問題は回避されていることが多く，また，結果も客観的で，安定したものが得られる場合が多い。

2 ── 自伝的記憶の属性を分析対象とする研究の例

このタイプの具体的研究例として，「我々の自伝的記憶は何歳まで遡ることができるのか」についての研究を取り上げてみよう。これは，想起された記憶の年齢という属性に関する研究である。この問題は，一般的にも興味をそそられる問題であるが，自伝的記憶の発達という点からも重要な意味をもつ。

この問題に関する最も単純な研究方法は，質問紙法を使用して，「あなたの記憶の中で一番最初の記憶は何で，それはいつのものですか？」と直接，実験参加者に聞いてみるものである。この種の研究は，古くから行なわれてきたが，今まで行なわれてきた研究を整理してみると，3～4歳程度の記憶が最も古いと報告されることが多い。この年齢については，多くの研究でほぼ一致した値が得られている（Waldfogel, 1948; Dudycha & Dudycha, 1933; Gordon, 1928; Potwin, 1901)。

ただし，このような研究では，記憶の真実性の問題が生じてくる。つまり，思い出された記憶は本当の記憶なのかという問題である。また，この研究では，「記憶の年齢」について推定させているわけであるが，その推定がどの程度信頼できるものなのかについても明確ではない。「記憶の年齢」の推定にはさまざまなバイアスが生じることがわかっている（Bradburn et al., 1993)。

そこで，より客観的な方法で，この問題を解決できないかが課題となる。この点にこたえて行なわれた研究として Sheingold と Tenney (1982) の研究があげられる。彼らは，巧妙な方法を用いて，この問題を解決しようと考えた。具体的には，弟か妹がいる実験参加者に対して，弟妹が生まれたときの記憶をどの程度，思い出せるのかを調べたのである。彼らは，実験参加者に対して，「弟や妹が生まれるため，お母さんが入院しているとき誰があなたの面倒をみていましたか」「誰がお母さんと赤ちゃんを連れて帰ってきましたか」「初めて赤ちゃんを見たとき赤ちゃんはどんな服を着

ていましたか」などの質問を行なった。大学生を対象にして研究を行なった結果，弟や妹が生まれたときに3歳以下であった学生は，このときの周囲の状況についてほとんど思い出すことができなかった。これに対して，弟妹の誕生日に4歳以上になっていた学生は，いろいろなことを想起することができた。これは初めての記憶は3～4歳程度のものであるという自己報告型の実験と一致したものである。この研究方法は，その後も「初めての引っ越し」などの課題を用いて，AdairとNeisser (1993)，EacottとCrawley (1998)，越智・相良（2002）などによって行なわれている。

また，Terr (1991) は，子どもの頃のトラウマ体験について客観的な証拠の残っている20例の子どもとの面接記録を分析している。その結果，トラウマとなる出来事が，28～36ヶ月以下で生じた場合，子どもはその体験の記憶をもっていないことがわかった。これは，たとえ，子どもの心に大きな影響をもたらす出来事であっても，体験年齢が3歳以下の場合には自伝的記憶として残らないことを意味している。

いずれの研究でも，最も古い記憶についての自己報告研究とおおむね一致した結果が出されている。

3 ── 自伝的記憶の属性を分析対象とする研究の問題点

自伝的記憶の属性を分析対象とするタイプの研究は比較的問題点が少ない。しかし，実際に研究を行なってみると，いくつかの問題点があることがわかる。まず最初にあげられるのは，自伝的記憶の属性が内容の要因と関連している可能性があるという点である。たとえば，自伝的記憶におけるバンプ現象（自伝的記憶の中で，青年期から成人期初期の記憶が相対的に多く想起される現象：Rubin & Schulkind 1997; Rubin et al., 1986; 本書6章参照）の研究の多くはその記憶内容にはあまりこだわらずに，想起された記憶の年代という属性を中心に分析されてきた。しかし，たとえば，快な出来事の記憶については，バンプが生じやすいが，不快な出来事やトラウマティックな出来事の記憶についてはバンプが生じず，むしろ，最近のことになるほど思い出しやすいという新近性効果が生じる（Berntsen & Rubin, 2002）など，実際には記憶内容とバンプ現象は関連していることが示されている。このようなことをふまえると，自伝的記憶の属性を問題にするにせよ，その記憶内容を無視するのでなく，それを何らかの変数として取り込んでモデルを作っていくことが必要になると考えられる。

次に，実験の再現性が予想外に低い場合があるという問題があげられる。これは比較的著名な実験にもいえることである。たとえば，NigroとNeisser (1983) の自伝的記憶想起における視点の研究は自伝的記憶研究の中では引用される頻度がかなり高い研究である。この研究では，自伝的記憶を想起したとき，その記憶の視覚的イメー

ジの視点がどのようになっているかが分析された。その結果，自己を強く意識しており，かつ感情が昂ぶっている状況の自伝的記憶では，観察者視点，つまり第三者から見た視点で想起されやすく，それ以外の場合には，フィールド視点，つまり出来事を体験したときの視点で想起されやすいということがわかった。この研究の追試を行なった研究はいくつかあるのだが，彼らの研究通りの結果が得られた研究はほとんど存在しない。異なった結果が生じた場合，その論文の考察において結果が異なった理由について言及され，新たなメカニズムが提示されるのだが，その異なった結果自体が追試されないことが多いので，理論的には進展がみられず，研究としては行き詰まってしまうことになる。これは自伝的記憶という現象自体が個人差や実験状況によって大きく左右されてしまう現象であるため，安定した結果が得られる再現性の高い現象をしっかり分離していかなければ長期的な研究の進展が見込めない危険性があることを示唆している。

5節　自伝的記憶の反応時間などを分析対象とする研究

1 ── 自伝的記憶の反応時間などを分析対象とする研究とは

第3の方法は，実験室でより統制された条件下で自伝的記憶の想起を行なわせ，記憶内容や記憶の属性よりもその検索にかかる時間など，プロセスに関する変数を使用するタイプの研究である。これには，Crovitz法などの手がかり語法を用いて自伝的記憶を想起させ，手がかり呈示からその想起までの反応時間を測定する研究（Williams & Broadbent, 1986），自分についての知識や自伝的記憶についての問題に解答させ，その反応時間を指標にする研究（Conway, 1987），自伝的記憶の検索が後続する課題の回答速度にどのように影響するかを調べたり（Klein & Loftus, 1993），あるいは課題の遂行が後続する自伝的記憶の検索時間に及ぼす効果について調べたりする研究（Conway & Bekerian, 1987; Dijkstra & Kaup, 2005），写真を呈示してそれが自分の体験した出来事の写真なのか他人の出来事の写真なのかを判断する研究（Burt et al., 1995），自伝的記憶の検索方略を指定しその検索の容易さや検索速度について調べる研究（Whitten & Leonard, 1981），連続して複数の自伝的記憶を想起させ，その関連性について調べる研究（Brown & Schopflocher, 1998），手がかり語に関する自伝的記憶を一定時間にできるだけたくさん想起させる研究（Neimeyer & Metzler, 1994）などがある。これらの研究では，4節で述べた方法と同様に，想起する自伝的記憶の内容についてはあまり問題にしないことが多い。この方法は，主に自伝的記憶の構造，検索などの問題，そして，セルフ・スキーマとよばれる自己についての知識体系とエ

ピソードの集合である自伝的記憶の関係や相互作用についての研究で使用される場合が多い。

2 ── 自伝的記憶の反応時間などを分析対象とする研究の例

　このタイプの研究の例として，自伝的記憶の構造に焦点を当てた Reiser ら（1985）の研究をあげてみよう。彼らは，自伝的記憶が，「活動」（例：「床屋に行った」），などの概念によって構造化されているのか，それとも，「一般的行動」（例：「勘定を払う」）によって構造化されているのかを確認する実験を行なった。具体的な手続きは，次のとおりである。実験参加者には活動と一般的行動の2つの手がかりが継時的に与えられ，実験参加者は，その両方の手がかりにあてはまる自伝的記憶を想起することが求められた。具体的には，先の例で，「床屋に行って勘定を払った」記憶を想起することが求められたのである。このとき，実験参加者には次のようにして手がかりが与えられた。まず，ある実験参加者には「一般的行動」についての手がかりが与えられ，しばらく時間をおいて，「活動」の手がかりが与えられた。別の実験参加者にはこの反対で，「活動」の手がかりが与えられてから「一般的行動」の手がかりが与えられた。このようなことを行なった理由としては，もし，「活動」が基本的なレベルだとすれば，「活動」→「一般的行動」の条件では，「活動」の手がかりが与えられた時点で，自伝的記憶の検索がスタートできるが，「一般的行動」が基本的なレベルだとすると，「活動」の手がかりが与えられただけでは，検索がスタートできず，その結果，2番めの手がかりが与えられてから，自伝的記憶を検索するので，結果として2番めの手がかりが与えられてから記憶を想起するまでの反応時間が前者の条件よりも長くなってしまうと考えられることがあげられる。むろん，「一般的行動」が基本レベルであるとするとこの結果は逆になると考えられる。この実験の結果を表2-1に示す。この表を見ると，「活動」→「一般的行動」の反応時間は，「一般的行動」→「活動」の反応時間よりも2秒以上も速くなっており，これから自伝的記憶の基本的なレベルは，「勘定を払う」といったような一般的行動でなく，「床屋に行く」といったような活動であることがわかった。

表2-1　Reiser ら（1985）の実験における自伝的記憶想起の反応時間

手がかりの呈示順序	平均反応時間
活　動　→　一般的行動	4.16 秒
一般的行動　→　活　動	6.38 秒

続いて，ConwayとBekerian（1987）は，Reiserらと同様のパラダイムで実験を行ない，「活動」以外にも，「大学時代」や「高校時代」といった時代に関する手がかりも第1手がかりとして後続する自伝的記憶検索時間を短縮する効果をもっていることを明らかにした。これは時間的な枠組みにより記憶の体制化が生じていることを意味する。その後，どのような手がかりが促進効果をもち，どのような手がかりが促進効果をもたないのかについて包括的に研究しようとしたのが，Barsalou（1988）である。ところが，この研究では，明確な手がかりの促進効果はみられなかった。そこで，彼は自伝的記憶は「活動」や「時間」のみによって構造化されているのではなく，人や場所や時間や活動などさまざまなカテゴリーによって構造化されているのではないかと指摘している。

3 ── 自伝的記憶の反応時間などを分析対象とする研究の問題点

反応時間などを指標として，自伝的記憶の構造や想起プロセスを明らかにしていこうとする研究の最大の問題点は，個人差や実験状況，教示などによるデータのばらつきが非常に大きくなってしまうということである。そもそも，「自伝的記憶を想起する」という課題自体が，どこまで，何を想起するのかが明確でないことも多いので，実験参加者が課題をどのように受け取るのかによって結果が大きく異なってきてしまうのである。その結果として，実験結果の再現性が低くなり，細かな実験条件を設定する精密な研究が困難になるなどの問題が生じてしまう。しかし，記憶システムとしての自伝的記憶の構造や性質を検討する場合，このアプローチは非常に有用なものである。

6節　自伝的記憶実験における倫理の問題

最後にいずれの研究方法にも共通する重要な問題点を指摘しておきたい。それは，研究倫理の問題である。自伝的記憶は，それがきわめて「個人的な」事柄を扱う領域であるため，他の研究方法に比べて，倫理の問題が関わってくることが多いということである。とくに，想起内容を問題にする研究は，直接プライバシーの問題に関わることになる。これは困ったことに実験参加者が実験に真剣に取り組めば取り組むほど顕在化してくる問題である。この問題に関する近年のトピックを紹介してみよう。

1 ── 自伝的記憶の想起自体が与えるネガティブな効果

最初に，ネガティブな内容の自伝的記憶を想起させる研究についての問題である。たとえば，うつ病者やうつ傾向の実験参加者は，このような傾向をもたない人に比べ

て，自伝的記憶の想起にバイアスがかかるという現象が存在する。想起内容がうつ的になったり，うつ的な記憶の検索速度が速くなったり，またその記憶の内容が抽象的になるのである（Williams, 1996）。これは，非常に興味深い現象であり，自伝的記憶システムや感情と記憶，精神病理と記憶との関連を明らかにするための重要な手がかりの1つになると思われる。しかし，これを実験的に検討しようとすると，うつ的な傾向をもつ実験参加者に，このような記憶を想起させることや，また，それを報告したり記述してもらう必要が出てくる。多くの実験参加者にとって，ネガティブな記憶は思い出したくない記憶だと思われるので，この種の研究は，「思い出したくない記憶を強いて思い出させる研究」となってしまう。うつの人にうつ的な記憶を想起させることは，治療的には悪影響があると考えたほうがよい（Teasdale, 1985）。このような研究の実施は，どのようなケースで許され，どのようなケースで許されないのかについては，議論・検討していくことが必要であろう。

2 ── 自伝的記憶を操作する研究に関する問題

また，自伝的記憶の脆弱さについて検討する研究方法として，自伝的記憶を改変したり，実際にはなかった出来事の記憶を植えつける実験がなされる場合がある。Hymanらは，成人の実験参加者に「自動車内に1人で残されたときにパーキングブレーキをはずして車が動き出してしまった」という記憶を植えつけている（Hyman et al, 1995）。また，Loftusらのグループは「子どもの頃，ショッピングセンターで迷子になった」という記憶を植えつけている（Loftus, 1997）。この種のデモンストレーション実験は確かに興味深いものではある。しかし，我々にとっての「人生」という概念が，自伝的記憶そのものであることが多いということを考えると，この手続きは，まさに人の人生を改変するものになってしまう。そこで，この種の実験に関しては「そもそもそれが許されるのか」という問題から，議論・検討していくことが必要であろう。

ちなみに記憶植えつけ実験においては，実験実施中，そしてデブリーフィングの後で実験者と実験参加者の人間関係が悪化してしまう弊害が出ることが多いことも指摘されている（仁平, 2007）。

3 ── 自伝的記憶研究の倫理基準

このような倫理的な問題点について考察したうえで，越智（2004）は，自伝的記憶研究を実施するにあたって留意すべき点をまとめている。若干の修正を加えたものを以下にあげておく。

1. あらかじめ，実験計画を開示したうえで実験参加者に参加を要請する。
2. 実験への参加を強制しない（たとえば，講義時間を使用した集団実験や，研究者と参加者に地位の差がある場合は実験実施に問題があるかもしれない）。
3. 実験参加者をだます実験を行なわない。
4. 個人データの管理に留意する。場合によっては，質問紙や調査票などを返却する。
5. とくにネガティブな情動を喚起してしまう可能性がある場合には，質問紙などで大量なデータをとるかたちではなく，できるだけ面接形式か個別実験方式で研究を行なう。
6. ネガティブな体験を想起させないで目的を達成できる場合には，ネガティブな体験を想起させない。
7. 最小の実験で最大の効果を得るために，無意味な探索的実験をできるだけ行なわないようにする。
8. 偽の自伝的記憶を植えつけることや記憶を意図的に変容させる実験は行なわない。

引用文献

Adair, J., & Neisser, U. 1993 Childhood amnesia and the beginning of memory for four early life events. *Journal of Experimental Psychology: General*, **122**, 155-165.

Barsalou, L. W. 1988 The content and organization of autobiographical memories. In U. Neisser & C. E. Winograd (Eds.), *Remembering reconsidered: Ecological and traditional approaches to the study of memory*. New York, NY: Cambridge University Press. Pp.193-243.

Berntsen, D., & Rubin, D. C. 2002 Emotionally charged autobiographical memories across the life span: The recall of happy, sad, traumatic, and involuntary memories. *Psychology and Aging*, **17**, 636-652.

Bradburn, N. M., Huttenlocher, J., & Hedges, L. 1993 Telescoping and temporal memory. In N. Schwarz & S. Sudman (Eds.), *Autobiographical memory and the validity of retrospective reports*. New York, NY: Springer-Verlag. Pp.203-215.

Brewin, C. R., Andrews, B., & Gotlib, I. H. 1993 Psychopathology and early experience: a reappraisal of retrospective reports. *Psychological Bulletin*, **113**, 82-98.

Brown, N. R., & Schopflocher, D. 1998 Event cueing, event clusters, and the temporal distribution of autobiographical memories. *Applied Cognitive Psychology*, **12**, 305-319.

Bruce, D., Dolan, A., & Phillips-Grant, K. 2000 On the transition from childhood amnesia to the recall of personal memories. *Psychological Science*, **11**, 360-364.

Bruhn, A. R. 1985 Using early memories as a projective technique-The cognitive-perceptual method. *Journal of Personality Assessment*, **49**, 587-597.

Bruhn, A. R. 1992 The early memories procedure: A projective test of autobiographical memory, part 1. *Journal of Personality Assessment*, **58**, 1-15.

Bruhn, A. R., & Davidow, S. 1983 Earliest memories and dynamics of delinquency. *Journal of Personality Assessment*, **47**, 476-482.

Burt, C. D. B., Mitchell, D. A., Raggatt, P. T. F., Jones, C. A. & Cowan, T. M. 1995 A snapshot of autobiographical memory retrieval characteristics. *Applied Cognitive Psychology*, **9**, 61-74.

Cohen, F., & Faulkner, D. 1988 Life span changes in autobiographical memory. In M. M. Gruneberg, P. E. Morris & R. N. Sykes (Eds.), *Practical aspects of memory*. Vol.1. Chichester, UK: John Wiley and Sons. Pp.277-282.

Conway, M. A. 1987 Verifying autobiographical facts. *Cognition*, **26**, 39-58.

Conway, M. A., & Bekerian, D. A. 1987 Organization in autobiographical memory. *Memory & Cognition*, **15**, 119-132.

Cowan, N., & Davidson, G. 1984 Salient childhood memories. *The Journal of Genetic Psychology*, **145**, 101-107.

Crovitz, H. F., & Harvey, M. T. 1979 Early childhood amnesia: A quantitative study with implications for the study of retrograde amnesia after brain injury. *Cortex*, **15**, 331-335.

Crovitz, H. F., & Shiffman, H. 1974 Frequency of episodic memory as a function of their age. *Bulletin of the Psychonomic Society*, **4**, 517-518.

D'Argembeau, A., Comblain, C., & van der Linden, M. 2003 Phenomenal characteristics of autobiographical memories for positive, negative, and neutral events. *Applied Cognitive Psychology*, **17**, 281-294.

Davidow, S., & Bruhn, A. R. 1990 Earliest memories and the dynamics of delinquency: A replication study. *Journal of Personality Assessment*, **54**, 601-616.

Dijkstra, K., & Kaup, B. 2005 Mechanisms of autobiographical memory retrieval in younger and older adults. *Memory & Cognition*, **33**, 811-820.

Dudycha, G. J., & Dudycha, M. M. 1933 Some factors and characteristics of childhood memories. *Child Development*, **4**, 265-278.

Eacott, M. J., & Crawley, R. A. 1998 The offset of childhood amnesia: Memory for events that occurred before age 3. *Journal of Experimental Psychology: General*, **127**, 22-33.

Gordon, K. 1928 A study of early memories. *Journal of Delinquency*, **12**, 129-132.

Howes, M. L., Siegel, M., & Brown, F. 1993 Early childhood memories: Accuracy and affect. *Cognition*, **47**, 95-119.

Hyman, I. E., Husband, T. H., & Billings, F. J. 1995 False memories of childhood experiences. *Applied Cognitive Psychology*, **9**, 181-197.

Ikier, S., Tekcan, A., Gulgoz, S., & Kuntay, A. C. 2003 Whose life is it anyway? Adoption of each other's autobiographical memories by twins. *Applied Cognitive Psychology*, **17**, 237-247.

神谷俊次 1994 自伝的記憶の安定性 アカデミア 人文・社会科学編, **59**, 119-135.

神谷俊次 2003 不随意記憶の機能に関する考察―想起状況の分析を通じて 心理学研究, **74**, 444-451.

Klein, S. B., & Loftus, J. 1993 The mental representation of trait and autobiographical knowledge about the self. In T. K. Srull & R. S. Wyer Jr. (Eds.), *Advances in social cognition, Vol.V. The mental representation of trait and autobiographical knowledge about the self*. Hillsdale, NJ: Lawrence Erlbaum Associates. Pp.1-49.

Levine, L. J., & Bluck, S. 1997 Experienced and remembered emotional intensity in older adults. *Psychology and Aging,* **12**, 514-523.

Libby, L.K., & Eibach, R. P. 2002 Looking back in time. Self-concept change affects visual perspective in autobiographical memory. *Journal of Personality and Social Psychology,* **82**, 167-179.

Loftus, E. F. 1997 Creating false memories. *Scientific American,* **277** (September), 70-75. 仲真紀子（訳） 1997 偽りの記憶を作る 日経サイエンス 12月号, 18-25.

Loftus, E. F., & Polage, D. C. 1999 Repressive memories: When are they real? How are they false? *The Psychiatric Clinics of North America,* **22**, 61-71.

Lynn, S. J., Milano, M., & Weekes, J. R. 1991 Hyponosis and pseudomemories: The effects of prehypnotic expectancies. *Journal of Personality and Social Psychology,* **60**, 318-326.

McFarland, C., & Buehler, R. 1998 The impact of negative affect on autobiographical memory: The role of self-focused attention to moods. *Journal of Personality and Social Psychology,* **75**, 1424-1440.

Mingay, D. J., Shevell, S. K., Bradburn, N. M., & Ramirez, C. 1994 Self and proxy reports of everyday events. In N. Schwarz & S. Sudman (Eds.), *Autobiographical memory and the validity of retrospective reports.* New York, NY: Springer-Verlag. Pp.235-250.

Mosak, H. H., & Di Pietro, R. 2006 *Early recollections.* New York, NY: Routledge.

Moses, A., Culpin, V., Lowe, C., & McWilliam, C. 2004 Overgenerality of autobiographical memory in Alzheimer's disease. *British Journal of Psychology,* **43**, 377-386.

Mullen, M. K. 1994 Earliest recollections of childhood: A demographic analysis. *Cognition,* **52**, 55-79.

Neimeyer, G. J. & Metzler, A. E. 1994 Personal identity and autobiographical recall. In U. Neisser & R. Fivish (Eds.), *The remembering self: Construction and accuracy in the self-narrative.* New York, NY: Cambridge University Press. Pp.105-135.

Nigro, G., & Neisser, U. 1983 Point of view in personal memories. *Cognitive Psychology,* **15**, 467-482.

仁平義明 2007 記憶植えつけ実験はゆるされるか――ジム・コウアンが巻き込まれた嵐のような出来事 仁平義明（編） 現代のエスプリ481 嘘の臨床・嘘の現場 至文堂 Pp.95-105.

越智啓太 2004 コメントへの回答 佐藤浩一・槙 洋一・下島裕美・堀内 孝・越智啓太・太田信夫 自伝的記憶研究の理論と方法 日本認知科学会テクニカルレポート, **51**, 27-30.

越智啓太 2008 投影法としての早期回想パラダイム研究の展望 法政大学心理学年報, **2**, 14-25.

越智啓太・相良陽一郎 2002 Sheingoldの方法を用いた初期記憶の測定 日本教育心理学会発表論文集, **44**, 615

Potwin, E. B. 1901 Study of early memories. *Psychological Review,* **8**, 596-601.

Reiser, B. J., Black, J. B., & Abelson, R. P. 1985 Knowledge structures in the organization and retrieval of autobiographical memories. *Cognitive Psychology,* **17**, 89-137.

Robbins, P. R., & Tanck, R. H. 1994 Depressed mood and early memories: Some negative findings. *Psychological Report,* **75**, 465-466.

Robinson, J. A., & Swanson, K. L. 1993 Field and observer modes of remembering. *Memory*, **1**, 169-184.

Rubin, D. C., & Schulkind, M. D. 1997 The distribution of autobiographical memories across the lifespan. *Memory & Cognition*, **25**, 859-866.

Rubin, D. C., Wetzler, S. E., & Nebes, R. D. 1986 Autobiographical memory across the adult lifespan. In D. C. Rubin (Ed.), *Autobiographical memory*. New York, NY: Cambridge University Press. Pp.202-221.

Salovey, P., & Singer, J. A. 1989 Mood congruency effects in recall of childhood versus recent memories. *Jounral of Social Behavior and Personality*, **4**, 99-120.

Sanitiosso, R., Kunda, Z., & Fong, G. T. 1990 Motivated recruitment of autobiographical memories. *Journal of Personality and Social Psychology*, **59**, 229-241.

佐藤浩一 2005 自伝的記憶研究における方法論的折衷主義 佐藤浩一・越智啓太・神谷俊次・上原 泉・川口 潤・太田信夫 自伝的記憶研究の理論と方法 (2) 日本認知科学会テクニカルレポート, **55**, 3-7.

Schlagman, S., Kvavilashvili, L., & Schulz, J. 2007 Effects of age on involuntary autobiographical memories. In J. H. Mace (Ed.), *Involuntary memory*. Malden, MA: Blackwell Publishing. Pp.87-112.

Sheen, M., Kemp, S., & Rubin, D. C. 2001 Twins dispute memory ownership: A new false memory phenomenon. *Memory & Cognition*, **29**, 779-788.

Sheingold, K., & Tenney, Y. J. 1982 Memory for a salient childhood event. In U. Neisser (Ed.), *Memory observed: Remembering in natural contexts*. San Francisco, CA: Freeman. Pp.201-212.

Teasdale, J. D. 1985 Psychological treatment for depression: How do they work? *Behavior Research and Therapy*, **23**, 157-165.

Terr, L. C. 1991 Childhood traumas: An outline and overview. *American Journal of Psychiatry*, **148**, 10-20.

Wagenaar, W. A. 1986 My memory: A study of autobiographical memory over six years. *Cognitive Psychology*, **18**, 225-252.

Waldfogel, S. 1948 The frequency and affective character of childhood memories. *Psychological Monographs*, **62**(4), Whole No.291.

Whitten, W. B., & Leonard, J. M. 1981 Direct search through autobiographical memory. *Memory & Cognition*, **9**, 566-579.

Williams, J. M. G. 1996 Depression and the specificity of autobiographical memory. In D. C. Rubin (Ed.) *Remembering our past: Studies in autobiographical memory*. New York, NY: Cambridge University Press. Pp.244-267.

Williams, J. M. G., & Broadbent, K. 1986 Autobiographical memory in attempted suicide patients. *Journal of Abnormal Psychology*, **95**, 144-149.

Woike, B., Gershkovich, I., Piorkowski, R., & Polo, M. 1999 The role of motives in the content and structure of autobiographical memory. *Journal of Personality and Social Psychology*, **76**, 600-612.

Wynn, V. E., & Logie, R. H. 1998 The veracity of long-term memories. Did Bartlett get it right? *Applied Cognitive Psychology*, **12**, 1-20.

3章

日誌法を用いた自伝的記憶研究

神谷　俊次

1節　はじめに

　本章では，自伝的記憶に関して日誌法を用いた研究の特徴を述べるとともに，日誌法を研究に利用する場合の留意点を指摘する。その後，日誌法で扱われている自伝的記憶研究の主要なテーマを紹介し，さらに，日誌法が有効な研究方法となる自伝的記憶の一形態である不随意記憶について紹介する。最後に，日誌法による自伝的記憶研究の意義について考える。

2節　日誌法とは

1 ── 現在の出来事と過去の出来事の記録

　日誌法とは，日常生活を営む中で生じた特定の出来事について，その内容や付随する状況を含めて，本人が詳細に日々記録していく方法である（仁平，1999）。自伝的記憶に関する日誌法研究では，研究者自身が記録者となって出来事を記録する場合（Linton, 1975; Wagenaar, 1986; White, 1982）と研究参加者に記録を依頼する場合（Ball & Little, 2006; Barclay & Subramaniam, 1987; Betz & Skowronski, 1997; Burt, 1992a, 1992b; Burt et al., 2001, 2003, 2004; Brewer, 1988; Thompson, 1985; Walker et al., 1997）がある。

　日誌法では，ある出来事が記録されるが，図3-1に示されているように，記録される出来事がいつ生じたものであるかによって日誌再生法（diary recall method）と不随意記憶日誌法（involuntary memory diary method）に分けることができる（Rubin, 2005）。本章の3節では，主として日誌再生法による研究を取り上げ，4節で不随意記憶日誌法による研究を取り上げる。

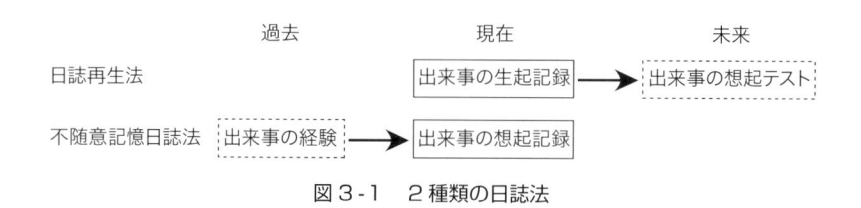

```
            過去           現在           未来
日誌再生法              ┌出来事の生起記録┐ → ┌出来事の想起テスト┐
                      └──────────────┘   └──────────────┘
不随意記憶日誌法 ┌出来事の経験┐ → ┌出来事の想起記録┐
              └──────────┘   └──────────────┘
```

図3-1　2種類の日誌法

2 ── 日誌法研究の留意点

　研究者自身が日誌の記録をする場合は，あらかじめ決められた観点から出来事を記述することが確実にできるという利点がある。また，長期にわたって記録を続けていくことも不可能ではない。

　研究参加者に日誌をつけてもらう場合，複数の参加者が得られれば，結果の一般化の可能性が高められるという利点がある。しかし，決められた観点からの出来事の記録が欠如することがある。そのため，記録すべき内容を構造化した記録票を準備することや記録にあまり負担のかからない回答形式を採用するといった工夫が必要である。さらに，研究参加者に記録内容に関する十分な説明をすることも不可欠である。

　日誌に出来事を記録していく場合，どのような出来事を取り上げ，出来事のどのような側面を記録していくかが重要なポイントとなる。これは，何を目的として自伝的記憶研究を遂行するのかによって規定される。研究目的が具体的かつ明確であれば，特定の出来事の記録だけを求めたり，出来事の特定の側面に焦点を当てた記録だけを依頼すればすむことになる。記録の観点の絞り込みは，研究参加者の負荷の軽減に結びつくことにもなる。しかしながら，日誌の記録を継続して求めることは研究参加者にかなりの負担を強いることになるため，一般的には数週間程度を記録期間とすることが多い。

　なお，自伝的記憶は，個人のプライバシーに関わる出来事であることも多い。そのため，研究参加者に日誌法を求める場合には，プライベートなことについては具体的な記述を求めないようにすることや，出来事の一部を省略して記述することを認めるといった配慮も必要になってくる。

　以下では，構造化された記録による日誌法研究と既存の日記を利用した研究方法についてみていく。

3 ── 日常的な出来事の構造化された記録

(1) 研究者自身を記録者とする日誌法

　Linton (1975) は，自分自身を記録者として，毎日の生活で経験した2～3個のエ

ピソードを5年間にわたり日誌に記録していった。記録にあたっての基準は，その出来事が他の出来事と区別できるユニークなものであるということであった。さらにその出来事に関して，弁別可能性，感情度，重要度，日付同定性，系列性，系列の長さ，リハーサル可能性が評定された。また，White（1982）は，毎日1つのエピソードを1年間記録した。記録されたエピソードは，まれな出来事から平凡な出来事，重要な出来事からつまらない出来事まで幅広いものであった。出来事に関する頻度，自己関与の程度，鮮明さなどの評定があわせて行なわれた。Wagenaar（1986）は，1日に1つのエピソードを6年間にわたり記録していった。彼は，出来事を「自分の人生の中のことで，いつ，どこで，誰と，何を，を基礎として判断されるもの」と定義して，「いつ」「どこで」「誰と」「何を」の4つの側面から記録した。出来事に関する評定の観点は，顕著度（珍しさ），快－不快度，感情喚起度であった。

　研究者を日誌記録者とする研究では，その後の記憶テストも研究者が自分自身で行なうことになる。具体的には，出来事の一部の側面を手がかりとして，他の側面を想起する手続き（例：「その出来事で一緒だった人物」を手がかりとして，「どんな出来事であったか」「どこで起こった出来事であったか」などについて想起する）がとられたり，その出来事をどれくらい鮮明に覚えているかについて評定が行なわれたりする。

(2) 研究参加者を記録者とする日誌法

　研究参加者に出来事の記録を求める場合も，研究者自身を記録者とする方法とほぼ同様の手続きがとられる（Barclay & Subramaniam, 1987; Burt et al., 2003; Thompson et al., 1996; Walker et al., 1997）。しかし，(1) の場合とは異なり，研究参加者の記憶の程度を研究者が調べることができるため，出来事に関する記録内容の変容や忘却について，客観的・組織的に検討することができる。具体的には，実際の出来事の一部を研究者が書き換えて，研究参加者に彼らが実際に経験した出来事であるかどうかの判断を求める方法や，さまざまなタイプの偽りの出来事を用いた再認テストが行なわれる（Barclay & DeCooke, 1988; Barclay & Wellman, 1986; Burt et al., 2004; Conway et al., 1996; Horselenberg et al., 2004; Larsen & Conway, 1997; Odegard & Lampinen, 2004）。

　たとえば，Burtら（2004）は，実際の出来事に含まれる3つの属性（一緒にいた人，場所，活動内容）を組織的に変更して偽りの出来事を作成し，真の出来事とともに呈示し，研究参加者がそれらの経験をどの程度覚えているかを調べている。また，BarclayとDeCooke（1988）は，実際に経験した出来事と概念的に類似している偽りの出来事に対して，研究参加者が誤って自分の経験であると判断するのではないかと

予想した。そこで，出来事の再認テストにおいて，もとの出来事の意味を保ちつつ研究参加者の記述スタイルを変更した出来事，もとの記録の記述スタイルを保ちつつ意味を変更した出来事，他人が経験した出来事の3種類の偽りの出来事を用いて，どのタイプの偽りの出来事が自分自身の経験として誤って再認されやすいかを調べている。

(3) 構造化された日誌法の特徴

このような日誌法による自伝的記憶研究には，いくつかの共通した特徴が認められる。まず，その日の出来事の中から一定の基準に基づいて，日誌記録者自身がいくつかの出来事を選んで記録していく。日誌への記録事項は，出来事の内容（いつ，どこで，誰と，何を）と出来事の特徴に関するさまざまな観点からの評定である。したがって，いわゆる「日記」のように自由な形式でその日の出来事が書かれるわけではない。出来事の内容の記述にあたっては，記述の詳細さに差が生じないような配慮がされる。また，出来事に関する評定と重複するような観点からの記述は加えないといった制限が設けられる。出来事に関する各種の評定の観点は，研究目的によって異なるが，感情喚起度，快－不快度，重要度，頻度（珍しさ）などが用いられる。

2つめの共通した特徴として，日誌法では，通常，出来事の記録後，数日から数十年のインターバルをおいて，記録された出来事に関する記憶テストが行なわれることである。出来事の記憶テストは，一般的には，出来事に関する記述内容が呈示され，その出来事を思い出すことができるかどうかが調べられたり，記述内容の一部を手がかりとして他の側面の想起が求められたりする。そして，出来事に対する各種の評定を独立変数として，どのような特徴をもった出来事が保持されているかについて分析が行なわれる。また，日誌記録者が経験した実際の出来事と偽りの出来事を呈示した再認テストが行なわれ，どのようなタイプの偽りの出来事が自分自身の経験として誤再認されるかが調べられる。

4 ── 日記を利用した研究

先の構造化された日誌法とは異なり，普段から日記をつけている人を研究参加者として募り，彼らの日記を素材として自伝的記憶の研究が行なわれることもある（Burt, 1992a, 1992b; Rubin, 1982）。この場合，日常生活における出来事の記録は研究期間には含まれないことになる。また，日誌に記録される内容があらかじめ指示されることはないことから，非指示的日誌法といわれる（Burt, 1992a）。この方法では，研究参加者の同意を得て，記録された出来事を研究者が吟味し，研究の目的に即した出来事が素材として利用される。

Burt（1992a）は，日頃から日記をつけている大学生を自伝的記憶研究への研究参加者として募った。「いつ」「どこで」「誰と」「何を」の4つの観点が記述されている出来事を彼らの日記の中から選び出して，どの手がかりが自伝的記憶の想起に有効であるかを調べている。また，Burt（1992b）は，日記の提供を受けた研究参加者に，日記に記されている出来事の持続期間を推定させ，実際の出来事の持続期間（3～550日）と照合するという方法で，出来事の持続期間の記憶を調べる自伝的記憶研究を行なっている。さらに，Burtら（2001, 2004）は，Burt（1992a, 1992b）の日誌法研究に協力した研究参加者におよそ10年後に再度連絡をとり，出来事の記憶の程度や出来事の日付の記憶を調べている。

　いわゆる日記を利用した研究は，研究参加者を得ることが難しいことや研究目的に即した観点からの出来事の記述に欠けるといった難点が考えられる。しかし，長期にわたる日記記録者の理解と協力が得られれば，有益な知見を得る研究を遂行できる可能性が高い。

3節　日誌再生法に基づく研究

　1章でも指摘されているように，自伝的記憶は単にある出来事の事実に関する記憶ではなく，自分にとっての意義や出来事にまつわる感情やイメージなどのさまざまな要素が複合的にからまっている。日誌法による自伝的記憶研究では，自伝的記憶の特徴を明らかにすることや，どのような出来事が自伝的記憶として長期にわたって保持されているのかといったテーマが探究されてきた。

1 ── 出来事の保持と忘却

　自伝的記憶の大きな特徴として，出来事に何らかの感情を伴ってそれが記憶されていることを指摘することができる。出来事の快−不快といった感情的性質と記憶の関係を調べる研究は，不快な出来事は無意識的な抑圧によって想起されにくくなるというFreudの考えを検証するかたちで始まった（神谷，1996）。感情と自伝的記憶の関係については8章で詳述されているので，ここでは，日誌法によってこの問題を扱った研究を紹介しておく。

　自分自身を日誌記録者としたWagenaar（1986）の研究では，出来事の快−不快度については，保持期間が短い場合に効果が認められ，快エピソードは不快エピソードに比べ再生率が高かった。しかし，この快エピソードの優位性は保持期間が長くなると消失した。さらに，出来事への関与度の観点から再分析した結果（Wagenaar，

1994).強い快感情を伴う出来事では，自己関与の違いによる再生率の差異は認められないが，非常に不快な出来事では，自己関与が強いと再生率が高かった。つまり，全体的傾向としては不快な出来事は再生されにくいにもかかわらず，最もよく覚えているのは自分に深い関わりのある不快な出来事であった。

　Walkerら（1997）は，出来事を日誌に記録させるとともに，その感情を快から不快までの7段階で評定することを研究参加者に求めた。エピソードの記録期間終了後に，エピソードをどの程度鮮明に思い出せるかが調べられた。その結果，感情の強さと記憶の鮮明度評定との間に関連が認められ，強い感情を伴うエピソードほど記憶が鮮明であった。さらに，快エピソードのほうが不快エピソードよりもいくぶんよく想起された。なお，感情の強さは，快エピソードでも不快エピソードでも時間経過とともに低下したが，不快エピソードでは低下傾向がより顕著であった。

　日誌法による研究でも，出来事の快－不快と記憶の程度には関連が認められなかった研究もある（Thompson, 1985）。結局，出来事の保持の程度には，快－不快だけでなく，感情の強さも影響していると考えられる（Thompson et al., 1996）。また，感情の強さ以外の自伝的記憶の保持の規定因としては，出来事の珍しさもしばしば指摘されている（White, 2002）。

　JoslynとOakes（2005）は，忘れようとする意図によって自伝的記憶の忘却が生じることを明らかにしている。彼らは，2週間にわたる日誌法研究において，1週目の出来事を忘れるように指示された忘却群と忘却教示を受けなかった記憶群の再生を比較した。忘却群は1週目の出来事を思い出せる程度が記憶群に比べて少なく，忘却指示の効果が確認された。また，OdegardとLampinen（2004）は，研究参加者自身が経験した2つの異なる出来事を結びつけた偽りの出来事を実際の出来事として認識しがちであることを明らかにした。つまり，自伝的記憶においては，異なる出来事の結合による記憶の誤りが生じるといえる。

2 ── 想起の手がかり

　自伝的記憶の想起をうながす手がかりを調べる研究は，自伝的記憶の体制化に関する示唆も与えてくれる。ここでは，手がかりの有効性に焦点を当てて見ていこう。

　Wagenaar（1986）は，「いつ」「どこで」「誰と」「何を」といった出来事の各側面は検索手がかりとしての有効性がそれぞれ異なることを明らかにしている。記憶を検索する最も有効なものは出来事の内容である「何を」であり，次に，「どこで」「誰と」「いつ」と続いた。Burt（1992a）の研究においても，「どこで」「誰と」「何を」という手がかりの有効性が検討され，「何を」が最も有効な検索手がかりであり，「どこで」

と「誰と」がそれに続くことが確認された。

上述の研究から明らかなように，自伝的記憶を検索する場合の有力な想起手がかりは，出来事の内容（活動）であるといえる。つまり，「ピクニック」を想起手がかりとして与えられ，「どこであったか」「誰と一緒だったか」を思い出すほうが，「その出来事で一緒だった誰と」を手がかりとして与えられ，「どんな出来事だったか」「どこであったか」を思い出すよりも容易なのである。「内容（活動）」は，出来事を規定するユニークなものであり，出来事の中心的な特徴であるために自伝的記憶の検索手がかりとして有効になると考えられる（Burt et al., 2004）。「1990年6月10日」といったような出来事が生起した「時」の情報は，明らかにユニークではあるが，自伝的記憶を検索する手がかりとしては有効ではないことが示されている（Brewer, 1988; Burt, 1992a; Thompson et al., 1993; Wagenaar, 1986）。

3 ── 自伝的記憶とパーソナリティ

自伝的記憶が自己と密接な関わりをもっていることを考えると，個人が想起する出来事には，その人のパーソナリティが影響していることが予想される。

BarclayとSubramaniam（1987）は，想起者自身の特徴にあてはまるような出来事が想起されやすいことを明らかにしている。彼らの研究では，事前に研究参加者のパーソナリティ特性としての依存性の程度が調べられた。その後，研究参加者は，3週間の間毎日日常生活で起こった3つの記憶しやすい出来事を日誌に記録した。記録された出来事に関する記憶テストの結果，自由再生のような検索手がかりがない状況では，依存的な出来事や独立的な出来事に関する想起の程度が，研究参加者の依存性という自己スキーマによって異なることが明らかにされた。つまり，出来事の想起は，自己スキーマに基づいて再構成されることが示唆された。

また，1章でもふれられているように，抑うつ的な特性は，自伝的記憶として想起される出来事の概括性を高いものとする（Williams, 1996）。この知見も，抑うつ傾向というパーソナリティ特性が想起される自伝的記憶の特徴と関連することを示唆するものである。Horselenbergら（2004）は，従来の研究で，偽りの記憶を自分の経験として受け入れる傾向との関連が検討されてきた「空想傾向」「意識の解離」「没頭」「暗示性」「抑うつ」といった特性と自伝的記憶の再認との関係を調べている。「私の空想はすぐれた映画のように鮮明である」といった項目で測定される「空想傾向」の高い研究参加者は，日誌に記録された実際の出来事と，記録から作成された偽りの出来事を的確に区別できることが明らかにされている。

4節　不随意記憶日誌法に基づく研究

1 ── 不随意記憶とは

　日常生活の中で，人々は思い出そうとする意図がないにもかかわらず，過去の個人的経験をしばしば思い出している。このように想起しようとする意図を伴わないで心に浮かんでくる自伝的記憶は不随意記憶と呼ばれている。

　不随意記憶は，無意図的に想起されるため，想起バイアスのかかっていない自伝的記憶として取り扱うことができる。なお，不随意記憶として想起された出来事はすぐに消失してしまう。たとえ，意識していたとしても，後からその出来事を思い出して記述することは難しい。そのため，日誌再生法のように，その日の出来事として回想して日誌に記すのではなく，それが生じたときにすぐに記録していくことが必要となる。

2 ── 不随意記憶の研究テーマ

　不随意記憶に関しては，それがどのような状況でどの程度生じるのか，また，想起された出来事にはどのような役割があるのかといった点が検討されている。

(1) 不随意記憶現象の生起頻度

　日誌法による不随意記憶研究から，不随意記憶現象は日常生活の中でしばしばみられるものであることが明らかにされている（Berntsen, 1996; Kvavilashvili & Mandler, 2004; Mace, 2004; Schlagman et al., 2007）。たとえば，Berntsen（1996）の日誌法研究では，1日に3〜5個程度の自伝的記憶が不随意的によみがえっていることが報告されている。また，Schlagmanら（2007）では，1日に10個を越える不随意記憶が記録されている。不随意記憶は，反射的，瞬間的に生起するので，記録されないケースもあると考えられ，実際にはもっと多くの不随意記憶が日常生活において生起していると考えられる。

(2) 不随意記憶生起時の意識状態

　不随意記憶は，意識が集中していない状況で生じやすい（Berntsen, 1998; 神谷, 2003, 2004; Kvavilashvili & Mandler, 2004）。たとえば，Berntsen（1998）の日誌法研究では，記録された691個の不随意記憶のうち67％は，注意が拡散している状況で生じていた。同様に，KvavilashviliとMandler（2004）の研究においても，集中の程度を高中低の3段階に分けた場合，半数以上の不随意記憶が集中の程度が低段階で起こっていることが示されている。

(3) 不随意記憶の想起手がかり

多くの日誌法研究で不随意記憶の生起に関わる手がかりについて検討されてきた（Ball & Little, 2006; Ball et al., 2007; Berntsen, 1996, 1998, 2007; Berntsen & Hall, 2004; 神谷, 2003, 2004; Kvavilashvili & Mandler, 2004; Mace, 2004, 2005; Schlagman et al., 2007）。その結果，ほとんどの不随意記憶には，出来事の想起のきっかけとなった手がかりがあることが明らかにされている。たとえば，Berntsen(1996)の研究では，想起された出来事と想起状況の間に「活動」「事物」「人物」「感情」などの共通点があることが報告されている。

不随意記憶は，概して，想起される出来事の中心的な特徴と一致するような環境内の外部手がかりによって引き起こされると考えられる（Berntsen, 2007; Schlagman et al., 2007; 神谷, 2003）。ただし，Mace（2004）は，半数以上の不随意記憶が思考や言語といった抽象的な手がかりによって引き起こされることを明らかにしている。

(4) 不随意記憶の内容

不随意記憶として想起される出来事の内容分析を手がけた研究はそれほど多くない。Schlagmanら（2006）は，若者と高齢者によって日誌に記録された不随意記憶の内容分析を行なった。224個の出来事が内容のタイプによって17カテゴリ（例：人物，誕生，休日，学校）に分類された。最も頻度の高いカテゴリは「人物」であり，他者についての不随意記憶であった。

神谷（2003, 2007）の研究でも，想起者と関わりのあった他者が想起される事例が多数報告されている。また，記録された不随意記憶の特徴を想起頻度や重要度の点からみると，過去の何でもないような出来事が想起されていた。健常者にみられる不随意記憶は，その出来事の内容が必ずしも重要な意味をもつものではない場合が多く，そのため，意識していなければ，不随意記憶が生じたことにも気づかないと考えられる。

(5) 不随意記憶の機能

自伝的記憶がどのような役割を果たしているかについては，近年，精力的に研究が進められている（Bluck, 2003; Bluck et al., 2005; Webster, 2003）。ただし，前節で述べた日誌再生法による自伝的記憶の機能研究は見当たらない。これは，出来事を経験した直後では，その意味が明確ではなく，機能を的確に推測できるだけの記述に欠けているためと考えられる。

自伝的記憶には，大別すると「自己機能」「社会機能」「方向づけ機能」がある（5章3節参照）。不随意記憶にも，基本的にはこれらの機能があると考えられる。しかし，出来事が意図的に想起された場合と無意図的に想起された場合では，自伝的記憶の性

質がさまざまな点で異なっている(Berntsen, 1998; Berntsen & Hall, 2004)。したがって，不随意記憶の果たす機能は意図的に想起される自伝的記憶の機能と異なっている可能性も考えられる。

不随意記憶の機能を調べた神谷（2003, 2007）の研究では，社会機能や方向づけ機能をもつ不随意記憶は少なく，想起者に過去の自分自身や自分と関わりのあった他者を再認識させる出来事が多いことが明らかにされている。したがって，不随意記憶には，人々が過去の自分と現在の自分とを結びつけ，自己の連続性の感覚を付与する役割があると考えられる。

ただし，不随意的とはいえ想起された出来事の内容が，想起している現在の状況と類似している場合には，想起者の行動や思考を方向づける働きもこの記憶は担っている。神谷（2003）は，不随意記憶として想起されたエピソードと想起状況が類似しているかどうかという観点から不随意記憶の機能を分析している。想起状況とエピソードの内容が一致していないときには，方向づけ機能をもつことはないが，想起状況とエピソードの内容がテーマ的に一致しているときには，不随意記憶が方向づけ機能をもつことが示されている。同様に，不随意記憶が生起した状況を分析したBall と Little（2006）の研究においても，収集された不随意記憶の半数は，想起者自身の目標や意図と合致する不随意記憶（例：「今度のテストのことを考えていたとき，以前のテストで悪い成績を取ったことが思い出された」）であった。これらの研究から，不随意記憶は，環境内にある手がかりから自動的に検索され，想起者にそのときの社会的・物理的環境との相互作用をうながすと考えられる（Conway, 2005; Mace, 2005）。

5節　日誌法による自伝的記憶研究の意義

1 ── 生態学的妥当性の高い自伝的記憶研究

日常生活において，記憶はどのような機能を果たしているのか。こういった視点から記憶を研究していく場合，自伝的記憶は非常に有効な研究素材となる。

日誌法による自伝的記憶研究の短所として「記録される出来事の選択が恣意的である」「出来事を記録すること自体が記憶に影響を及ぼす可能性がある」「1日の出来事の中から特定の出来事が想起された後に記録されるため，出来事の内容や評定が歪む可能性がある」「記録の観点が定められているために，ある出来事に特有の情報が欠落する可能性がある」といった点が指摘されている（Thompson et al., 1996）。しかし，さまざまな自伝的記憶に関する研究方法の中で，日誌法は，日常生活という文脈の中

で生じる自伝的記憶を扱っており，生態学的妥当性の高い研究を可能とする。
　これまでのところ，日誌法によって探究されている自伝的記憶研究のテーマは限られている。もっと幅広いテーマに関して日誌法を適用した研究が行なわれることが期待される。

2 ── 今後の日誌法研究の課題
(1) 自伝的記憶と自己との関連
　自伝的記憶とパーソナリティの関連を調べた日誌法研究はそれほど多くない（本章3節参照）。手がかり語法や面接法を用いて自伝的記憶とパーソナリティ特性との関連を調べることもできる（Blagov & Singer, 2004; 神谷・伊藤，2000; Wenzel & Jordan, 2005; Woike et al., 1999）。しかし，これらの方法では，1人の研究参加者から数多くの自伝的記憶を得ることは難しい。その点，日誌法研究では，研究参加者の長期にわたる協力が得られれば，多くの自伝的記憶を収集することが可能となる。日誌記録者のパーソナリティ特性の観点から自伝的記憶の詳細な分析を試みることにより有益な知見が得られることが期待できる。

(2) 不随意記憶現象の解明
　不随意記憶の生起の仕方として3種類が指摘されている（Mace, 2007）。1つめは，日常生活の中で，あることをきっかけとして過去の出来事が突然よみがえる形態である。2つめとして，過去のことを意図的ないし偶発的に考えているときに，そのことと関連する過去の出来事がよみがえってくる形態である。3つめは，心的外傷後ストレス障害でみられるように，トラウマ的な出来事に関する記憶が繰り返しよみがえってくる形態である。3番めの精神疾患に伴うフラッシュバックは別として，第1，第2の不随意記憶の生起形態は，意識してみると誰もが日常生活において経験していることに気づく。このようなかたちで生起する不随意記憶を探究することは，自己や記憶の解明につながると考えられる。ただし，この現象が日常生活の中で生起するほんの一瞬の心的過程であることを考えると，日誌法によるアプローチが欠かせない。また，記録に関しても，不随意記憶現象が生起したときに即時的に行なわれることが望まれる。Readyら（2007）は，日々の感情の記録にインターネットベースの日誌法を用いている。携帯型の情報機器の活用により，自伝的記憶の即時記録が可能となる。このような情報機器を利用していくことも，出来事の正確な記録や記録バイアスの回避といった意味において一考に値するであろう。

引用文献

Ball, C. T., & Little, J. C. 2006 A comparison of involuntary autobiographical memory retrievals. *Applied Cognitive Psychology*, **20**, 1167-1179.

Ball, C. T., Mace, J. H., & Corona, H. 2007 Cues to the gusts of memory. In J. H. Mace (Ed.), *Involuntary memory*. Malden, MA: Blackwell Publishing. Pp.113-126.

Barclay, C. R., & DeCooke, P. A. 1988 Ordinary everyday memories: Some of the things of which selves are made. In U. Neisser & E. Winograd (Eds.), *Remembering reconsidered: Ecological and traditional approaches to the study of memory*. New York, NY: Cambridge University Press. Pp.91-125.

Barclay, C. R., & Subramaniam, G. 1987 Autobiographical memories and self-schemata. *Applied Cognitive Psychology*, **1**, 169-182.

Barclay, C. R., & Wellman, H. M. 1986 Accuracies and inaccuracies in autobiographical memories. *Journal of Memory and Language*, **25**, 93-103.

Berntsen, D. 1996 Involuntary autobiographical memories. *Applied Cognitive Psychology*, **10**, 435-454.

Berntsen, D. 1998 Voluntary and involuntary access to autobiographical memory. *Memory*, **6**, 113-141.

Berntsen, D. 2007 Involuntary autobiographical memories: Speculations, findings, and an attempt to integrate them. In J. H. Mace (Ed.), *Involuntary memory*. Malden, MA: Blackwell Publishing. Pp.20-49.

Berntsen, D., & Hall, N. M. 2004 The episodic nature of involuntary autobiographical memories. *Memory & Cognition*, **32**, 789-803.

Betz, A. L., & Skowronski, J. J. 1997 Self-events and other-events: Temporal dating and event memory. *Memory & Cognition*, **25**, 701-714.

Blagov, P. S., & Singer, J. A. 2004 Four dimensions of self-defining memories (specificity, meaning, content, and affect) and their relationships to self-restraint, distress, and repressive defensiveness. *Journal of Personality*, **72**, 481-511.

Bluck, S. 2003 Autobiographical memory: Exploring its functions in everyday life. *Memory*, **11**, 113-123.

Bluck, S., Alea, N., Habermas, T., & Rubin, D. C. 2005 A tale of three functions: The self-reported uses of autobiographical memory. *Social Cognition*, **23**, 91-117.

Brewer, W. F. 1988 Memory for randomly sampled autobiographical events. In U. Neisser & E. Winograd (Eds.), *Remembering reconsidered: Ecological and traditional approaches to the study of memory*. New York, NY: Cambridge University Press. Pp.21-90.

Burt, C. D. B. 1992a Retrieval characteristics of autobiographical memories: Event and date information. *Applied Cognitive Psychology*, **6**, 389-404.

Burt, C. D. B. 1992b Reconstruction of the duration of autobiographical events. *Memory & Cognition*, **20**, 124-132.

Burt, C. D. B., Kemp, S., & Conway, M. A. 2001 What happens if you retest autobiographical memory 10 years on? *Memory & Cognition*, **29**, 127-136.

Burt, C. D. B., Kemp, S., & Conway, M. A. 2003 Themes, events, and episodes in autobiographical memory. *Memory & Cognition*, **31**, 317-325.

Burt, C. D. B., Kemp, S., & Conway, M. A. 2004 Memory for true and false autobiographical event descriptions. *Memory*, **12**, 545-552.

Conway, M. A. 2005 Memory and the self. *Journal of Memory and Language*, **53**, 594-628.

Conway, M. A., Collins, A. F., Gathercole, S. E., & Anderson, S. J. 1996 Recollections of true and false autobiographical memories. *Journal of Experimental Psychology: General*, **125**, 69-95.

Horselenberg, R., Merckelbach, H., van Breukelen, G., & Wessel, I. 2004 Individual differences in the accuracy of autobiographical memory. *Clinical Psychology and Psychotherapy*, **11**, 168-176.

Joslyn, S., & Oakes, M. A. 2005 Directed forgetting of autobiographical events. *Memory & Cognition*, **33**, 577-587.

神谷俊次 1996 記憶と感情―快・不快刺激の忘却 アカデミア 人文・社会科学編, **63**, 217-247.

神谷俊次 2003 不随意記憶の機能に関する考察―想起状況の分析を通じて 心理学研究, **74**, 444-451.

神谷俊次 2004 不随意記憶の感情一致想起効果に関する研究 アカデミア 人文・社会科学編, **79**, 65-86.

神谷俊次 2007 不随意記憶の自己確認機能に関する研究 心理学研究, **78**, 260-268.

神谷俊次・伊藤美奈子 2000 自伝的記憶のパーソナリティ特性による分析 心理学研究, **71**, 96-104.

Kvavilashvili, L., & Mandler, G. 2004 Out of one's mind: A study of involuntary semantic memories. *Cognitive Psychology*, **48**, 47-94.

Larsen, S. F., & Conway, M. A. 1997 Reconstructing dates of true and false autobiographical memories. *European Journal of Cognitive Psychology*, **9**, 259-272.

Linton, M. 1975 Memory for real-world events. In D. A. Norman & D. E. Rumelhart (Eds.), *Explorations in cognition*. San Francisco, CA: Freeman. Pp.376-404.

Mace, J. H. 2004 Involuntary autobiographical memories are highly dependent on abstract cuing: The Proustian view is incorrect. *Applied Cognitive Psychology*, **18**, 893-899.

Mace, J. H. 2005 Priming involuntary autobiographical memories. *Memory*, **13**, 874-884.

Mace, J. H. 2007 Involuntary memory: Concept and theory. In J. H. Mace (Ed.), *Involuntary memory*. Malden, MA: Blackwell Publishing. Pp.1-19.

仁平義明 1999 ダイアリー法 海保博之・加藤 隆（編）認知研究の技法 福村出版 Pp.138-142.

Odegard, T. N., & Lampinen, J. M. 2004 Memory conjunction errors for autobiographical events: More than just familiarity. *Memory*, **12**, 288-300.

Ready, R. E., Weinberger, M. I., & Jones, K. M. 2007 How happy have you felt lately? Two diary studies of emotion recall in older and younger adults. *Cognition and Emotion*, **21**, 728-757.

Rubin, D. C. 1982 On the retention function for autobiographical memory. *Journal of Verbal Learning and Verbal Behavior*, **21**, 21-38.

Rubin, D. C. 2005 Autobiographical memory tasks in cognitive research. In A. Wenzel & D. C. Rubin (Eds.), *Cognitive methods and their application to clinical research*. Washington, DC: American Psychological Association. Pp.219-241.

Schlagman, S., Kvavilashvili, L., & Schulz, J. 2007 Effects of age on involuntary autobiographical memories. In J. H. Mace (Ed.), *Involuntary memory*. Malden, MA:

Blackwell Publishing. Pp.87-112.
Schlagman, S., Schulz, J., & Kvavilashvili, L. 2006 A content analysis of involuntary autobiographical memories: Examining the positivity effect in old age. *Memory*, **14**, 161-175.
Thompson, C. P. 1985 Memory for unique personal events: Effects of pleasantness. *Motivation and Emotion*, **9**, 277-289.
Thompson, C. P., Skowronski, J. J., & Betz, A. L. 1993 The use of partial temporal information in dating personal events. *Memory & Cognition*, **21**, 352-360.
Thompson, C. P., Skowronski, J. J., Larsen, S. F., & Betz, A. L. 1996 *Autobiographical memory: Remembering what and remembering when.* Mahwah, NJ: Lawrence Erlbaum Associates.
Wagenaar, W. A. 1986 My memory: A study of autobiographical memory over six years. *Cognitive Psychology*, **18**, 225-252.
Wagenaar, W. A. 1994 Is memory self-serving? In U. Neisser & R. Fivush (Eds.), *The remembering self: Construction and accuracy in the self-narrative.* New York, NY: Cambridge University Press. Pp.191-204.
Walker, W. R., Vogl, R. J., & Thompson, C. P. 1997 Autobiographical memory: Unpleasantness fades faster than pleasantness over time. *Applied Cognitive Psychology*, **11**, 399-413.
Webster, J. D. 2003 The reminiscence circumplex and autobiographical memory functions. *Memory*, **11**, 203-215.
Wenzel, A., & Jordan, J. 2005 Autobiographical memory in angry and anxious individuals. *Behaviour Research and Therapy*, **43**, 1099-1109.
White, R. T. 1982 Memory for personal events. *Human Learning*, **1**, 171-183.
White, R. 2002 Memory for events after twenty years. *Applied Cognitive Psychology*, **16**, 603-612.
Williams, J. M. G. 1996 Depression and the specificity of autobiographical memory. In D. C. Rubin (Ed.), *Remembering our past: Studies in autobiographical memory.* New York, NY: Cambridge University Press. Pp.244-267.
Woike, B., Gershkovich, I., Piorkowski, R., & Polo, M. 1999 The role of motives in the content and structure of autobiographical memory. *Journal of Personality and Social Psychology*, **76**, 600-612.

4章

自伝的記憶の発達と縦断的研究

上原　泉

1節　はじめに

　縦断的研究とは，長期的に同じ個人を追跡していくタイプの研究のことをいう。この研究手法は，時間の経過に伴い個人内で生じる変化の過程をとらえるのに適した手法であり，心理学ではとくに発達や教育，臨床の研究分野で有効な手法として用いられている。しかし，縦断的研究の実施には多くの困難が伴うため，これらの研究分野においても，縦断的研究の占める割合は低く，その代わりとして，一時に複数の群からなる対象者に対して課題や観察を行なう横断的研究の占める割合が高い。横断的研究でも，異なる年齢群の対象者を募り群間で比較を行なうなどすれば，縦断的研究が主たる追究目的とする発達過程や変化の道筋について推測することは可能である。だが，横断的研究で推測されるような変化の過程が，本当に個人内で生じるのかは不明であり，横断的研究では，個人差についても十分に検討することはできない。個人差について検討できる点も縦断的研究の長所といえよう。

2節　縦断的研究の手法

　縦断的研究の手法について具体例をあげて簡単に説明する。縦断的研究一般に共通している点は，同じ個人を対象に，ある一定の期間ごとに複数回，同じあるいは類似する調査や実験を長期的に行なうという手順がとられる点にあるが，追究内容や追究手法（観察，インタビュー，質問紙，実験のいずれなのか）により実施法の細部は変わってくる。個人差の追究も念頭にはおいているものの，個人間で共通する変化のパターンの追究に重きをおく場合，大規模な集団を対象とした縦断的な調査が行なわれる傾向にある。この場合，質問紙調査かインタビュー調査の形がとられることが多い。たとえば，菅原ら（1999）は，妊娠初期から出産後11年めまでの計11時点で，子どもの問題行動や気質的特徴，親の子に対する愛着感，夫婦関係，養育関係など複数の

尺度からなる質問紙への記入を母親に求め（なお，最終回の 11 年めは父親と子どもにも質問紙調査が行なわれている），子どもの 10 歳時の行動傾向に，それまでの調査で示されていた子ども自身の行動的特徴や，親の養育態度，家庭環境などの要因が有意に関連していることを示している。これは，個人差や家庭差があるとはいえ，行動発達において，個人間で類似する経過をたどるパターンが存在することを示しており，縦断的研究だからこそ得られた結果だといえよう。これに対して，個人間で共通する変化のパターンの抽出を目指しながらも，個人内の変化の過程を詳細に把握することに，より重きをおくタイプの縦断的研究も存在する。この場合は，観察やインタビューなどを縦断的に少数の対象者に対して実施していく事例研究のかたちをとることが多い。4 節で詳細を紹介する筆者自身が行なった研究がこのタイプの縦断的研究である。このタイプの発達研究では，対象者に直接会って発話や行動を記録にとり，いつ頃どういった変化が個人内で生じたのか，各時点での発話数，ターゲットとする言葉がいつ頃から使用されるようになったのか，各時点の母子間のやりとりの仕方，などをみていくことになる。少ないとはいえ事例数が複数であれば，その事例間で共通する変化と，特定の個人にのみみられる変化をみきわめる作業が行なわれる。

　以下で，自伝的記憶・エピソード記憶の発達過程を探るために筆者自身が実施した，縦断的な事例研究の具体的な手法と結果に関して紹介するが，その前にまず，自伝的記憶の発達に関する従来の研究について，次節で概観する。

3 節　自伝的記憶の発達—研究の動向

1 ── 乳幼児のエピソード記憶と自伝的記憶

　記憶の発達研究においては，成人の記憶研究と異なり，長い間，記憶の区分が明確になされないまま[*1]，乳幼児の記憶保持能力に主眼がおかれて追究される傾向にあった（上原，2008a）。ただし，近年，自伝的記憶の発達については，他の記憶と区別されて論じられるようになった。発達研究における自伝的記憶の定義として，「エピソード記憶の中でも，自己のライフストーリーにとって意味のある，自己の物語を形成し得る記憶」（Nelson, 1992）が受け入れられており，これは成人の記憶研究における定義（たとえば，「人が生活の中で経験した，さまざまな出来事に関する記憶の総体」（佐藤，2004, p.2））とほぼ同義であるといってよいだろう。自伝的記憶がエピソード記憶の一種と考えられている点も，成人の記憶研究と同様である。ちなみに，エピソード記憶は成人の記憶研究では，「ある時間にある場所で生じた個人の経験に基づく出来事や事象を意識的に再現する記憶」（多鹿，2000, p.46）と定義されている。発達

研究において，自伝的記憶は他と区別して議論されるようになったとはいえ，エピソード記憶と自伝的記憶の区別は成人の記憶研究以上に曖昧であり，実は実証的な追究は十分になされているとはいえない*2。そのような状況の中，注目され引用されることの多い，自伝的記憶の発達に関する説として，Nelson らの説があるので以下で紹介する。

2 ── ナラティブの獲得と自伝的記憶

　Nelson らの説明によれば，子どもが過去の出来事についての語りができるようになるためには，個人の物語を語るための形式，すなわちナラティブ（narrative）を獲得する必要があるという（Nelson, 2003b）。子どもは，他者（多くは母親）が過去のエピソードを語るところを見聞きしたり，大人に導かれて過去の会話に参加する経験を積み重ねることによって，ナラティブを獲得するのだという。その証拠としてよくあげられるのが，過去の出来事に関して子どもに多くの質問を投げかけ，子どもが答えられなければ細かく説明し，筋道をたてて精巧に過去の出来事を語り聞かせ，かつ，子どもにもそのようなストーリー性を伴った過去の語りをするよううながす母親の子どものほうが，そうではない母親の子どもよりも，その時点のみならずその後の時期においても過去のエピソードについてより多くを物語的に語るとの知見（Fivush, 1991; Fivush & Fromhoff, 1988; Nelson & Fivush, 2004 など）である。ナラティブと自伝的記憶の発達の関係については，次のような説明がなされる。ナラティブの発達自体は言語発達に大きく依存するが，ナラティブが発達すると情報が統合されるようになり，エピソディックな記憶の語りの表出が可能になる。これと平行して，ナラティブの発達によって，時間認識，自己認識の発達もうながされるという。その結果として，自伝的記憶が成立するのだと主張する（Nelson & Fivush, 2004）。さらに，この自伝的記憶の成立と幼児期健忘（3, 4 歳以前の幼少期に経験した個人的な出来事について成人が自覚的に想起できないこと；Freud, 1901/1960; Dudycha & Dudycha, 1933 など）の間には深い関わりがあるに違いないと論じている。自伝的記憶は急激に成立するのではなく，徐々に発達するため，幼児期健忘もある時期を境とした記憶の断絶としてとらえるのではなく，数年にわたる自伝的記憶の発達的変化を反映したものとしてとらえたほうがよいとも指摘する（Nelson & Fivush, 2004）。

　確かに，過去についての独特の語り口の獲得は，自伝的記憶の語りの前提になるように思われるが，この説には曖昧な点がある。第 1 に，ナラティブが具体的にどのような能力をさし，どのような能力を包含するのかが必ずしも明確ではない（上原, 2008b）。これまで，Nelson は 1 人の女児の 2 歳～4 歳頃の語りのデータを随所で示し，

語りの発達段階について論じているが，1人の事例でしかないため，結局，どのような発達過程を経て子どもがナラティブを獲得するのかは不明であり（Nelson, 2004），包含すると思われる諸能力の発達過程についてもほとんど検討されていない。第2に，ナラティブと自伝的記憶の関係が十分に説明しつくされていない。自伝的記憶も単一の能力というより諸能力が関わっていると推測されるが，ナラティブに関わる諸能力と自伝的記憶に関わる諸能力がほぼ同じで，かつ，どちらの発達過程も実証的な検討が十分でないとしたら，現状では，ナラティブという概念により，自伝的記憶の発達過程の詳細を語るには無理があると思われる（上原，2008b）。このような状況に鑑みると，まずは，自伝的記憶に関わる諸能力の発達に関する実証的な知見の積み重ねが必要であるといってよいだろう。

　このような研究状況をふまえ，筆者は縦断的な事例研究を行なってきた。自伝的記憶（エピソード記憶を含む）[*3]の発達過程をとらえるため，また，将来的には幼児期健忘の原因を明らかにするため，同じ個人を幼少期から長期にわたり追跡することにした。人は何歳頃から過去の認識が芽生え，自らの過去のエピソードを語るようになるのか，また，過去のエピソードを語るようになってからは，個々の体験エピソードをどう記憶し，後にどれくらい想起し語ることが可能なのかを調べることに主眼をおいた。このような長期にわたる，自伝的記憶に関する縦断的調査は，筆者の知るかぎり実施されておらず，比較的新しい試みであるといってよいだろう。中間報告ではあるが，筆者が行なってきた自伝的記憶の縦断的調査について次節で紹介する。

4節　幼少期におけるエピソードの想起—縦断的調査

1 ── 調査1：主要な時期の特定

(1) 研究協力者とインタビュー実施状況

　数ヶ月に1回の頻度で，9組の母子を対象に，1, 2歳頃から縦断的にインタビュー調査を実施した[*4]。1回のインタビューの時間は，約2, 3時間（1時間半～3時間半）であった。筆者が子どもに直接インタビューや課題を行なった。子どもへのインタビューや課題実施に多くの時間を費やし，残りの時間で，母親への確認や聞き取りを行なった。子どもへのインタビューや課題は，遊びの中にうまく組み込むかたちで行ない，子どもにとって答えやすい雰囲気になるよう配慮した。なお，インタビューの実施場所は，各家庭の要望にあわせ，東京大学駒場心理学研究室，研究協力者の自宅，筆者の自宅のいずれかであった（インタビュー実施法については，上原，1998，2003を参照）。

(2) 手続き

 自伝的記憶（エピソード記憶を含む）の発達において3つの能力の獲得が重要であると考えた。その3つの能力とは，過去の出来事を語る能力，言語的に再認できるようになる能力（過去を問う質問を理解し，それに対して適切に言葉で反応する能力），記憶を意識し内省する能力である。子どもが，いつ頃，この3つの能力を獲得するのかを検討するため，次の3つの時期を各子どもにおいて特定することにした。すなわち，

1. エピソード報告開始時期：オウム返しではなく，自分の言葉で，過去の文体により過去のエピソードを報告し始める時期
2. 再認開始時期：言語的な再認課題に適切に応じられるようになる時期（「ある刺激について，過去に見覚えがあるか否か」を質問されたときに，正しく判断し反応できるようになる時期）
3. 記憶語発話時期：「覚える」もしくは「忘れる」という言葉をオウム返しではなく，理解して使用し始める時期

であった[*5]。3.の「記憶語」として「覚える」や「忘れる」に注目したのは，ある程度自己の記憶について意識できるレベルに達しないと，正しく使用できない言葉であると判断したからである。この3つの時期は，必ずしも先の3つの能力を獲得する時期に完全に合致するとはいえないが，各子どもにおいて3つの能力がいつ頃から発達してくるのか，その発達過程を推測するのによい指標になると考えられた。

 3つの時期の特定は次のように行なった。1.3.の時期の特定は，インタビューごとに母親に提出を求めたチェックリスト（主に記憶と言語発達に関する質問からなる）とインタビュー中の会話記録に基づき行なった。2.の時期は，インタビュー中に行なう再認課題により特定した。特定法の概要は以下のとおりである（詳細については，上原，1998，2003を参照）。毎回，インタビュー時に，10枚の絵を子どもに見せ，その約5～10分後に，先に見せた絵（旧刺激）5枚と前に見せたことのない絵（新刺激）5枚とそれぞれペアにして，見たと思われるほうを指ささせた（強制二肢選択再認課題）。その直後に，残りの旧刺激5枚と新刺激5枚の計10枚を1枚ずつランダムな順番で子どもに見せ，先に見せた絵か否かを口頭で答えてもらった（はい／いいえ型再認課題）。強制二肢選択再認課題とはい／いいえ型再認課題にともに正しく答えられるようになる時期を「再認開始時期」とした。なお，両課題が可能になる時期は各子ども内ではほぼ差がなかった[*6]。

(3) 結果と考察

 各子どもにおいて特定された3つの時期についてまとめると次のようになる（上原，

2003)。「エピソード報告開始時期」については，1人の男児が4歳頃に迎えたが，他の8人は，ほぼ2歳〜3歳頃であった（上原，2008b 参照）。「再認開始時期」（成人が通常行なうような再認課題が可能になる時期）は全員が3歳1ヶ月〜4歳0ヶ月の範囲に迎えていた。「記憶語発話時期」（「覚える」や「忘れる」といった記憶語を理解して使用し始めた時期）は，1人において3歳5ヶ月（この子どもは「再認開始時期」が3歳1ヶ月であった）と早かったが，他の8人は4歳になる数ヶ月前〜4歳半の間におさまり，7人においては「再認開始時期」より少し遅い時期であった。一部の子どもで3つの時期に重なりがみられ，各時期に個人差はあったものの，「エピソード報告」「言語的な再認」「記憶語の自発的発話」という順でほぼ現れることが確認された。エピソード報告が再認よりも先に可能になるというのは，一見，不自然に思われるかもしれない。だが，2，3歳頃のエピソードの語りが，エピソード記憶・自伝的記憶に基づく語りとは決していえず，通常の成人のエピソードの語りとは大きく異なるという点に着目すれば，この結果は理解できる。「エピソード報告開始時期」から間もない，2，3歳頃は，自発的に過去のエピソードを語る頻度は低く，過去に関する質問に答えることもまれである。しかも，過去の質問に答えたとしても，母親や周囲の大人に言葉を補ってもらいながら語る程度であり，出来事と関係のない話や非現実的な想像上の話もよく含まれ，成人や年長の子どもが行なう過去の語りとは明らかに様子が異なっている（2，3歳の幼児の"エピソードの語り"の特徴については，上原，2003，2006a，2006b，2008a，2008b を参照）。

調査1では，自伝的記憶に関わる能力に関して，おおよそではあるが個人間で共通する発達の道筋を経る可能性を見いだすことができた。次に，個々の出来事の経験時期と後の想起の成否の関係を，一部の研究協力者のデータにおいて細かく調べ，さらに，ここで特定した3つの時期が後の想起の成否とどう関係しているのかを検討しているので紹介する。

2 ── 調査2：経験時期による想起の違いの検討

(1) 研究協力者と手続き

調査1の研究協力者のうちの女児2人のデータ（女児Aについては6歳8ヶ月半までのデータ，女児Bについては8歳1ヶ月までのデータ）を分析した。インタビュー実施方法の概要は前述のとおりであるが，説明を補足する。毎回，インタビュー時に，おもちゃや道具を使ってできるかぎり印象に残るような遊びを行なった。また，チェックリストや母親へのインタビューをとおして，日常生活で子どもが経験した印象に残るような出来事の情報を得た。印象に残るようなインタビュー時の経験と日常の出来

事について，子どもが後のインタビュー時にどれくらい想起できるのかを調べた。なお，インタビュー中に自発的に本人から行なったエピソードの語りや，日常場面で家族との会話の中でみられたと母親から証言のあった，幼少期の出来事に関する発言についても，母親から詳しく聞くか，インタビュー中に筆者が直接，女児に質問するなどして検討した。

(2) 結果と考察

各子どもについて，出来事を経験した時期，想起を求めた時期（自発的になされた想起も含む），想起の成否の関係を図に表した（図4-1(a)(b)）。図はいずれも上から下に向かって時間が経過するように表現されており，1つの線が1つの出来事に対応している。各線の1番上の起点は出来事を経験した時点を表し，線の1番下の終点と線上の黒点は想起を求めた時点（もしくは自発的に想起した時点）を示す。実線は想起に成功したことを，破線は想起に失敗したことを意味する。

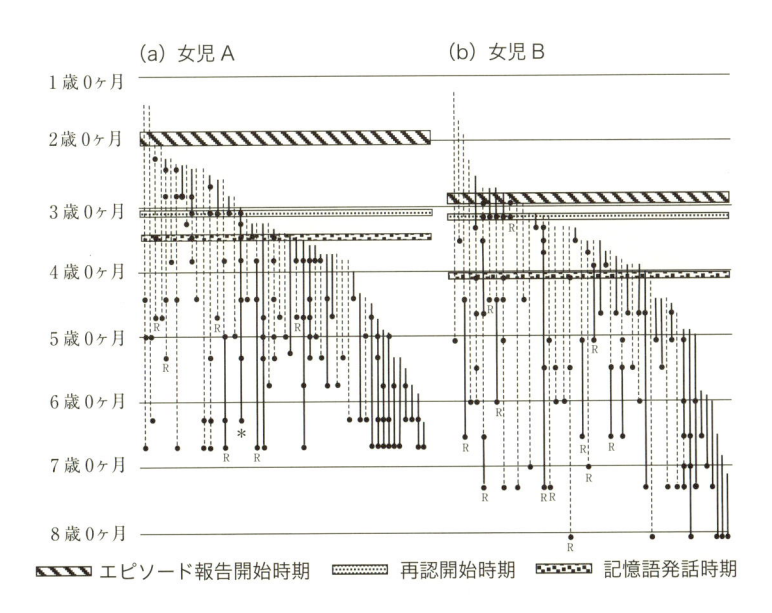

図4-1 女児A，Bにおける出来事の想起の様子（上原，2004, 2005を改変）

上から下に向けて書かれている線の起点が出来事を経験した時点を表し線の終点と線上の黒点は想起した時点を表す。実線は想起に成功したことを，破線は想起に失敗したことを意味する。経験時と想起時の間が数日，数週間のものは記していない。なお，Rは想起時（黒点時）に再度おもちゃや道具を見たり触れたりしていることを示す。女児Aの*は動物の体操に関するエピソードの想起の様子を示しているが，経験直後から子どもが家庭で何度も身振りをつけて（動物の行なった体操をまねながら）話したという事例である。

2人に共通していえることは、第1に、2歳～3歳すぎの間にも、少数かつ断片的な言及にすぎないが、数ヶ月にわたり情報を保持している事例があるということである。第2に、2人の間で若干時期に差はあるものの、図を見ると2歳代、3歳頃の時期から下に向かって実線が伸びておらず、3歳半頃までに経験した出来事については、4歳頃の時期ですでに想起しにくい状況になっているということである。後の想起の成否に関して、一種の断絶となるような年齢帯がある可能性を示している点は興味深い。これは、幼児期後期から幼児期健忘という現象がみられることを示唆しており、今後のデータの蓄積が待たれる注目すべき結果である。第3に、調査1で求めた3つの時期との関係をみると、筆者がこれまで分析しているかぎりでは、「再認開始時期」頃よりも前に経験した出来事について後々まで語るというケースには遭遇していないという点である[*7]。「再認開始時期」より前である「エピソード報告開始時期」は、自覚的には遡って思い出せない年齢帯に完全に入っている。このことから、過去の出来事を過去の文体で語るという表面的な語りの能力が必ずしも後の想起の成否を決定づけるような要因ではないことが推測される。後から想起できるか否かに関わる経験時期の境界年齢は、「再認開始時期」や「記憶語発話時期」に近い可能性を2人のデータは示唆するが、どのような能力や内的行為が後の想起の成否に関わっているのかについては、今後のデータ解析と、新たなデータ蓄積による追究が必要である[*8]。

5節　展望

4節で紹介した縦断的調査結果をまとめると、2つの新しい知見が示唆されたといえる。第1に、個人差があるとはいえ、従来あまり指標として注目されなかった3つの時期を、ほぼ一定の順序で各子どもが迎えるという点である。この結果から、少々飛躍しすぎかもしれないが、発達の道筋として次のように推測できる。最初に、過去形を使った語り方を身につけ、表面的ではあるが過去の語りの表出が可能になる。その後少し遅れて、過去に関する質問を理解するようになり、過去の"ある出来事"について話しているのだと認識したうえで、過去の出来事の会話に参加できるようになる。それに伴い、次第に、自己内省的に過去を振り返り、自分で過去の経験について吟味するということが可能になる。第2に、幼児期健忘という現象（3, 4歳以前を自覚的には想起できないという現象）は、これまで児童や成人でみられる現象として関心がもたれてきたが、3, 4歳を少しすぎた時期から、すでに幼児期健忘は生じている可能性が高いという点である。3つの時期との関係でいえば、「エピソード報告開始時期」は、後になって、想起できるか否かの境界年齢（3, 4歳頃）よりも前で

ある可能性が高く，むしろ，「再認開始時期」や「記憶語発話時期」が境界年齢に近い可能性が示唆された。このことから，表面的な言語能力というより，言語的かつ内省的に過去を振り返るという能力の獲得が，境界年齢に関わっているのではないかと推測できる。なお，この能力の獲得には，認知発達全般に及ぶ変化が関わっている可能性が考えられる。というのも，この境界年齢である3，4歳頃に，広範囲の認知能力で大きな発達的変化がみられることが，筆者の他の横断的研究により明らかになっているからである。たとえば，「怖い」という感情語について内面を表す言葉として理解するようになるのは4歳前後以降であること，両手間の学習の転移において学習の転移のパターンが4歳と5歳を境に変わり，おそらく4歳前後で学習の仕方が大きく変わること，一貫して同じ友人を好むようになるのは4歳前後以降であることが示されている（上原，2002；Uehara, 1998, 1999, 2000a, 2000b, 2004など）。これらの時期の一致とその関係については，今後，十分に検討する必要がある。

　Nelsonらによる自伝的記憶の発達に関する仮説における曖昧な点を先に指摘したが，それらの点を明らかにするような結果を提示するまでには，残念ながら本研究は至っていない。だが，このような縦断的研究を事例数，分析を充実させて実施していくことにより，「語り」と自伝的記憶の発達のおおよその道筋を明らかにできる可能性は高い。また，縦断的研究で扱えるデータ数や制御できる部分には限りがあるため，自伝的記憶の発達について認知発達全般との関係も含めた，発達メカニズムの詳細を探るには，縦断的研究と併行して実証的な横断的研究も積み重ねていく必要があると考える。

　ここで紹介した縦断的調査はまだ途中であり，乳児期から青年期に至る，自伝的記憶の生涯にわたる変遷過程について上記の問題とともに追究していく予定である。

■謝辞

本研究の調査に長期にわたりご協力いただいている研究協力者の方々に心よりお礼申し上げます。

■付記

本章4節の1は上原（1998, 2003）に新たにデータを加えてまとめたものである。本章4節，5節は上原（2004, 2005）に基づき加筆修正している。

●註

* 1　Rovee-Collier(1997)によって乳児における潜在記憶と顕在記憶の区分が提唱されたが，一致した見解には至っていない。
* 2　発達研究において，エピソード記憶の定義が曖昧である。延滞模倣により示される順

序情報を含む記憶が1, 2歳でも可能なことから,この時期にエピソード記憶を含む基礎的な記憶能力は獲得されていると考える研究者は多いが(Nelson, 1992, 2003a), Tulvingらによるエピソード記憶の定義に厳密に従うなら,幼児期初期の短くて断片的な記憶を「エピソードに対する記憶」として区別することを認める意見もある(Nelson, 2003b)。発達研究におけるエピソード記憶と自伝的記憶の区別に関しての考察は上原(2006a)を参照されたい。

*3 筆者自身は,エピソード記憶と自伝的記憶の発達の道筋については,2つの記憶は類似するため発達的にはほぼ重なるが,エピソード記憶が先行すると考える。すなわち,個人的な出来事を自己のエピソードとして想起し振り返るということが可能になると,自分にとって意味のある出来事の記憶が選択的に思い出として残される,あるいは自己のライフストーリーをなすような物語的な記憶を形成するようになると考える(上原,2006a)。本調査で追究した記憶は,厳密にはエピソード記憶といえるかもしれないが,以下では,エピソード記憶を含むかたちで「自伝的記憶」という言葉を使用する。

*4 子どもが小学校入学以降は,インタビューの実施間隔が半年近くになることが多くなった。小学校入学前であっても,研究協力者の都合によりインタビューの実施間隔が半年近くになる場合もあった。

*5 上原(2003)ですでに3つの時期の特定は一部のデータで行なわれているが,ここでは新たにデータを加えている。なお,一部研究協力児は異なるが,1.の時期の図示は上原(2008b)で行なっているので参照されたい。また,一部のデータの1, 2.の時期の特定は最初に上原(1998)で行なわれた。

*6 一部のデータにつき成否の変遷過程の詳細を上原(1998, 2003)で紹介しているので参照されたい。

*7 女児Aにおいて実は,図4-1(a)に示されているとおり,再認が可能になった3歳1ヶ月よりも直前の3歳0ヶ月時点に経験したエピソードが後々まで報告されているが(図の*参照),これについては次の2点に留意する必要がある。第1に,3歳1ヶ月の前のインタビューは2歳10ヶ月に行なわれているが,この時点では再認課題はできなかった。3歳1ヶ月時点で再認課題ができるようになるのを確認したが,2歳10ヶ月から3歳1ヶ月の間に,再認課題ができるようになっていた可能性,すなわち3歳0ヶ月時点で再認課題ができるようになっていた可能性があるという点である。第2に,この3歳0ヶ月時点に経験したエピソードの報告は,経験直後から繰り返し家庭で身振りつき(動物が行なった体操をまねる)でなされたのに加え,インタビュー中にも3歳半までの間に3回身振りつきで報告がなされているため,通常の身振りのないエピソードの語りとは区別したほうがよいかもしれないという点である。

*8 本節の結果の概要については簡潔に上原(2006a, 2006b, 2008b)で言及している。

引用文献

Dudycha, G. J., & Dudycha, M. M. 1933 Some factors and characteristics of childhood memories. *Child Development*, **4**, 265-278.

Fivush, R. 1991 The social construction of personal narratives. *Merrill-Palmer*

Quarterly, **37**, 59-81.
Fivush, R., & Fromhoff, F. A. 1988 Style and structure in mother-child conversations about the past. *Discourse Processes*, **8**, 177-204.
Freud, S. 1901/1960 The psychopathology of everyday life. In J. Strachey (Ed. and Transl.), *The standard edition of the complete psychological works of Sigmund Freud*, Vol.6. London, UK: Hogarth.
Nelson, K. 1992 Emergence of autobiographical memory at age 4. *Human Development*, **35**, 172-177.
Nelson, K. 2003a Self and social functions: Individual autobiographical memory and collective narrative. *Memory*, **11**, 125-136.
Nelson, K. 2003b Narrative and self, myth and memory. In R. Fivush & C. Haden (Eds.), *Autobiographical memory and the construction of a narrative self: Developmental and cultural perspectives*. Mahwah, NJ: Lawrence Erlbaum Associates. Pp.3-28.
Nelson, K. 2004 Construction of the cultural self in early narratives. In C. Daiute & C. Lightfoot (Eds.), *Narrative analysis: Studying the development of individuals in society*. Thousand Oaks, CA: Sage Publications. Pp.87-111.
Nelson, K. & Fivush, R. 2004 The emergence of autobiographical memory: A social cultural developmental theory. *Psychological Review*, **111**, 486-511.
Rovee-Collier, C. 1997 Dissociations in infant memory: Rethinking the development of implicit and explicit memory. *Psychological Review*, **104**, 467-498.
佐藤浩一 2004 はじめに 佐藤浩一・槙 洋一・下島裕美・堀内 孝・越智啓太・太田信夫 自伝的記憶研究の理論と方法 日本認知科学会テクニカルレポート, **51**, 2.
菅原ますみ・北村俊則・戸田まり・島 悟・佐藤達哉・向井隆代 1999 子どもの問題行動の発達—Externalizing な問題傾向に関する生後11年間の縦断研究から 発達心理学研究, **10**, 32-45.
多鹿秀継 2000 エピソード記憶 太田信夫・多鹿秀継（編） 記憶研究の最前線 北大路書房 Pp.45-66.
Uehara, I. 1998 No transfer of visual-motor learning from right to left hands in right-handed four-year-olds. *Perceptual & Motor Skills*, **87**, 1427-1440.
Uehara, I. 1999 Differences in recognition and preference among four- and five-year-olds on a tactile learning and visual test. *Perceptual & Motor Skills*, **89**, 1029-1035.
Uehara, I. 2000a Differences in episodic memory between four- and five-year-olds: False information versus real experiences. *Psychological Reports*, **86**, 745-755.
Uehara, I. 2000b Transition from novelty to familiarity preference depending on recognition performance by four-year-olds. *Psychological Reports*, **87**, 837-848.
Uehara, I. 2004 Developmental changes in consistency of preferential feeling for peers and objects around age four. *Psychological Reports*, **94**, 335-347.
上原 泉 1998 再認が可能になる時期とエピソード報告開始時期の関係—縦断的調査による事例報告 教育心理学研究, **46**, 271-279.
上原 泉 2002 幼児期における「怖い」という言葉の理解—内面を表す言葉の理解とは 専修人文論集, **71**, 163-172.
上原 泉 2003 発達—記憶，心の理解に重点をおいて 月本 洋・上原 泉（著） 想像—心と身体の接点 ナカニシヤ出版 Pp.117-182.
上原 泉 2004 乳幼児期に体験した出来事をどれくらい思い出せるのか？—縦断的な事例研究の中間報告 清泉女学院大学人間学部紀要, **1**, 1-7.

上原　泉　2005　子どもはどれくらい幼少期の個人的な出来事を想起できるのか―縦断的な事例研究　佐藤浩一・越智啓太・神谷俊次・上原　泉・川口　潤・太田信夫　自伝的記憶研究の理論と方法 (2)　日本認知科学会テクニカルレポート, 55, 17-21.
上原　泉　2006a　乳幼児の記憶能力の発達―4歳前後のエピソード記憶と他の認知能力の発達の視点から　心理学評論, 49, 272-286.
上原　泉　2006b　赤ちゃんのときのことを覚えていますか？―乳幼児期の記憶　太田信夫（編）　記憶の心理学と現代社会　有斐閣　Pp.253-262.
上原　泉　2008a　乳・幼児の記憶　エピソード記憶・意味記憶　太田信夫・多鹿秀継（編）　記憶の生涯発達心理学　北大路書房　Pp.31-37.
上原　泉　2008b　思い出の始まり―初期のエピソード　仲真紀子（編）　自己心理学4　認知心理学へのアプローチ　金子書房　Pp.30-46.

第 II 部

自伝的記憶の理論

5章

自伝的記憶の機能

佐藤 浩一

1節 はじめに

朝起きて顔を洗い歯を磨く。車に乗り大学に向かう。2コマの授業を終え，レポートを採点して，翌日の授業の準備をする。いくつかの論文に目を通す。帰宅して家族との食事を愉しみ，眠りにつく。そして朝を迎える。……日々の生活を送るには，意味記憶と手続き記憶で事足りているようにも思われる。膨大な自伝的記憶は，いったいどのような機能を担っているのであろうか？

2節 自伝的記憶の機能への接近―交わることのなかった2つの道

1 ── 回想の研究

自伝的記憶の研究よりも早くから，高齢者の回想研究は記憶の機能に着目してきた（13章参照）。その代表的な成果が，Websterによる回想機能尺度（reminiscence functions scale）である（Webster, 1993, 1997）。これは8因子から構成される尺度で（表5-1），「私が過去を思い出すのは……ためである」というかたちで項目を呈示し，7件法での回答が求められる。10〜90歳代までの幅広い年齢層を対象にした調査によると，年代によって回想の頻度が変化するわけではない。しかし機能という点では世代差が見いだされている。若い世代では「退屈の軽減」「苦痛の再現」「アイデンティティ」「問題解決」因子得点が高く，中高年になると「情報伝達」「親密さの維持」「死への準備」因子得点が高まる（Webster, 1993, 1997; Webster & Gould, 2007; Webster & McCall, 1999）。また回想機能はアタッチメントスタイル, 性格特性（ビッグファイブ），幸福感や人生満足度などと関連し（Cappeliez et al., 2005; Cully et al., 2001; Webster, 1998），回想がさまざまなかたちで自己と結びついていることがうかがえる。

第Ⅱ部

自伝的記憶の理論

5章

自伝的記憶の機能

佐藤　浩一

1節　はじめに

　朝起きて顔を洗い歯を磨く。車に乗り大学に向かう。2コマの授業を終え，レポートを採点して，翌日の授業の準備をする。いくつかの論文に目を通す。帰宅して家族との食事を愉しみ，眠りにつく。そして朝を迎える。……日々の生活を送るには，意味記憶と手続き記憶で事足りているようにも思われる。膨大な自伝的記憶は，いったいどのような機能を担っているのであろうか？

2節　自伝的記憶の機能への接近—交わることのなかった2つの道

1 ── 回想の研究

　自伝的記憶の研究よりも早くから，高齢者の回想研究は記憶の機能に着目してきた（13章参照）。その代表的な成果が，Websterによる回想機能尺度（reminiscence functions scale）である（Webster, 1993, 1997）。これは8因子から構成される尺度で（表5-1），「私が過去を思い出すのは……ためである」というかたちで項目を呈示し，7件法での回答が求められる。10～90歳代までの幅広い年齢層を対象にした調査によると，年代によって回想の頻度が変化するわけではない。しかし機能という点では世代差が見いだされている。若い世代では「退屈の軽減」「苦痛の再現」「アイデンティティ」「問題解決」因子得点が高く，中高年になると「情報伝達」「親密さの維持」「死への準備」因子得点が高まる（Webster, 1993, 1997; Webster & Gould, 2007; Webster & McCall, 1999）。また回想機能はアタッチメントスタイル，性格特性（ビッグファイブ），幸福感や人生満足度などと関連し（Cappeliez et al., 2005; Cully et al., 2001; Webster, 1998），回想がさまざまなかたちで自己と結びついていることがうかがえる。

表5-1　回想機能尺度の8因子と項目例（Webster, 1997）

【退屈の軽減】
・退屈をまぎらわせる。
・することがなかったり落ち着かない時間をつぶす。

【死への準備】
・自分の人生を十分に生きてきたので，穏やかな気持ちで死を迎えることができるということを納得させてくれる。
・過去を思い出すと死への恐怖が薄れる。

【アイデンティティ】
・自分のことをもっと理解する。
・過去の自分を思い出すと今の自分が何者であるかがわかる。

【問題解決】
・現在の難問題を解決するのに役立つ。
・現在の問題を解決するスキルが自分に備わっていることを思い出させてくれる。

【会話】
・会話を楽にする。
・新旧の友人たちの間につながりを作る。

【親密さの維持】
・いなくなった人を思い出す。
・死んでしまった愛する人の思い出を生き生きと保つ。

【苦痛の再現】
・昔受けた傷の記憶を忘れない。
・つらい記憶をよみがえらせる。

【情報伝達】
・若い家族に，自分が若くて今とは違う時代に生きていたときの生活を教える。
・若い人に文化の価値を教える。

2 ── 自伝的記憶の研究

　自伝的記憶研究が始まった当初は，記憶の構造的な側面（佐藤，2008）が検討されることが多かった。機能に関する研究が少なかったのには2つの理由が考えられる。第1に，記憶を失った悲劇をみれば，記憶の重要さは一目瞭然である（たとえば，Cott, 2005）。記憶の機能はあまりに自明であるがために，詳細な検討が行なわれなかったのではないだろうか。第2に，日常生活では自伝的記憶を意識的に利用することが意外と少ないことが考えられる。Buehlerら（1994）は日常生活での課題遂行が予想より遅れるという現象に着目した。たとえば大学生のレポート作成はしばしば予想よりも時間がかかるし，学生はこうした失敗経験を覚えている。ところが，現在遂行中の課題がいつ終了するかを発話思考法を用いて予測させたところ，過去の経験に言及

した発話は全体の7%にすぎなかった。人は過去の経験を覚えていても，それを利用することが少ないのである。

しかしながら自伝的記憶の機能に関しても次第に検討が進み，2003年には専門誌"*Memory*"で特集が組まれるまでになった。自伝的記憶には大きく分けて自己（self：自己の一貫性や自己評価を支える），社会（social：対人コミュニケーションに寄与する），方向づけ（directive：行動や意志決定を支えたり動機づけるのに役立つ）という3種類の機能があるとされている（Bluck, 2003）。

3 ── 自伝的記憶研究と回想研究

自伝的記憶研究と高齢者の回想研究は，互いにまったく別の領域として発展してきた（Bluck & Levine, 1998; Rubin, 2005; Webster & Cappeliez, 1993; Webster & Gould, 2007）。自伝的記憶研究では，特定の出来事の想起を求めることが多い。これに対して高齢者の回想では，個別の出来事だけでなく，その背景となった状況や歴史的な事実，出来事から引き出された人生観や過去と現在を対比した自己観などもともに語られる。こうした違いが2つのアプローチを離していた一因だろう。

しかし近年，機能を鍵に両者を結びつけようという試みが始まっている（Bluck & Alea, 2002）。Bluckら（2005）は，どういう時に過去を振り返るかを問うTelling About Life Experiences Scale（TALE尺度）を構成した。この尺度は，自伝的記

表5-2 TALE尺度の4因子と項目例（Bluck et al., 2005）

【方向づけ】
・予想外のことが自分の身の上に起こり，それを自分の人生観に統合したいとき。
・人生の選択が必要だが，どの選択肢を選ぶべきか不確かなとき。
・過去の失敗から学びたいとき。

【自己の連続性】
・自分が以前と同じ人間だろうかということに関心があるとき。
・自分が以前とはどう変わったか理解したいとき。
・自分の信念や価値観が変化したか気になるとき。

【他者との関係を育む】
・私自身の似た経験を話して相手をいい気分にさせたいとき。
・自分の過去経験を話すことで誰かを手助けしたいとき。
・友人と古い記憶を共有して友情を強めたいとき。

【他者との関係を作る】
・他者の人生についてもっと知りたいとき。
・他者がどんな人かもっと知りたいとき。
・誰かとの近しい関係を作りたいとき。

研究が主張する自己・社会・方向づけという3つの機能に対応する28項目から構成され,「……というときに,私は人生や人生の一時期を振り返る」というかたちで想起の頻度を6件法で問うものである。大学生で調査を行なった結果,「方向づけ」「自己の連続性」「他者との関係を育む」「他者との関係を作る」という4因子が抽出された（表5-2）。同じ参加者にWebsterの回想機能尺度をあわせて実施したところ,TALE尺度の「方向づけ」因子と回想機能尺度の「問題解決」「アイデンティティ」,「自己の連続性」因子と「アイデンティティ」,「他者との関係を育む」因子と「会話」の間に,概念的に整合した関連が見いだされた。またWebster（2003）は高齢者の回想研究から見いだされた8つの機能を,「社会－自己」「順向・成長－逆向・喪失」という2軸で整理し,自伝的記憶研究が指摘する3つの機能との対応を指摘した（表5-3）。ここには,「苦痛の再現」のように,自伝的記憶研究では取り上げられなかった機能もある。しかしこれも,つらい体験を想起することで,成長している自己を確認する,他者に教訓を伝える,同じ体験を繰り返さないというかたちで,自己・社会・方向づけの機能とつながっていることが推測される。

表5-3 回想研究と自伝的記憶研究で指摘された機能の対応（Webster, 2003より作成）

	社会	自己
順向・成長	会話,情報伝達 （社会機能）	アイデンティティ,問題解決 （自己機能・方向づけ機能）
逆向・喪失	死への準備,親密さの維持 （自己機能・社会機能）	退屈の軽減,苦痛の再現 （自伝的記憶研究では未検討）

（　）は自伝的記憶研究で指摘された機能

研究の背景は異なっているものの,自伝的記憶研究からも回想研究からも,自己・社会・方向づけという3種類の機能の存在が示された。1つの記憶が複数の機能を担うケースも少なくないが（Marsh & Tversky, 2004; Pasupathi et al., 2002）,これら3種類を枠組みとして機能の検討を進めることは妥当といえる。

3節　自伝的記憶の3つの機能—自己,社会,方向づけ

1 ── 自己機能

自己機能とは,自伝的記憶が自己の連続性や一貫性を支えたり,望ましい自己像を維持するのに役立つという面を指す。記憶と自己は不可分な関係にある（Addis & Tippett, 2008; McLean et al., 2007）。自己は記憶の符号化や想起をコントロールする

(Conway, 2005; Conway & Pleydell-Pearce, 2000; Conway et al., 2004)。同時に，記憶は自己を支えるデータベースである。たとえば Addis と Tippett（2004）はアルツハイマー症の患者に，20答法（'Who am I ?' という質問に 'I am ……' と回答する検査）と自伝的記憶の検査を実施した。すると認知機能全般の低下を統制したうえで，子ども時代から青年期の自伝的記憶を詳しく流暢に想起できる人ほど，20答法での回答数が多く具体的であることが見いだされた。またライフスパンをとおして自伝的記憶の分布を検討した場合には，10 〜 30 歳代の出来事が多く想起される現象（バンプ）が知られている。これもその時期の出来事が自己の確立と密接に結びついていることを示唆する（6 章 3 節参照）。

(1) 記憶の内容と自己

その人のアイデンティティと密接に結びついていて「私」を象徴するような記憶を，Singer と Salovey（1993）は「自己定義記憶（self-defining memory）」と呼んだ。自己定義記憶の研究では，参加者に次のような説明が与えられる。

> 少なくとも 1 年以上前の出来事で，鮮明でしっかり記憶されており，個人的に重要で，今のあなたがどのようにできあがったかを効果的に伝えてくれる記憶。
> （McLean & Thorne, 2003, p.637）

Moffitt と Singer（1994）は 10 の自己定義記憶を想起するよう参加者に求めた。想起された記憶の重要度評定は，0 〜 6 の 7 段階で平均 4.35（$SD=0.71$）という高い値を示した。誰もがこうした記憶をもっており，それを想起することは難しいことではない。

自己定義記憶には，「過去から今日まで続いている関心事や葛藤に関わっている」「他の記憶と結びついてネットワークを形成している」「強い感情を伴って繰り返し鮮明に想起される」といった内容面・構造面・想起経験面での特徴がある（Singer & Blagov, 2004a, 2004b; Singer & Salovey, 1993）。また機能面では，自己定義記憶の内容や感情あるいは意味づけが自己を象徴するだけでなく，パーソナリティ特性，健康や適応と関連することが指摘されている（Blagov & Singer, 2004; Sutin & Robins, 2005）。

(2) 思い出し方と自己

自分がどのような人間かという認識は，記憶の「内容（what）」だけでなく，「思い出し方（how）」によっても支えられている。

Wilson と Ross（2003）は出来事から現在までの時間感覚を変えることで，記憶が自己機能を果たすことを指摘した。たとえば成功経験を実際よりも最近のことと感じ，

失敗経験を実際よりも遠い過去のことと感じるなら，自己に対する肯定的な評価を維持することができる（9章3節参照）。

WoikeとPolo (2001) は力（agency）と親交（communion）という2つの対照的な動機に着目した。前者は他からの分離や自律，達成を重視する動機であり，後者は他者との心理的なつながりを重視する動機である。それぞれの動機を強くもつ人は，それに合致した出来事を多く想起するだけでなく，想起の視点も異なっていた。力動機の強い人の記憶は，出来事や人物を比較対照する視点（分化）で記述されることが多く，親交動機の強い人の記憶は，つながりや相互作用を強調する視点（統合）で記述されることが多かったのである。

(3) 自伝的推論

近年，記憶と自己を結びつける過程として，自伝的推論（autobiographical reasoning）が着目されている。これは想起された出来事を解釈・評価したり，過去の記憶を互いに結びつけたり，過去の記憶と現在の自己を結びつけたりする，内省的な思考過程である。こうした過程はライフストーリーを構成し自己の一貫性を確認するのに不可欠である（Bluck & Habermas, 2000, 2001; Habermas & Bluck, 2000; McLean & Pratt, 2006; McLean et al., 2007; Singer & Bluck, 2001）。しかし従来の研究では特定の出来事の記憶を対象とすることが多く，十分に検討されてこなかった。

年齢は自伝的推論の生起に関与する重要な要因である。たとえばPasupathiとMansour (2006) は，青年期から老年期までの参加者に「危機」「転機」などの体験を語ってもらい，経験を自己と結びつける内容（例：その出来事が自己の特性を示している，その出来事が自己に対する見方を変えた）がどの程度含まれているかを検討した。その結果，青年期から60歳頃にかけて，体験と自己を結びつける自伝的推論が増えていくことが見いだされた。

2 ── 社会機能

社会機能とは，自伝的記憶が対人関係やコミュニケーションにプラスの影響を及ぼすという面を指している。社会機能の存在は以前から指摘されていたが（Robinson, 1992; Robinson & Swanson, 1990），その積極的な証拠は最近提出され始めたばかりである。

(1) コミュニケーション場面での過去への言及

人はコミュニケーション場面で過去経験に言及することが多い（Skowronski & Walker, 2004）。PasupathiとCarstensen (2003) は参加者に1週間ポケットベルを携帯させた。ポケットベルは1日5回ランダムな間隔で鳴り，参加者はそのときのどの

ような活動をしていたかを記録した。その結果，参加者の記録の平均20%が，過去に経験した出来事を，他者と一緒に互いに話したり聞いたりしていたというものであった。MarshとTversky（2004）も日誌法を用いて，自分の経験を他者に語るたびに記録をつけさせた。参加者の記録は4週間で1人平均32.1件にのぼった。人は毎日1つや2つは，自分の過去経験を他者に話しているのである。語られるのは当たり障りのない出来事ばかりではない。自己定義記憶であっても，その88%はかつて誰かに語られていた（Thorne et al., 2004）。

　個人的な経験は抽象的な情報に比べると，聴き手の注意を引きやすい。コンピュータ・ネットワーク上でのコミュニケーションを検討した研究によると，個人的なエピソードを含む発言に対しては，他者からの反応が返って来やすい（Beals, 1991）。また個人的な経験談は抽象的な情報よりも説得力が強く，聴き手に強い影響を与える（Borgida & Nisbett, 1977）。聴き手から反応が返ってくると，話し手はいっそう精緻なストーリーを語るようになる。反対に聴き手が無反応な場合には，話はうまくまとまらなくなり（Bavelas et al., 2000），時には話題にした事柄に対する話し手自身の関心や自己評価をも低下させてしまう（Pasupathi & Rich, 2005; Pasupathi et al., 2007）。

(2) 自伝的記憶の想起と対人関係の維持・強化

　他者との関係を想起することは，その関係に何らかの影響を及ぼすのだろうか。この機能を実験的に検討したのがAleaとBluck（2008）である。実験には青年と高齢者が参加し，一緒に暮らしているパートナーとの肯定的な経験（休暇など）を想起した。また比較のために，あるカップルの楽しい休暇を描いた物語を読み，それを想起する条件も設定された。想起の前後で，パートナーに感じる暖かさ（lonely-satisfiedなど15の*SD*尺度）と，2人の近さ（感情面，知性面，社会面，娯楽面で2人がつながっている程度，「私のパートナーは，私の喜びも痛みも本当に理解できる」「一緒に話せる事柄は山ほどある」「2人に共通の友人と過ごすことは大切な活動だ」など；Schaefer & Olson, 1981）の評定が求められた。その結果，参加者の年齢や性別とは独立に，パートナーとの肯定的な経験を想起した後では，パートナーに感じる暖かさの評定が上昇した。また女性では2人の近さの得点も上昇した。青年にとっても高齢者にとっても，相手との楽しい経験を想起することは，2人の関係を強める大切な要素なのである。

　親しい関係にある人の間では，共通の経験が話題になることも多い。こうしたストーリーはすでに周知のことであり，新しい情報を伝えるという機能はほとんどない。Norrick（1997）は家族の中で繰り返される話には，メンバー間のラポールをうながしたり，集団としての価値観を伝えるという機能があることを指摘した。なじみのス

トーリーを他の成員と一緒に話せるということ自体が，その人が集団成員であることの1つの証明なのである。

(3) 記憶とソーシャルスキル

自分の経験を思い出すことは，相手の気持ちを類推したり理解することにも役立つかもしれない（Cohen, 1998; Robinson, 1992; Robinson & Swanson, 1990）。Pohlら（2005）は，大学生の自伝的記憶とソーシャルスキルの関連を検討し，記憶を詳しく鮮明に想起できる人は，男性ではアサーティブネスが高く，女性では共感性が高いことを見いだした。子どもは周囲の大人との会話をとおして想起スタイルを学ぶ（Haden, 2003; Nelson & Fivush, 2000; Ornstein et al., 2004）。Pohl らは，その過程で男児は問題解決志向型の想起スタイル，女児は感情を強調する想起スタイルを身につけ，それが男女に特徴的なソーシャルスキルを導くのではないかと論じている。そしてこうしたソーシャルスキルを用いて社会的な相互作用を行なった結果が，再び自伝的記憶となり，次の機会に利用されるのである。

3 ── 方向づけ機能

方向づけ機能とは，自伝的記憶がさまざまな判断や行動を方向づけるのに役立つという面を指す。Pillemer(1998)は記述的な研究によって，方向づけ機能の重要性を指摘した。他のパラダイムを用いた研究からも，方向づけ機能を示す知見が得られている。

(1) 個人的出来事記憶と4つの方向づけ機能

自己定義記憶のように一瞬の出来事が鮮明に記憶に残り，その後の人生に影響を及ぼすことがある。このように特定の出来事で，状況の詳しい説明や感覚印象を含み，確かに経験したという確信を伴う記憶を，Pillemer（1998, 2003）は個人的出来事記憶（personal event memory）と呼んだ。Pillemer は移行期の記憶や大学で影響を受けた経験の記憶，あるいは自叙伝の内容を分析し，出発点（originating events），転換点（turning points），基準点（anchoring events），類推（analogous events）という4種類の個人的出来事記憶を抽出し，それぞれが方向づけ機能を担っていることを指摘した[*1]。

出発点や転換点は，職業や進路選択のきっかけとなった出来事，あるいは今の自分の信念や態度が誕生した瞬間の記憶であり，自らの態度を確認し目標の追求を動機づける。また基準点は，出発点ではないが，態度や価値観あるいは信念に強い影響を与えた出来事の記憶であり，自分の能力や価値観に疑問を抱いたときに立ち返り参照される。さらに自伝的記憶はその出来事を経験したときと類似した状況で類推的に想起され，行動や判断を決めるのに役立つ。

(2) 記憶の意味づけ

　McLean ら（McLean, 2005; McLean & Thorne, 2003; Thorne et al., 2004）は，想起された記憶から教訓や洞察を引き出す過程を「意味づけ（meaning making）」と呼んだ。たとえば「母親と争って物を投げつけた」という記憶から，「そんなことをしてはいけない」という具体的な教訓や，「自分は感情のコントロールに問題がある」という抽象的な洞察が引き出されることがある。「教訓」は Pillemer が指摘した「類推」に近い概念である。また「洞察」は教訓以上に自己理解につながったり，さまざまな場面で判断や行動を方向づける機能を果たす。

　自己定義記憶を検討した Thorne ら（2004）の研究では，達成感や楽しい経験に関連する記憶よりも，葛藤や緊張を含む経験の記憶のほうが，意味づけされやすいことが指摘された。Bluck と Glück（2004）の研究でも，多くの参加者がネガティブな経験から教訓を学んだと回答していた。ネガティブな経験を注意深く処理して教訓や洞察を引き出すことは，将来同じ失敗を繰り返さないよう判断や行動を方向づけるのに有効である。

(3) 自伝的記憶と問題解決・プランニング

　自伝的記憶が類推的に活用されるには，まず特定の記憶が想起できなければならない。この点について自殺未遂者やうつ病患者を対象に，手段–目的問題解決課題を用いた検討が行なわれている。この課題では「友人があなたを避けている」「2人は再び仲良くなった」のように，社会的な状況での問題と結末が呈示され，こうした結末につながる方略を回答することが求められる。またこの課題とは別に手がかり語法で自伝的記憶の想起を求め，想起された記憶の特定性（具体性）が検討される。その結果，抑うつレベルや反応潜時を統制しても，特定の自伝的記憶を想起しにくい参加者では，生成された方略の有効性が低かった（Evans et al., 1992; Goddard et al., 1996; Raes et al., 2005; Sidley et al., 1997）。この結果は，特定の出来事を想起することが類推機能を果たし，問題解決を促進することを示している。

　記憶は経験をそのまま反映しているわけではない。たとえば出来事を経験している最中の感情はすべて記憶されるわけではなく，想起内容は出来事のピーク時と終結時の感情に強く規定される。この傾向について Fredrickson（2000）は，ピーク時の感情は出来事に対処するのにどの程度の処理容量を要するかを教えてくれ，終末時の感情は処理容量を振り向けた甲斐があったかを教えてくれると指摘している。こうした記憶は，類似の経験に直面しそうになったときのプランニングに影響するだろう。Wirtz ら（2003）は大学生を対象に春の休暇前・休暇中・休暇後に，「休暇がどのくらい楽しくなりそうか（楽しいか，楽しかったか）」などの質問をした。また休暇後

に「同じような休暇を過ごしたいか」を尋ねた。その結果，同じ休暇を繰り返したい程度は，休暇前や休暇中の評定ではなく，休暇後の評定のみから有意に予測された。人は休暇中に実際感じている楽しさではなく，後の記憶に基づいて，次の休暇を計画するのである。

抑うつにかぎらず，統合失調症や脳損傷，あるいは加齢によって過去の出来事を想起しにくくなると，未来の特定の出来事をイメージすることが困難になる。ここから Schacter は，未来の自己をイメージしてシミュレーションするには，過去のさまざまな経験から関連する情報を引き出し，それらを構成的に組み合わせることが必要だと主張している（Schacter & Addis, 2007a, 2007b; Schacter et al., 2007）。そして脳機能画像研究の結果から，前頭前野内側部（medial prefrontal cortex），側頭葉内側部（medial temporal lobe），外側側頭皮質（lateral temporal cortex），外側頭頂皮質（lateral parietal cortex），楔前部・脳梁膨大後部皮質（precuneus/retrosplenial cortex）が，過去経験と未来のプランニングを統合するネットワークとして機能していると提起している（Schacter et al., 2007）。

4節　機能研究の課題

個人的な出来事は，それ自体が自己を形成し，対人関係を左右し，判断を方向づける機能を担っていると言えるかもしれない。しかし本章ではあくまで，出来事の記憶が機能を発揮することを強調したい。特定の出来事を経験しただけではなく，自分がその出来事から影響を受けたと意味づけたり，自分を象徴する出来事として認識したり，その出来事を繰り返し鮮明に想起することが，さまざまな機能を発揮するのである（佐藤，2007）。

本章の最後に，自伝的記憶の機能について，これまでまだ検討されていない問題を指摘する。

1 ── 意識的な利用と無意識的な利用

自伝的記憶は広汎な機能を果たしている。しかし本章の冒頭でも述べたように，日常生活では自伝的記憶が利用されることは意外に少ない（たとえば，Buehler et al., 1994）。この矛盾は，記憶の意識的な利用と無意識的な利用を区分することで解消できるだろう。たとえば自伝的推論による自己の確認は，比較的意識的な過程と思われる。これに対して，問題解決に過去経験を生かす場合には，時間と資源を投入して想起するのでは役に立たない。むしろ何かのきっかけで記憶が不随意的に想起されて目

前の判断に利用され，後は利用されたことさえ忘れられてしまう，というほうが適応的なのかもしれない。

2 ── いつ記憶に立ち返るのか

　Pillemer（1998, 2003）はスキーマやスクリプトなどの抽象化された認知システムに対して，個人的出来事記憶の機能を強調した。しかしそれを強調しすぎることもまた，認知システム全体を考察するうえではフェアではあるまい。KleinとLoftus（1993）は，自己に関する判断（例：「自分は親切な人間か」）に際しては抽象化された自己知識が利用され，個別の自伝的記憶まではアクセスされないことを示した。では人はどのような状況で，特定の記憶に意識的に立ち返るのであろうか。「スクリプトができていないので個別の記憶に頼らざるを得ない」「重要な問題に対処するため自伝的記憶を含めてさまざまな情報を処理する必要がある」「自分がその出来事を経験したことを確認したい」といった状況ではないだろうか。すなわち，何らかのかたちで行為や判断が妨げられ，精緻な処理が必要になったときである。回想機能尺度やTALE尺度は想起目的に関するメタ記憶を検討する尺度であり，現実の回想行動との対応は確認されていない。人が現実にどのような状況で過去を振り返るのかについての検討が望まれる。

3 ── 構造と機能の適合性

　自伝的記憶の研究では，「1日（数時間）以内の特定的な出来事」の想起を求めることが多い（たとえば，Wright & Nunn, 2000）。こうして引き出された特定性の高いエピソードは，他者を愉しませたり，会話に説得力を与えるといった目的には適している。ところが「1日（数時間）以内」といった制約を課さないと，「小6の担任は徹底的に自主性を身につけるよう働きかけてくれた。今の自分が自主的に行動できるのは，この先生のおかげだ」といった，概括的な記憶が報告されることも少なくない（佐藤，2000）。その人を動機づけたりライフストーリーを構成するには，それが最適レベルの抽象度であり，それ以上に特定的な記憶を検索することには，あまり意味がないのかもしれない（ただし，それが確かに自分の経験であると確認するには有効だろう）。自伝的記憶は，きわめて個別的・特定的な感覚印象から，抽象的な自己知識やライフテーマまでの階層構造として表象されている（Conway, 2005）。記憶の機能と構造の間には，「この機能を果たすためには，このレベルの情報が最適である」といった組み合わせ（適合性）が存在していることが推測される。

4 ── 青年期以前の記憶

　自伝的記憶の検討は青年期以降に偏っており，幼児期から児童期の自伝的記憶の機能に関しては，ネガティブな出来事を想起して（親子で）語ることで，出来事の意味を理解したり感情を調整するといった点が検討されているにすぎない（Fivush, 2007; Fivush et al., 2003; Sales & Fivush, 2005; Reese et al., 2007）。しかし幼児期から児童期にかけて特定の出来事が詳細に想起できるようになることから（Piolino et al., 2007），この間に自伝的記憶がさまざまな機能を担い始めることが推察される。ライフストーリーの構成は青年期まで待つとしても（Habermas & Paha, 2001），自己を評価したり，行動を調整したり，自分の経験を他者に教えるといった場面は，子どもの生活の中でも少なくない。こうした場面で自伝的記憶がいかなる機能を発揮しているのか，今後の検討が待たれる。

註

＊1　「基準点」は12章では「アンカーとなる出来事」と表記されている。

引用文献

Addis, D. R., & Tippett, L. J.　2004　Memory of myself: Autobiographical memory and identity in Alzheimer's disease. *Memory*, **12**, 56-74.

Addis, D. R., & Tippett, L. J.　2008　The contribution of autobiographical memory to the content and continuity of identity: A social-cognitive neuroscience approach. In F. Sani (Ed.). *Self continuity: Individual and collective perspectives.* Mahwah, NJ: Lawrence Erlbaum Associates. Pp.71-84.

Alea, N., & Bluck, S.　2008　I'll keep you in mind: The intimacy function of autobiographical memory. *Applied Cognitive Psychology*, **21**, 1091-1111.

Bavelas, J. B., Coates, L., & Johnson, T.　2000　Listeners as co-narrators. *Journal of Personality and Social Psychology*, **79**, 941-952.

Beals, D. E.　1991　Stories from the classroom: Rate of response to personal event narratives told by beginning teachers. *The Quarterly Newsletter of the Laboratory of Comparative Human Cognition*, **13**(2), 31-38.

Blagov, P. S., & Singer, J. A.　2004　Four dimensions of self-defining memories (specificity, meaning, content, and affect) and their relationships to self-restraint, distress, and repressive defensiveness. *Journal of Personality*, **72**, 481-511.

Bluck, S.　2003　Autobiographical memory: Exploring its functions in everyday life. *Memory*, **11**, 113-123.

Bluck, S., & Alea, N.　2002　Exploring the functions of autobiographical memory: Why do I remember the autumn? In J. D. Webster & B. K. Haight (Eds.), *Critical advances in*

reminiscence work: From theory to application. New York, NY: Springer. Pp.61-75.
Bluck, S., Alea, N., Habermas, T., & Rubin, D. C.　2005　A tale of three functions: The self-reported uses of autobiographical memory. *Social Cognition*, **23**, 91-117.
Bluck, S., & Glück, J.　2004　Making things better and learning a lesson: Experiencing wisdom across the lifespan. *Journal of Personality*, **72**, 543-572.
Bluck, S., & Habermas, T.　2000　The life story schema. *Motivation and Emotion*, **24**, 121-147.
Bluck, S., & Habermas, T.　2001　Extending the study of autobiographical memory: Thinking back about life across the life span. *Review of General Psychology*, **5**, 135-147.
Bluck, S., & Levine, L. J.　1998　Reminiscence as autobiographical memory: A catalyst for reminiscence theory development. *Ageing and Society*, **18**, 185-208.
Borgida, E., & Nisbett, R. E.　1977　The differential impact of abstract vs. concrete information on decisions. *Journal of Applied Social Psychology*, **7**, 258-271.
Buehler, R., Griffin, D., & Ross, M.　1994　Exploring the "planning fallacy": Why people underestimate their task completion times. *Journal of Personality and Social Psychology*, **67**, 366-381.
Cappeliez, P., O'Rourke, N., & Chaudhury, H.　2005　Functions of reminiscence and mental health in latter life. *Aging & Mental Health*, **9**, 295-301.
Cohen, G.　1998　The effects of aging on autobiographical memory. In C. P. Thompson, D. J. Herrmann, D. Bruce, J. D. Read, D. G. Payne & M. P. Toglia (Eds.), *Autobiographical memory: Theory and applied perspectives*. Hillsdale, NJ: Lawrence Erlbaum Associates. Pp.105-123.
Conway, M. A.　2005　Memory and the self. *Journal of Memory and Language*, **53**, 594-628.
Conway, M. A., & Pleydell-Pearce, C. W.　2000　The construction of autobiographical memories in the self-memory system. *Psychological Review*, **107**, 261-288.
Conway, M. A., Singer, J. A., & Tagini, A.　2004　The self and autobiographical memory: Correspondence and coherence. *Social Cognition*, **22**, 491-529.
Cott, J.　2005　*On the sea of memory: A journey from forgetting to remembering.* New York, NY: Random House Inc.　鈴木　晶（訳）　2007　奪われた記憶―記憶と忘却への旅　求龍堂
Cully, J. A., LaVoie, D., & Gfeller, J. D.　2001　Reminiscence, personality, and psychological functioning in older adults. *The Gerontologist*, **41**, 89-95.
Evans, J., Williams, J. M. G., O'Loughlin, S., & Howells, K.　1992　Autobiographical memory and problem-solving strategies of parasuicide patients. *Psychological Medicine*, **22**, 399-405.
Fivush, R.　2007　Maternal reminiscing style and children's developing understanding of self and emotion. *Clinical Social Work Journal*, **35**, 37-46.
Fivush, R., Hazzard, A., Sales, J. M., Sarfati, D., & Brown, T.　2003　Creating coherence out of chaos? Children's narratives of emotionally positive and negative events. *Applied Cognitive Psychology*, **17**, 1-19.
Fredrickson, B. L.　2000　Extracting meaning from past affective experiences: The importance of peaks, ends, and specific emotions. *Cognition and Emotion*, **14**, 577-606.
Goddard, L., Dritschel, B., & Burton, A.　1996　Role of autobiographical memory in social

problem solving and depression. *Journal of Abnormal Psychology*, **105**, 609-616.

Habermas, T., & Bluck, S. 2000 Getting a life: The emergence of life story in adolescence. *Psychological Bulletin*, **126**, 748-769.

Habermas, T., & Paha, C. 2001 The development of coherence in adolescents' life narratives. *Narrative Inquiry*, **11**, 35-54.

Haden, C. A. 2003 Joint encoding and joint reminiscing: Implications for young children's understanding and remembering of personal experiences. In R. Fivush & C. A. Haden (Eds.), *Autobiographical memory and the construction of a narrative self: Developmental and cultural perspectives*. Mahwah, NJ: Lawrence Erlbaum Associates. Pp.49-69.

Klein, S. B., & Loftus, J. 1993 The mental representation of trait and autobiographical knowledge about the self. In T. K. Srull & R. S. Wyer Jr. (Eds.), *Advances in social cognition, Vol. V. The mental representation of trait and autobiographical knowledge about the self*. Hillsdale, NJ: Lawrence Erlbaum Associates. Pp.1-49.

Marsh, E. J., & Tversky, B. 2004 Spinning the stories of our lives. *Applied Cognitive Psychology*, **18**, 491-503.

McLean, K. C. 2005 Late adolescent identity development: Narrative meaning making and memory telling. *Developmental Psychology*, **41**, 683-691.

McLean, K. C., & Pratt, M. W. 2006 Life's little (and big) lessons: Identity status and meaning-making in the turning point narratives of emerging adults. *Developmental Psychology*, **42**, 714-722.

McLean, K. C., & Thorne, A. 2003 Late adolescents' self-defining memories about relationships. *Developmental Psychology*, **39**, 635-645.

McLean, K. C., Pasupathi, M., & Pals, J. L. 2007 Selves creating stories creating selves: A process model of self-development. *Personality and Social Psychology Bulletin*, **11**, 262-278.

Moffitt, K. H., & Singer, J. A. 1994 Continuity in the life story: Self-defining memories, affect, and approach/avoidance personal strivings. *Journal of Personality*, **62**, 21-43.

Nelson, K., & Fivush, R. 2000 Socialization of memory. In E. Tulving & F. I. M. Craik (Eds.), *The Oxford handbook of memory*. New York, NY: Oxford University Press. Pp.283-295.

Norrick, N. R. 1997 Twice-told tales: Collaborative narration of familiar stories. *Language in Society*, **26**, 199-220.

Ornstein, P. A., Haden, C. A., & Hedrick, A. M. 2004 Learning to remember: Social-communicative exchanges and the development of children's memory skills. *Developmental Review*, **24**, 374-395.

Pasupathi, M., Alderman, K., & Shaw, D. 2007 Talking the talk: Collaborative remembering and self-perceived expertise. *Discourse Processes*, **43**, 55-77.

Pasupathi, M., & Carstensen, L. L. 2003 Age and emotional experience during mutual reminiscing. *Psychology and Aging*, **18**, 430-442.

Pasupathi, M., Lucas, S., & Coombs, A. 2002 Conversational functions of autobiographical remembering: Long-married couples talk about conflicts and pleasant topics. *Discourse Processes*, **34**, 163-192.

Pasupathi, M., & Mansour, E. 2006 Adult age differences in autobiographical reasoning in narratives. *Developmental Psychology*, **42**, 798-808.

Pasupathi, M., & Rich, B. 2005 Inattentive listening undermines self-verification in personal storytelling. *Journal of Personality*, **73**, 1051-1084.

Pillemer, D. B. 1998 *Momentous events, vivid memories*. Cambridge, MA: Harvard University Press.

Pillemer, D. B. 2003 Directive functions of autobiographical memory: The guiding power of the specific episode. *Memory*, **11**, 193-202.

Piolino, P., Hisland, M., Ruffeveille, I., Matuszewski, V., Jambaque, I., & Eustache, F. 2007 Do school children remember or know the personal past? *Consciousness and Cognition*, **16**, 84-101.

Pohl, R. F., Bender, M., & Lachmann, G. 2005 Autobiographical memory and social skills of men and women. *Applied Cognitive Psychology*, **19**, 745-759.

Raes, F., Hermans, D., Williams, J. M. G., Demyttenaere, K., Sabbe, B., Pieters, G., & Eelen, P. 2005 Reduced specificity of autobiographical memory: A mediator between rumination and ineffective social problem-solving in major depression? *Journal of Affective Disorders*, **87**, 331-335.

Reese, E., Bird, A., & Tripp, G. 2007 Children's self-esteem and moral self: Links to parent-child conversations. *Social Development*, **16**, 460-478.（Vol.16, No.4, p.819 に、誤植の修正が報告されている）

Robinson, J. A. 1992 Autobiographical memory. In M. Gruneberg & P. Morris (Eds.), *Aspects of memory. 2nd.ed. Vol.1. : The practical aspects*. London, UK: Routledge. Pp.223-251.

Robinson, J. A., & Swanson, K. L. 1990 Autobiographical memory: The next phase. *Applied Cognitive Psychology*, **4**, 321-335.

Rubin, D. C. 2005 Autobiographical memory tasks in cognitive research. In A. Wenzel & D. C. Rubin (Eds.), *Cognitive methods and their application to clinical research*. Washington, DC: American Psychological Association. Pp.219-241.

Sales, J. M., & Fivush, R. 2005 Social and emotional functions of mother-child reminiscing about stressful events. *Social Cognition*, **23**, 70-90.

佐藤浩一 2000 思い出の中の教師—自伝的記憶の機能分析 群馬大学教育学部紀要 人文・社会科学編, **49**, 357-378.

佐藤浩一 2007 自伝的記憶の機能と想起特性 群馬大学教育学部紀要 人文・社会科学編, **56**, 333-357.

佐藤浩一 2008 私の構造—自伝的記憶の構造 仲真紀子（編）自己心理学4 認知心理学へのアプローチ 金子書房 Pp.152-169.

Schacter, D. L., & Addis, D. R. 2007a The cognitive neuroscience of constructive memory: Remembering the past and imagining the future. *Philosophical Transactions of the Royal Society (B)*, **362**, 773-786.

Schacter, D. L., & Addis, D. R. 2007b The ghosts of past and future. *Nature*, **445**(4), 27.

Schacter, D. L., Addis, D. R., & Buckner, R. L. 2007 Remmebering the past to imagine the future: The prospective brain. *Nature Reviews Neuroscience*, **8**, 657-661.

Schaefer, M. T., & Olson, D. H. 1981 Assessing intimacy: The pair inventory. *Journal of Marital and Family Therapy*, **7**, 47-60.

Sidley, G. L., Whitaker, K., Calam, R. M., & Wells, A. 1997 The relationship between problem-solving and autobiographical memory in parasuicide patients. *Behavioural and Cognitive Psychotherapy*, **25**, 195-202.

Singer, J. A., & Blagov, P. 2004a Self-defining memories, narrative identity, and psychotherapy: A conceptual model, empirical investigation, and case report. In L. E. Angus & J. McLeod (Eds.), *The handbook of narrative and psychotherapy: Practice, theory, and research*. Thousand Oaks, CA: Sage Publications. Pp.229-246.

Singer, J. A., & Blagov, P. 2004b The integrative function of narrative processing: Autobiographical memory, self-defining memories, and the life story of identity. In D. R. Beike, J. M. Lampinen & D. A. Behrend (Eds.), *The self and memory*. New York, NY: Psychology Press. Pp.117-138.

Singer, J. A., & Bluck, S. 2001 New perspectives on autobiographical memory: The integration of narrative processing and autobiographical reasoning. *Review of General Psychology*, **5**, 91-99.

Singer, J. A., & Salovey, P. 1993 *The remembered self: Emotion and memory in personality*. New York, NY: The Free Press.

Skowronski, J. J., & Walker, W. R. 2004 How describing autobiographical events can affect autobiographical memories. *Social Cognition*, **22**, 555-590.

Sutin, A. R., & Robins, R. W. 2005 Continuity and correlates of emotions and motives in self-defining memories. *Journal of Personality*, **73**, 793-824.

Thorne, A., McLean, K. C., & Lawrence, A. M. 2004 When remembering is not enough: Reflecting on self-defining memories in late adolescence. *Journal of Personality*, **72**, 513-541.

Webster, J. D. 1993 Construction and validation of the reminiscence functions scale. *Journal of Gerontology: Psychological Sciences*, **48**, P256-P262.

Webster, J. D. 1997 The reminiscence functions scale: A replication. *International Aging and Human Development*, **44**, 137-148.

Webster, J. D. 1998 Attachment styles, reminiscence functions, and happiness in young and elderly adults. *Journal of Aging Studies*, **12**, 315-330.

Webster, J. D. 2003 The reminiscence circumplex and autobiographical memory functions. *Memory*, **11**, 203-215.

Webster, J. D., & Cappeliez, P. 1993 Reminiscence and autobiographical memory: Complementary contexts for cognitive aging research. *Developmental Review*, **13**, 54-91.

Webster, J. D., & Gould, O. 2007 Reminiscence and vivid personal memories across adulthood. *International Journal of Aging and Human Development*, **64**, 149-170.

Webster, J. D., & McCall, M. E. 1999 Reminiscence functions across adulthood: A replication and extension. *Journal of Adult Development*, **6**, 73-85.

Wilson, A. E., & Ross, M. 2003 The identity function of autobiographical memory: Time is on our side. *Memory*, **11**, 137-149.

Wirtz, D., Kruger, J., Scollon, C. N., & Diener, E. 2003 What to do on spring break? The role of predicted, on-line, and remembered experience in future choice. *Psychological Science*, **14**, 520-524.

Woike, B., & Polo, M. 2001 Motive-related memories: Content, structure, and affect. *Journal of Personality*, **69**, 391-415.

Wright, D. B., & Nunn, J. A. 2000 Similarities within event clusters in autobiographical memory. *Applied Cognitive Psychology*, **14**, 479-489.

6章

ライフスパンを通じた自伝的記憶の分布

槙　洋一

1節　はじめに

　日常生活の中で，「小学校の頃は校庭の木に登って遊んだなあ」「25歳の頃は，失恋したり，病気になったりしてたいへんつらかったよ」といったように，人は過去の自分の経験を思い返すことがある。そうした出来事は幼い頃から現在までの自分の人生で経験されたことである。この個人の一生にわたる時間，生まれてから現在までの時間をライフスパンという。ライフスパンにおける自伝的記憶の分布とは，人が生まれてから現在までの間で，どの時期に経験した出来事を，どの程度想起するのかという問題を指す。

2節　自伝的記憶の分布の研究方法

　ライフスパンにおける自伝的記憶の分布の特徴について詳細を説明する前に，まず分布を調べるための研究法について述べる。一般に，自伝的記憶の分布を調査する際には，成人の参加者に手がかりを与え，手がかりに関連する出来事を想起させ，その出来事を経験した年齢または日付を尋ねるという方法が用いられる。その際に呈示される手がかりには，単語，特定の出来事，生涯時期，匂いなどがある（1章3節参照）。
　単語を呈示する方法は手がかり語法（cue word method）と呼ばれている。この方法はGalton（1879）によって創始された方法であり，次のような手続きで行なわれる。参加者に手がかり語（例：「木」）を呈示した後で，その語に関する1つの過去の経験を想起させ，それを経験した年齢を尋ねる。その後，鮮明さ，重要性，想起頻度，記憶の視点など想起した出来事に関する記憶の性質を尋ねる。手がかり語には通常中立的な性質をもつ語が用いられる。また，呈示される単語数は10〜100語の間と研究によってばらつきがある。
　手がかり語法と同様によく使用される方法として，参加者に特定のテーマを与え，

Singer, J. A., & Blagov, P. 2004a Self-defining memories, narrative identity, and psychotherapy: A conceptual model, empirical investigation, and case report. In L. E. Angus & J. McLeod (Eds.), *The handbook of narrative and psychotherapy: Practice, theory, and research*. Thousand Oaks, CA: Sage Publications. Pp.229-246.

Singer, J. A., & Blagov, P. 2004b The integrative function of narrative processing: Autobiographical memory, self-defining memories, and the life story of identity. In D. R. Beike, J. M. Lampinen & D. A. Behrend (Eds.), *The self and memory*. New York, NY: Psychology Press. Pp.117-138.

Singer, J. A., & Bluck, S. 2001 New perspectives on autobiographical memory: The integration of narrative processing and autobiographical reasoning. *Review of General Psychology*, **5**, 91-99.

Singer, J. A., & Salovey, P. 1993 *The remembered self: Emotion and memory in personality*. New York, NY: The Free Press.

Skowronski, J. J., & Walker, W. R. 2004 How describing autobiographical events can affect autobiographical memories. *Social Cognition*, **22**, 555-590.

Sutin, A. R., & Robins, R. W. 2005 Continuity and correlates of emotions and motives in self-defining memories. *Journal of Personality*, **73**, 793-824.

Thorne, A., McLean, K. C., & Lawrence, A. M. 2004 When remembering is not enough: Reflecting on self-defining memories in late adolescence. *Journal of Personality*, **72**, 513-541.

Webster, J. D. 1993 Construction and validation of the reminiscence functions scale. *Journal of Gerontology: Psychological Sciences*, **48**, P256-P262.

Webster, J. D. 1997 The reminiscence functions scale: A replication. *International Aging and Human Development*, **44**, 137-148.

Webster, J. D. 1998 Attachment styles, reminiscence functions, and happiness in young and elderly adults. *Journal of Aging Studies*, **12**, 315-330.

Webster, J. D. 2003 The reminiscence circumplex and autobiographical memory functions. *Memory*, **11**, 203-215.

Webster, J. D., & Cappeliez, P. 1993 Reminiscence and autobiographical memory: Complementary contexts for cognitive aging research. *Developmental Review*, **13**, 54-91.

Webster, J. D., & Gould, O. 2007 Reminiscence and vivid personal memories across adulthood. *International Journal of Aging and Human Development*, **64**, 149-170.

Webster, J. D., & McCall, M. E. 1999 Reminiscence functions across adulthood: A replication and extension. *Journal of Adult Development*, **6**, 73-85.

Wilson, A. E., & Ross, M. 2003 The identity function of autobiographical memory: Time is on our side. *Memory*, **11**, 137-149.

Wirtz, D., Kruger, J., Scollon, C. N., & Diener, E. 2003 What to do on spring break? The role of predicted, on-line, and remembered experience in future choice. *Psychological Science*, **14**, 520-524.

Woike, B., & Polo, M. 2001 Motive-related memories: Content, structure, and affect. *Journal of Personality*, **69**, 391-415.

Wright, D. B., & Nunn, J. A. 2000 Similarities within event clusters in autobiographical memory. *Applied Cognitive Psychology*, **14**, 479-489.

6章

ライフスパンを通じた自伝的記憶の分布

槙 洋一

1節　はじめに

　日常生活の中で，「小学校の頃は校庭の木に登って遊んだなあ」「25 歳の頃は，失恋したり，病気になったりしてたいへんつらかったよ」といったように，人は過去の自分の経験を思い返すことがある。そうした出来事は幼い頃から現在までの自分の人生で経験されたことである。この個人の一生にわたる時間，生まれてから現在までの時間をライフスパンという。ライフスパンにおける自伝的記憶の分布とは，人が生まれてから現在までの間で，どの時期に経験した出来事を，どの程度想起するのかという問題を指す。

2節　自伝的記憶の分布の研究方法

　ライフスパンにおける自伝的記憶の分布の特徴について詳細を説明する前に，まず分布を調べるための研究法について述べる。一般に，自伝的記憶の分布を調査する際には，成人の参加者に手がかりを与え，手がかりに関連する出来事を想起させ，その出来事を経験した年齢または日付を尋ねるという方法が用いられる。その際に呈示される手がかりには，単語，特定の出来事，生涯時期，匂いなどがある（1章3節参照）。
　単語を呈示する方法は手がかり語法（cue word method）と呼ばれている。この方法は Galton（1879）によって創始された方法であり，次のような手続きで行なわれる。参加者に手がかり語（例：「木」）を呈示した後で，その語に関する1つの過去の経験を想起させ，それを経験した年齢を尋ねる。その後，鮮明さ，重要性，想起頻度，記憶の視点など想起した出来事に関する記憶の性質を尋ねる。手かがり語には通常中立的な性質をもつ語が用いられる。また，呈示される単語数は 10 〜 100 語の間と研究によってばらつきがある。
　手がかり語法と同様によく使用される方法として，参加者に特定のテーマを与え，

その特定のテーマに沿った出来事に関する記憶を想起させて，出来事を経験した年齢や記憶の性質を尋ねる方法もある。大きく分けると，個人的な経験を想起させる研究と社会的な出来事を想起させる研究がある。個人的な経験を想起させる研究では，「個人にとって重要な出来事の記憶」(Fitzgerald, 1988)，「鮮明に覚えている出来事の記憶」(Cohen & Faulkner, 1988; Cohen et al., 1994)，「感情を伴う出来事の記憶」(Berntsen & Rubin, 2002, 2004; Rubin & Bernsten, 2003) などが想起の際のテーマとなる。とくに，幼児期健忘を調べる場合には，「自分が覚えている最も古い出来事に関する記憶（最初期記憶）」(Kihlstorm & Harackiewicz, 1982; Mullen, 1994) を想起させることが多い。一方，社会的な出来事を想起させる研究では，「社会－歴史的に重大なニュース」(Schuman & Scott, 1989; Schuman et al., 1998)，「アメリカのヒットチャートの歴代年間1位の曲」(Schulkind et al., 1999) などがテーマとなる。

また，10代，20代，30代，40代，50代，60代といった人生における特定の時期を手がかりにすることや (Conway & Holmes, 2004)，匂いを手がかりにすることもある (Chu & Downes, 2000, 2002; Willander & Larsson, 2006)。

このようにさまざまな方法でライフスパンにおける分布は調べられているが，研究で使用される手がかりにかかわらず，次節で検討するように，同じような分布が描かれる。

3節　自伝的記憶の分布の特徴

人は自分の過去のすべての時期を均等に思い出すわけではない。よく思い出す時期もあれば，ほとんど思い出せない時期もあるように，偏りがみられる。上述したよう

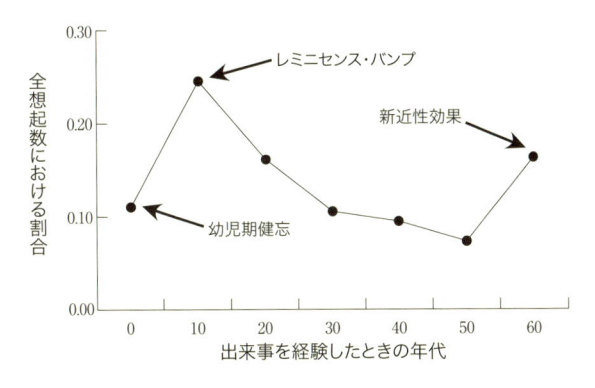

図6-1　自伝的記憶の分布にみられる3つの特徴 (槙・仲，2006)

な方法を使って，思い出された出来事を経験した年齢を，生まれてから現在までの時間軸上に布置すると，自伝的記憶の分布には次の3つの特徴があることが示されている（図6-1）。

1 ── 新近性効果

最近の出来事ほどよく想起され，現在から時間が離れるほど，出来事の想起率が低下するという傾向がみられる。この現象を新近性効果という。現在から過去10年間の記憶の想起によくあてはまることがわかっている（Rubin, 1982; Rubin & Schulkind, 1997a）。Ebbinghaus（1885）の研究以来，記憶の実験室研究で頑健に生じる現象であり，日常記憶においても頑健にみられる。この時期の記憶の保持はベキ関数（power function）に近似することが確実とされている（Crovitz & Schiffman, 1974; Rubin, 1982; Rubin & Schulkind, 1997a; Spreng & Levine, 2006）。

2 ── 幼児期健忘

0歳から3〜4歳までの記憶の想起量が非常に乏しい現象がみられる。これを幼児期健忘（childhood amnesia/infantile amnesia）という。成人のライフスパン上において，自分が覚えている最も古い出来事に関する記憶を最初期記憶という。想起量は最初期記憶の年齢（3〜4歳）から急激に増加し，8歳以降からほぼ一定になる（図6-2；Rubin, 2000）。誕生から最初期記憶までの間の記憶が想起されない期間は幼児期健忘が生じているとされる。

幼児期健忘という現象はFreud（1915）によって命名された。Freudは，彼のもとに訪れる患者の事例から，幼児期の記憶がほとんど思い出されないことを見いだし

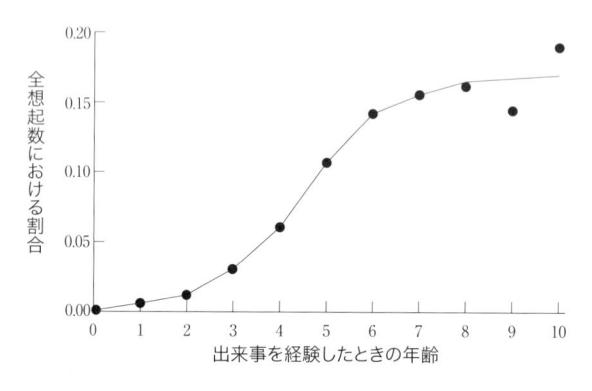

図6-2　0〜10歳までの自伝的記憶の分布（Rubin, 2000）

た。Freudは当初，幼児期健忘は幼児期に経験した性的経験や攻撃的な経験が無意識に抑圧（repression）されているため生じるとした。しかし，Freudはその後考えを修正し，現在の記憶研究も当初のFreudの見解を支持していない。しかし，幼児期健忘という現象そのものは，現在の自伝的記憶研究でも重要な研究テーマである。

認知心理学において，幼児期健忘の生起は子どもの認知発達に原因があり，記憶や言語の発達に関連することが指摘されている。社会的相互作用説（social interaction theory；Fivush, 1991; Nelson, 1993; Nelson & Fivush, 2004）によれば，子どもは親との会話において，自伝的記憶を発達させることが主張されている。子どもは親と会話することにより，自分の記憶をナラティブとして構成する。そのため，親が子どもにどのように語りかけるのかという発話スタイルが子どもの記憶に影響を及ぼす。たとえば，単純な質問の繰り返しで会話を進めていくより，精緻な内容をうながす質問をするほうが，出来事に関する子どもの記憶が促進されることが示されている（Reese & Fivush, 1993）。この説に従えば，子どもが自分の過去の経験を語れないうちは，その経験の情報は長期間保持されにくいことになる。これが幼児期健忘の原因になっているという（4章3節参照）。

こうした幼児期の社会的相互作用の違いが成人になってからの記憶の性差に影響を与えていることを示す研究もある。たとえば，Davis（1999）は感情的な経験について，女性のほうが男性よりも鮮明で詳細な内容を報告したことを示している。また，RossとHolmberg（1992）は，高齢者の夫婦に一緒に経験した個人的な出来事（例：初めてのデート）を想起させ，夫婦間で想起の内容を比較した。その結果，女性のほうが男性よりも詳細な内容を報告した。

また，これと似た現象が文化間で生じることが指摘されている（Wang, 2001; Wang & Leichtman, 2000）。MarkusとKitayama（1991）によれば，西洋文化圏と東洋文化圏では自己像が異なるという。西洋文化圏における自己像は，相互独立的（independent）であり，東洋文化圏における自己像は相互協調的（interdependent）である。このような自己像の違いは，環境から情報を集め，処理し，保持する方略にも影響を及ぼすとされる。相互独立的自己像をもつ人は一般に自己－焦点型の情報に注目し，これに対して，相互協調的自己像をもつ人は一般に重要な他者や集団活動に関連した情報に敏感になる。この違いは記憶表象の違いにも反映されると考えられる。

Wang（2001）は，アメリカ人の大学生と中国人の大学生を対象に，最初期記憶の想起を求め，その内容を記述させ，2群を比較した。その結果，最初期記憶が現れる時期はアメリカ人のほうが中国人よりも早く，内容も異なっていた。アメリカ人の大学生は自分自身の役割，意見，好みに焦点を当てた詳細で分量の多い記述を行なった。

これに対して，中国人の大学生は集団行動や社会的相互作用に焦点を当てた簡潔な記述を行なった。さらに，アメリカ人の大学生は個人に特有の具体的で1回かぎりの出来事を多く報告したのに対して，中国人の大学生は社交的な会話や社会的儀式に関連する一般的でルーティーン的な出来事を多く報告した。また同様な結果は，中年層のアメリカ人と中国人を比較した研究からも得られている（Wang & Conway, 2004）。これらの結果は，文化によって子どもの養育スタイルに違いがあることに原因があると考えられている。たとえば，アメリカ人の子どもは中国人の子どもよりも，精緻で，特定性が高く，自己-焦点的な発話をすることが示されている（Wang & Leichtman, 2000）。

また，幼児期における自己の発達が幼児期健忘と関連するという知見もある（Howe & Courage, 1997）。子どもは2歳頃までに自分と他人は違うということを学習する。この自己と他者が分離できる状態になってから，個々の出来事を自分の経験として認識するようになるという。この説によれば，そのような自他の区別が確立されるまでは記憶が保持されず，そのために幼児期健忘が生じるとされる。

3 ── レミニセンス・バンプ

第3の特徴として，10～30歳の出来事の想起量が多いという現象がある。この現象はFranklinとHolding（1977）によって最初に発見され，図6-1に示すようにこの時期がコブのようにみえることから，レミニセンス・バンプ（reminiscence bump）と命名された（Rubin et al., 1986）。また，単にバンプと呼ばれることもある。

多くの研究において，レミニセンス・バンプのピークは20代である（Rubin & Schulkind, 1997a, 1997b; Rubin et al., 1998; Holmes & Conway, 1999）。しかし，教示や手がかりの違いによってピークの位置が変わることも知られている。なるべく昔のことを思い出すように教示する群と教示をしない群を比較したところ，教示なしの群のピークは20代であったが，教示群では10代前半にピークが生じた（Jansari & Parkin, 1996）。さらに，手がかり語法による群と匂いを手がかりにした群とを比較したところ，匂いを手がかりにした群では，10歳未満の時期にピークが示された（Chu & Downes, 2000）。また，戦争，移民や内戦などを経験した人はその時期にピークが生じるという研究もある（Conway & Haque, 1999; Schrauf & Rubin, 1998）。

(1) レミニセンス・バンプの生起に関わる要因

これまでレミニセンス・バンプの生起に関わる要因として，参加者の年齢，出来事を想起する際に使用される手がかりの違い，そして文化の影響が検討されている。

【参加者の年齢】　参加者の年齢がレミニセンス・バンプの生起に及ぼす影響を調べる

ために,世代群の間を比較した研究が行なわれている。Hyland と Ackerman(1988)は,若年群(17～22歳),中年群(45～55歳),高年群(61～73歳)において,ライフスパンにおける自伝的記憶の分布を比較した。その結果,中年群,高年群ではレミニセンス・バンプが生じたのに対し,若年群ではレミニセンス・バンプが生じなかった。その後の研究では,60代以上の参加者では明確にレミニセンス・バンプが生じること,50代でもレミニセンス・バンプはみられるが,40代より下の世代ではレミニセンス・バンプが生じないことなどが示されている(Rubin & Schulkind, 1997a, 1997b; Rubin et al., 1998)。また,100歳以上を対象とした場合でも,レミニセンス・バンプがみられることが示されている(Fromholt et al., 2003)。しかし,その一方で,参加者の年齢が30代や40代であってもレミニセンス・バンプが生じるという報告(Jansari & Parkin, 1996)や10代や20代でもレミニセンス・バンプが生じるという報告もある(Janssen et al., 2005)。上記の研究をまとめると,60歳以上の高齢者を対象にすると,レミニセンス・バンプは頑健にみられるといえるであろう。

【手がかり】 高齢者を対象とした場合,手がかり語法を用いれば,レミニセンス・バンプは頑健に生じる(Conway & Haque, 1999; Conway et al., 2005; Hyland & Ackerman, 1988; Jansari & Parkin, 1996; Janssen et al., 2005, 2007; Rubin et al., 1986; Rubin & Schukind, 1997a)。また,すでに述べたように,「個人にとって重要な出来事の記憶」(Fitzgerald, 1988),「鮮明に覚えている出来事の記憶」(Rubin & Kozin, 1984),「感情を伴う出来事の記憶」(Berntsen & Rubin, 2002; Rubin & Bernsten, 2003)などをテーマとして与えた場合にもレミニセンス・バンプが生じる。たとえば,「感情を伴う出来事の記憶」については,参加者に最も幸福な記憶,最も悲しい記憶,最もトラウマ的な記憶,最も重要な記憶を想起させた場合,ポジティブな出来事(幸福・重要)の想起を求めた場合はレミニセンス・バンプが生じるが,ネガティブな出来事(悲しい・トラウマ)の想起を求めた場合は,レミニセンス・バンプは生じないことが示された(Berntsen & Rubin, 2002; Rubin & Berntsen, 2003)。さらに,前述したように,社会-歴史的に重大な出来事に関する想起を求めた研究(Schuman & Scott, 1989; Schuman et al., 1998),ヒット曲(Schulkind et al., 1999)を想起させた研究においても,レミニセンス・バンプが生じることが示されている。また,同じ参加者に対して,手がかり語法と特定の重要な出来事の記憶を想起させる方法の両条件を実施した場合にも,両者でレミニセンス・バンプが生じることが示されている(Rubin & Schulkind, 1997a)。

なお,手がかり語を用いた研究において,記憶の重要性や記憶の鮮明さに関して主観的に評定させると,レミニセンス・バンプの時期にある出来事とその他の時期の出

来事の間には差がないことが知られている。すなわち，レミニセンス・バンプの時期に想起されている内容は必ずしも鮮明であったり，重要ではないことが示唆されている（Jansari & Parkin, 1996; Rubin & Schulkind, 1997b）。

　こうした結果の違いは，収集されるデータの性質を反映しているように思われる。手がかり語法ではサンプリングする記憶の個数が多いので，想起された10～30代の間に起きたさまざまな出来事がデータとなる。そうして収集された出来事は必ずしも重要であったり，鮮明に覚えているものばかりではない。これに対し，「重要な出来事」などのテーマのもとに想起を求めた場合，あらかじめスクリーニングされた記憶が想起されるのであろう（Rubin & Schulkind, 1997a）。

【文化】　レミニセンス・バンプの生起に文化はどのような影響を与えるだろうか。バングラディシュ人とイギリス人を比較した研究（Conway & Haque, 1999）によると，バングラディシュの参加者から得られたデータでは，レミニセンス・バンプのピークの位置は内戦が行なわれていた期間にあった。また，手がかり語法を使用し，バングラディシュ，日本，中国，イギリス，アメリカの間で自伝的記憶の分布を検討した研究もある（Conway et al., 2005）。その結果，西洋文化圏（イギリス，アメリカ）の参加者のほうが東洋文化圏（バングラディシュ，日本，中国）の参加者よりもレミニセンス・バンプのピークの位置が早いことが示された。まとめると，文化はレミニセンス・バンプの生起そのものには影響を与えないが，レミニセンス・バンプのピークの位置に影響を与えるといえるであろう。

(2) レミニセンス・バンプの原因

　レミニセンス・バンプが起きる原因については，認知的，社会発達的な観点からさまざまな説明がなされている（Berntsen & Rubin, 2002）。認知的観点から，1. 出来事の新奇性や示差性による説明，2. 生物学的説明，3. ライフ・スクリプトによる説明がある。一方，社会発達的な観点から，4. アイデンティティの確立による説明がある。

　出来事の新奇性による説明によれば，10～20代に生じる出来事は，卒業，就職，結婚，出産など新奇性や示差性が高い。新奇性と示差性が高い出来事は精緻化されやすく，他の出来事との弁別がされやすいので，相対的に安定して長期間記憶が保持される。そのため，リハーサルの機会や手がかりの安定性が増加し，記憶を組織化するときの参照点として機能するようになる。この参照点が過去を想起するときによく思い出されるため，レミニセンス・バンプの原因になっていると考えられている（Jansari & Parkin, 1996; Schrauf & Rubin, 1998; Chu & Downes, 2000, 2002）。

　生物学的説明によると，10～20代が個人の認知的なパフォーマンスが最も優れている時期であるため，多くの記憶が記銘，保持される。このために，レミニセンス・

バンプが生じるとされる（Schrauf & Rubin, 1998; Janssen et al., 2005, 2007）。

　ライフ・スクリプト（life script）説は，記憶の検索に関わる文化的要因の影響を指摘している。BerntsenとRubin（2002）によれば，ライフ・スクリプトとは，認知心理学におけるスクリプト（Schank & Abelson, 1977）の概念と，文化人類学・社会学の研究における年齢の規範（結婚，出産などの人生の出来事が生じるのに適した年齢についての規範）という考え（Neugarten et al., 1965）を結合したものである。ライフ・スクリプトとは，文化的規範や典型的なライフコースの内容，決まった順序で起きることが期待される事柄についての意味的な知識である。そこでは，ライフコースにおける移行的な出来事が特定の年齢範囲内に起きることが想定されている。たとえば，初めての就職，結婚などの出来事は10～30歳の間に生じることが多いが，これは文化的に共有された知識となっている。このライフ・スクリプトが自伝的記憶を検索するときに関与することによって，レミニセンス・バンプが生じるとされる（Berntsen & Rubin, 2002, 2004; Rubin & Berntsen, 2003）。

　社会発達的な観点からは，青年期におけるアイデンティティの確立が重視されている。この説によれば，アイデンティティの確立される10～20代の出来事は優先的に保持されるために，レミニセンス・バンプが生じるとされている（Holmes & Conway, 1999; Conway & Holmes, 2004）。

　以上，4つの説をみてきたが，どの要因がレミニセンス・バンプの生起に決定的であるのかはまだ不明な点が多い。その理由としては，単一の要因ではなく，いくつかの要因が組み合わさって生じる現象であるという可能性が考えられる。しかし，別の問題として，仮説間の関係が概念的に分離しにくいという問題もあげられるだろう。ライフ・スクリプトはアイデンティティの確立と大きく関わっているだろうし，そこで経験される出来事は，新奇性や示差性が高いと考えられる。レミニセンス・バンプの原因について考える際には，このような理論的な交絡をふまえて論じる必要がある。

4節　自伝的記憶の分布と想起内容

　ここまで，「いつ」の出来事が「どのくらい」想起されるのかという問題を扱ってきた。しかし，幼児期健忘やレミニセンス・バンプといった現象の原因について考える際に，「いつ」「どのような」出来事が想起されているかをみることも重要である。たとえば，レミニセンス・バンプの生起に新奇性が大きな影響を与えているならば，バンプの時期には「初めての経験」が多くみられるだろうし，アイデンティティの形成が関与しているならば，自分を定義づけるような内容がみられるであろう。このように，想起

される時期によって，内容が異なることが考えられる。

1 ── 社会－発達的段階

まず，想起される内容は社会－発達的な現象と関連していることが示されている。ConwayとHolmes（2004）は高齢者の想起内容をErikson（1950）の発達段階にもとづいて分類した。ライフスパンにおける分布をみると，10代後半には「自我同一性 vs. 同一性拡散」，60歳以上の時期には「統合 vs. 絶望」に関する内容というように，各年代においてEriksonの発達段階説に基づく想起内容がみられることを示した（図6-3）。この結果は，各年代の想起内容が生涯発達を反映した内容になっており，レミニセンス・バンプがアイデンティティの確立を反映した現象であることを支持している。

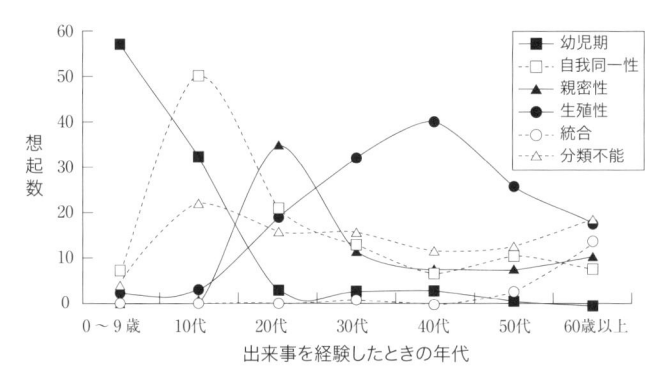

図6-3 エリクソンの発達課題によって分類された自伝的記憶の分布
(Conway & Holmes, 2004)

幼児期はエリクソンの発達課題の初めの4つ（基本的信頼 vs. 不信，自立性 vs. 恥・疑惑，自発性 vs. 罪悪感，勤勉性 vs. 劣等感）をまとめた内容である。

2 ── 家族と対人関係

Elnickら（1999）は，40～70代の参加者が各時期で最も重要だと考える出来事を想起させ，その内容に関してレミニセンス・バンプの時期を分類している。その結果，「家族関係」（結婚，離婚，家族の死，子どもの誕生など）がどの世代群でも一番多かった（20～25％）。また，HolmesとConway（1999）は参加者自身が重要だと考える公的な出来事と私的な出来事をそれぞれ記述させ，その内容を分類した。ライフスパンにおける分布をみると，公的な出来事に関しては，10～19歳の時期にレミニセンス・

バンプが生じ，私的な出来事に関しては，20〜29歳の時期にレミニセンス・バンプが生じていた。私的な出来事に関しては，バンプの時期には「対人関係」が最も多くみられた。

このように想起される内容には家族や対人関係が多くみられる。また，ライフスパンにおけるどの時期にどのような他者が想起内容に現れるのかをみても，家族や対人関係の内容が思い出されやすいことが示唆されている。槙・仲（2006）は，60歳以上の参加者に手がかり語法によって想起を求め，その内容を記述させた。その後，想起内容に登場する他者について分類すると，ライフスパン全体で想起中に家族のメンバーが登場していた（表6-1）。ただし相手となる家族メンバーは，10代までは母親（「家族・親族」のうち0〜9歳で50%，10代で52%），20代では配偶者，30代以降では子ども・孫へと，時期によって変化していた。また，記憶に含まれる知人や他者は，10代では友人や学校での知人が，30代では会社での知人が多かった。このような変化は，新しい出会いや環境という新奇性によって生じているのかもしれないし，アイデンティティの確立やライフ・スクリプトを反映しているのかもしれない。

表6-1 各時期における自己・他者記憶に現れた人物の割合（槙・仲，2006）

対人関係の対象	時期							
	0〜9歳	10代	20代	30代	40代	50代	60代	70代
家族・親族	.67	.38	.19	.13	.15	.23	.33	.01
友だち	.07	.14	.09	.05	.04	.09	.09	0
学校関係	.10	.14	0	0	.08	0	.03	.06
配偶者	0	.01	.31	.03	.19	.09	.09	.32
会社関係	0	.01	.03	.18	.04	.09	0	0
子ども・孫	0	0	.13	.40	.23	.27	.12	.23
その他	.17	.32	.25	.23	.27	.23	.33	.29

3 ── 想起内容と回想の機能

自伝的記憶の想起には，自己を確認したり，他者と会話するときの話題を提供したり，自分を目標に対して動機づけるといった機能があることが指摘されている（Pillemer, 1998；本書5章3節参照）。また，回想法のような自伝的記憶の機能を生かした臨床的技法も存在する（13章参照）。近年，ライフスパンにおける自伝的記憶の分布と内容，それらと回想機能に関する研究も現れた。WebsterとGould（2007）は，10代から90代の参加者を対象に，分布，想起内容，回想機能の関連について調べて

いる。回想機能を測定する尺度として，回想機能尺度（Webster, 1997）が使用された。想起内容は，テーマに基づいて「トラウマ的出来事」「個人的達成を導いた出来事や決心」「仕事や配偶者選択などの生活史」「家族・友人」の4種類に分類された。その結果，分布に関しては，10～40代までの参加者は10代の出来事を，50～90代の参加者は20代の出来事を多く想起していた。一方，内容に関しては，全体では「達成」（47%）と「トラウマ」（23%）が多くみられた。そこには世代差が生じており，若年群（10代，20代）は「トラウマ」を多く想起し，高齢群（70代，80代，90代）は「生活史」を多く想起した。また，想起内容と回想機能の関連に関しては，「生活史」を想起した人は「トラウマ」を想起した人よりも「死への準備」や「情報伝達」のために回想することが多く，「苦痛の再現」のために回想することが少なかった。この結果は，ライフスパンにおける各年代で，想起することはそれぞれ個別の機能を果たしていることを示唆している。

また，このような想起内容と回想機能の関連の間の世代差には，高齢になると，若い時期に比べて，ポジティブな経験を多く想起し，ネガティブな経験をそれほど想起しなくなるという「高齢者におけるポジティビティ効果（positivity effect in the old age）」（Kennedy et al., 2004）が現れている。この現象は加齢に伴い，ポジティブな自己概念を調整し維持するように，自伝的記憶の機能が変化していくからであると説明されている（Carstensen et al., 2000）。つまり，高齢になると，個人の社会的目的は感情の充足やポジティブな意味生成に焦点を当てるものになる。それゆえに，自分の人生からネガティブ出来事よりもポジティブな出来事を多く想起するようになるという。しかし，こうした自伝的記憶の分布，想起内容，機能の関連については，まだあまり多くの研究がなされておらず，さらに多くの研究を積み重ねていく必要があるであろう。

5節　おわりに

以上，ライフスパンにおける自伝的記憶の分布について，研究方法，特徴およびその生起に関する要因，想起内容に関する研究をみてきた。本章では詳しく扱いきれなかった幼児期における自伝的記憶の発達，自伝的記憶の機能，自伝的記憶のモデルなどに関しては，本書の4章・5章・7章などを参照してほしい。自伝的記憶の分布の研究は，認知心理，発達心理，社会心理，臨床心理など心理学の領域だけでなく，老人学，社会学，社会福祉学などのさまざまな学問と関連している。今後も近接領域で得られた知見がきっかけとなり，研究が進んでいくことが期待される。

引用文献

Berntsen, D., & Rubin, D. C. 2002 Emotionally charged autobiographical memories across the life span: The recall of happy, sad, traumatic and involuntary memories. *Psychology & Aging*, **17**, 636-652.

Berntsen, D., & Rubin, D. C. 2004 Cultural life scripts structure recall from autobiographical memory. *Memory & Cognition*, **32**, 427-442.

Carstensen, L. L., Pasupathi, M., Mayr, U., & Nesselroade, J. R. 2000 Emotional experience in everyday life across the adult life span. *Journal of Personality and Social Psychology*, **79**, 644-655.

Chu, S., & Downes, J. J. 2000 Long live Proust: The odors-cued autobiographical memory bump. *Cognition*, **75**, B41-B50.

Chu, S., & Downes, J. J. 2002 Proust nose best: Odors are better cues of autobiographical memory. *Memory & Cognition*, **30**, 511-518.

Conway, M. A., & Haque, S. 1999 Overshadowing the reminiscence bump: Memories of a struggle for independence. *Journal of Adult Development*, **6**, 35-44.

Conway, M. A., & Holmes, A. 2004 Psychosocial stages and the accessibility of autobiographical memories across the life cycle. *Journal of Personality*, **72**, 461-480.

Conway, M. A., Wang, Q., Hanyu, K., & Haque, S. 2005 A cross-cultural investigation of autobiographical memory: On the universality and cultural variation of the reminiscence bump. *Journal of Cross-Cultural Psychology*, **36**, 739-749.

Crovitz, H. F., & Schiffman, H. 1974 Frequency of episodic memories as a function of their age. *Bulletin of Psychonomic Society*, **4**, 517-518.

Davis, P. J. 1999 Gender difference in autobiographical memory for childhood emotional experience. *Journal of Personality and Social Psychology*, **76**, 498-510.

Ebbinghaus, H. 1885 *Über das Gedachtnis: Untersuchungen zur experimentallen Psychologie.* Leipzig : Duncker and Humblot. (Translation by H. A. Ruger & C. E. Bussenius. 1913/1963 *Memory: A contribution to experimental psychology.* Dover.) 宇津木保（訳）1978 記憶について―実験心理学への貢献 誠信書房

Elnick, A. B., Margrett, J. A., Fitzgerald, J. M., & Labouvie-Vief, G. 1999 Benchmark memories in adulthood: Central domains and predictors of their frequency. *Journal of Adult Development*, **6**, 45-59.

Erikson, E. H. 1950 *Childhood and society.* New York, NY: W. W. Norton & Company. 仁科弥生（訳）1977 幼児期と社会Ⅰ・Ⅱ みすず書房

Fitzgerald, J. M. 1988 Vivid memories and reminiscence phenomenon: The role of self narrative. *Human Development*, **31**, 261-273

Fivush, R. 1991 The social construction of personal narratives. *Merrill-Palmer Quartely*, **37**, 59-82.

Franklin, H. C., & Holding, D. H. 1977 Personal memories at different ages. *Quarterly Journal of Experimental Psychology*, **29**, 527-532.

Freud, S. 1915 Verdrangung. 井村恒郎（訳）1970 抑圧 井村恒郎・小此木啓吾・他（訳）フロイト著作集6 自我論・不安本能論 人文書院 Pp.78-86

Fromholt, P., Mortensen, D. B., Torpdahl, P., Bender, L., Larsen, P., & Rubin, D. C. 2003 Life-narrative and word-cued autobiographical memories in centenarians: Comparisons with 80-years-old control, depressed, and dementia groups. *Memory*, **11**, 81-88.

Galton, F. 1879 Psychometric experiments. *Brain*, 2, 149-162.
Holmes, A., & Conway, M. A. 1999 Generation identity and the reminiscence bump: Memory for public and private events. *Journal of Adult Development*, 6, 21-34.
Howe, M. L., & Courage, M. L. 1997 The emergence and early development of autobiographical memory. *Psychological Review*, 104, 499-523.
Hyland, D. T., & Ackerman, A. M. 1988 Reminiscence and autobiographical memory in the study of the personal past. *Journal of Gerontology*, 43, 35-39.
Jansari, A., & Parkin, A. J. 1996 Things that go bump in your life: Explaining the reminiscence bump in autobiographical memory. *Psychology & Aging*, 11, 85-91.
Janssen, S. M. J., Chessa, A. G., & Murre, J. M. J. 2005 The reminiscence bump in autobiographical memory: Effects of age, gender, education, and culture. *Memory*, 13, 658-668.
Janssen, S .M. J., Chessa, A. G., & Murre, J. M. J. 2007 Temporal distribution of favourite books, movies, and records: Differential encoding and re-sampling. *Memory*, 15, 755-767.
Kennedy, Q., Mather, M., & Carstensen, L. L. 2004 The role of motivation in the age-related positivity effect in autobiographical memory. *Psychological Science*, 15, 208-214.
Kihlstorm, J. F., & Harackiewicz, J. M. 1982 The earliest recollection: A new survey. *Journal of Personality*, 50, 134-148.
槙　洋一・仲真紀子　2006　高齢者の自伝的記憶におけるバンプと記憶内容　心理学研究, 77, 333-341.
Markus, H. R., & Kitayama, S. 1991 Culture and the self: Implications for cognition, emotion, and motivation. *Psychological Review*, 98, 224-253.
Mullen, M. K. 1994 Earliest recollections of childhood: A demographic analysis. *Cognition*, 22, 423-446.
Nelson, K. 1993 The psychological and social origins of autobiographical memory. *Psychological Science*, 4, 7-14.
Nelson K., & Fivush, R. 2004 The emergence of autobiographical memory: A social cultural developmental theory. *Psychological Review*, 111, 486-511.
Neugarten, B. L., Moore, J. W., & Lowe, J. C. 1965 Age norms, age constraints, and adult socialization. *The American Journal of Sociology*, 70, 710-717.
Pillemer, D. B. 1998 *Momentous events, vivid memories*. Cambridge, MA: Harvard University Press.
Reese, E., & Fivush, R. 1993 Parental styles of talking about the past. *Developmental Psychology*, 29, 596-60.
Ross, M., & Holmberg, D. 1992 Are wives' memories for events in relationship more vivid than their husbands' memories? *Journal of Social and Personal Relationships*, 9, 585-604.
Rubin, D. C. 1982 On the retention function for autobiographical memory. *Journal of Verbal Learning and Verbal Behavior*, 21, 21-38.
Rubin, D. C. 2000 The distribution of early childhood memories. *Memory*, 8, 265-269.
Rubin, D. C., & Berntsen, D. 2003 Life scripts help to maintain autobiographical memories of highly positive, but not highly negative events. *Memory & Cognition*, 31, 1-14.

Rubin, D. C., & Kozin, M. 1984 Vivid memories. *Cognition*, **16**, 81-95.

Rubin, D. C., Rahhal, T. A., & Poon, L. W. 1998 Things learned in early adulthood are remembered best. *Memory & Cognition*, **26**, 3-19.

Rubin, D. C., & Schulkind, M. D. 1997a Distribution of important and word-cued autobiographical memories in 20-, 35-, and 70-year-old adults. *Psychology & Aging*, **12**, 524-535.

Rubin, D. C., & Schulkind, M. D. 1997b The distribution of autobiographical memories across the lifespan. *Memory & Cognition*, **25**, 859-866.

Rubin, D. C., Wetzler, S. E., & Nebes, R. D. 1986 Autobiographical memories across the lifespan. In D.C. Rubin (Ed.), *Autobiographical memory*. New York, NY: Cambridge University Press. Pp.202-221.

Schank, R. C., & Abelson, R. P. 1977 Scripts, plans, and knowledge. In P. N. Johnson-Laird & P. C. Wason (Eds.), *Thinking: Readings in cognitive science*. Oxford, UK: Cambridge University Press. Pp.421-435.

Schrauf, R. W., & Rubin, D. C. 1998 Bilingual autobiographical memory in older adult immigrants: A test of cognitive explanations of the reminiscence bump and the linguistic encoding of memories. *Journal of Memory & Language*, **39**, 437-457.

Schulkind, M., Hennis, L., & Rubin, D. C. 1999 Music, emotion, and autobiographical memory: They're playing your song. *Memory & Cognition*, **27**, 948-955.

Schuman H., Akiyama, H., & Knauper, B. 1998 Collective memories of German and Japanese about the past half-century. *Memory*, **6**, 427-454.

Schuman, H., & Scott, J. 1989 Generations and collective memories. *American Sociological Review*, **54**, 359-381.

Spreng, R. N., & Levine, B. 2006 The temporal distribution of past and future autobiographical events across the lifespan. *Memory & Cognition*, **34**, 1644-1651.

Wang, Q. 2001 Cultural effects on adults' earliest childhood recollection and self-description: Implications for the relation between memory and the self. *Jouranl of Personality and Social Psychology*, **81**, 220-233.

Wang, Q., & Conway, M. A. 2004 The stories we keep: Autobiographical memory in American and Chinese middle-aged adults. *Journal of Personaliy*, **72**, 911-938.

Wang, Q., & Leichtman, M. D. 2000 Same beginnings, different stories: A comparison of American and Chinese children's narrative. *Child Development*, **71**, 911-938.

Webster, J. D. 1997 The reminiscence functions scale: A replication. *International Aging and Human Development*, **44**, 137-148.

Webster, J. D., & Gould, O. 2007 Reminiscence and vivid personal memories across adulthood. *International Journal of Aging & Human Development*, **64**, 149-170.

Willander, J. W., & Larsson, M. 2006 Smell your way back to childhood: Autobiographical odor memory. *Psychonomic Bulletin and Review*, **13**, 240-244.

7章

記憶システムの中の自伝的記憶

堀内　孝

1節　はじめに

　この十数年で自伝的記憶を扱った研究は飛躍的に増加している。しかしながら，それらの多くは研究参加者に自伝的記憶を想起することを求め，その内容を分析した研究が大半である。自伝的記憶の内容を探索的に収集する研究それ自体の重要性は否定しないが，注意しなければいけないことは，想起内容は想起する際の手がかりや気分，その直前の経験や思考内容，さらには，想起する際の対人的・社会的・文化的文脈によって容易に変わり得るということである。このような変動性は，記憶が検索時に再構成されるものであるからに他ならないが，そもそも，自伝的記憶は自然文脈での記憶現象であるため，記銘時の要因操作は困難である。ましてや，唯一統制可能な検索時の要因が十分に統制されないのであれば，得られた結果の一般化可能性が著しく低下するのは致し方ないと言わざるを得ない。

　また，近年の自伝的記憶研究では，物語論の立場からの研究が急速に支持を集めつつある（Fivush & Haden, 2003）。そこでは，自伝的記憶は単なる記憶ではなく，解釈し意味づけられた自己語り（self-narrative）として構造化されていると考えられている（Bruner, 1994; Gergen, 1994; Neisser, 1993）。物語としての自伝的記憶は，個に閉じておらず，他者への語りを通じて他者からの解釈と評価を受け，そして再構成される。さらに，家族や民族などの社会・文化・歴史的な事象を自らのアイデンティティの一部として取り込むことによって，物語としての自伝的記憶は社会的な構成体として機能することになる。このような物語論の観点に立てば，自伝的記憶はもはや狭義の記憶の範疇に収まらなくなる。

　自伝的記憶の研究が混乱している原因の1つに，自伝的記憶は単一のモデルで説明できるという暗黙の了解があるように思われる。本章では，まず，自伝的記憶を記憶システムに位置づけることにより，自伝的記憶が複数の記憶システムにわたる複合的な現象であることを明らかにする。次に，自伝的記憶の中でも比較的エピソディック

なものに対象を限定し，その想起プロセスに焦点を当てた自伝想起の生成・再認モデル 2008 の実証データとその評価について議論する。

2節　自伝的記憶の記憶システムに対する位置づけ

1 ── Tulving の記憶論
(1) 記憶の複数システム論

現在に至るまで，多くの研究者が記憶に関するモデルを提唱している（たとえば，Anderson, 1993; Atkinson & Shiffrin, 1971; James, 1890; Squire, 1987; Tulving, 1995）。その中で最も知名度が高く，記憶研究において共有される研究の枠組みとアイデアを多数提供している Tulving の理論を，自伝的記憶理解のための礎として紹介する。

Tulving (1995) の複数システム論によると，記憶は階層構造をなす5つのシステムから構成される（図7-1）。階層構造の最も低次に位置するのが，手続き記憶システム（procedural memory system）である。このシステムは運動技能や認知スキル，単純な条件づけ，単純な連合学習などの動作に関する情報を保存すると同時に，より上位の認知システムを支える基盤としての役割を担っている。次が，知覚表象システム（PRS：perceptual representation system）である。このシステムは，対象の構造的記述や単語の視覚的・音声的形態に関する無意識的同定に関係しており，それらの知覚表象が保存されている。意味記憶システム（semantic memory system）は，主に言語化された物事の事実や概念に関する情報が保存されている。一次記憶システム (primary memory system) は，短期記憶(short-term memory)や作動記憶(working memory) からなる。一次記憶システムは他のシステムとは異なり，情報を一時的に（数十秒）しか保存できないが，思考や意識などの online 情報処理の実現に関わっていると考えられている。最も高次に位置するのがエピソード記憶システム（episodic

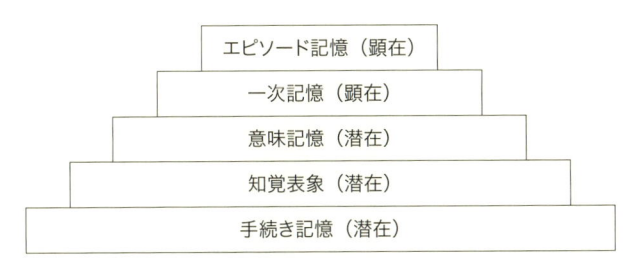

図 7-1　複数記憶モデル（Tulving, 1995 より作成）

memory system）である。このシステムでは自分や他者，社会的事象など，時空間的に定位されたエピソード情報が保存されている。これらのシステムの独立性は，生物学的区分，機能的区分，病理学的区分，などの複数の観点から検証されている。

Tulving（1995）のシステム論の特徴は，記憶システムを並列的に記述するのではなく，構造化された連続体とみなすことにある。Tulving（1995）によれば，高次のシステムの操作は相対的に低次のシステムに依存するが，低次のシステムは高次のシステムとは独立に機能し得るとされる。発達・系統発生において，階層の低次のシステムから高次のシステムへと順に出現するという。

(2) SPI モデルと検索時の意識

Tulving（1995, 2002a）は連続体としての記憶のアイデアを発展させた SPI モデル（serial-parallel-independent model）を提唱している。SPI モデル（図7-2）によると，入力された情報は知覚表象システムからエピソード記憶システムまで直列的（serial）に処理されていき，各システムで並列的（parallel）に情報が保存される。そして，保存された情報の検索は各システムから独立（independent）して行なうことができ，どのシステムから情報を検索するかによって出力される内容が異なるとされる。

また，記憶を検索する際の意識について，Tulving（1985）の見解は，独自の発展をみせている。Tulving（1985）によると，「思い出した」という想起意識は，自分の

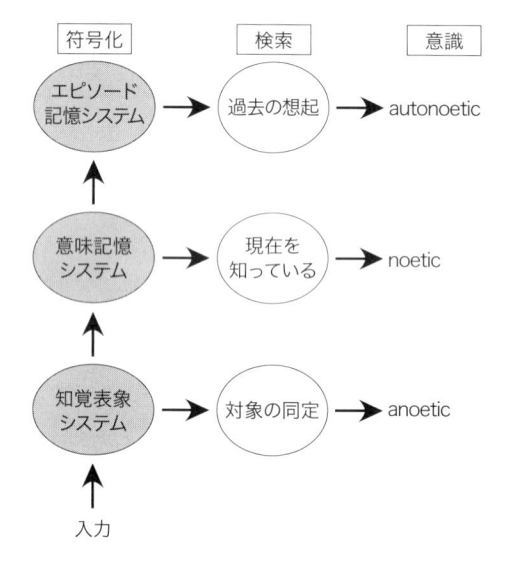

図7-2 SPI モデル（Tulving, 1985, 2002a をもとに作成）

経験の記憶として「回想できるもの（autonoetic）」と，「あることがわかるだけのもの（noetic）」に分類されるが，autonoetic のみが顕在記憶（explicit memory）であって，noetic は潜在記憶（implicit memory）とみなされる。想起意識をまったくもたないもの（anoetic）は潜在記憶である。Gardiner（1988）は Tulving（1985）の考え方を再認課題に適用し，old 反応（あった）をさらに Remember 反応（具体的に思い出せる）と Know 反応（あったことがわかるだけ）に分類する RK 手続き（remember-know procedure）を提唱している。Remember 反応が autonoetic に，Know 反応が noetic に対応すると考えられる。さらに，Jacoby（1998）は Remember 反応率を記憶における意識的成分として，R 反応の条件つき確率として K 反応率を再評価した値 K/(1-R) を自動的成分とする IRK 手続き（independence/remember-know procedure）を提唱し，意識的成分と自動的成分という2つの過程の性質と独立性について一連の検討を行なっている。

2 ── 自伝的記憶の記憶システムに対する位置づけ

自伝的記憶を自分自身に関する記憶の総体と定義すれば，自伝的記憶はあらゆるモダリティを含むことになる。Tulving（1995）の複数記憶システム論は，手続き記憶システムや知覚表象システムの一部で非言語的な記憶を扱っているが，その他のシステムは言語性の記憶を中心にモデル化が図られている。したがって，自伝的記憶を完全に Tulving（1995）のモデルに対応づけることは不可能であるが，言語性の自伝的記憶に限定し，意味記憶システムやエピソード記憶システムといった宣言的な記憶システムとの関係を見いだすのであれば，言語性の自伝的記憶は，以下の2つに大別することができる（図7-3）。1つは，経験した事象が比較的現存されたエピソディックな自伝的記憶であり，エピソード記憶システムに保存されていると考えられる。も

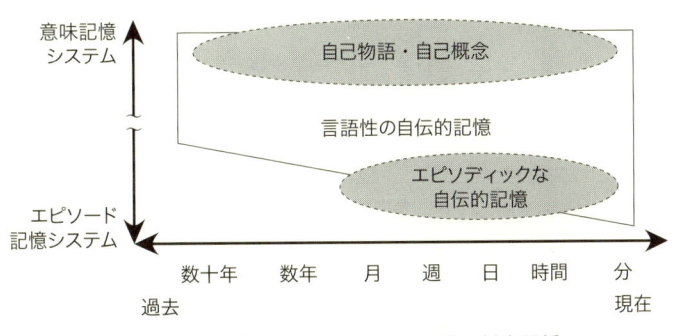

図7-3 記憶システムと自伝的記憶の対応関係

う1つは経験した事象を繰り返し想起し，解釈が行なわれることで意味化・概念化が進んだ自己知識，すなわち自己物語や自己概念で，これらは意味記憶システムに保存されていると考えられる。エピソディックな自伝的記憶に加え，他者や社会的事象に関するエピソディックな記憶を加えると，エピソード記憶システムと内容的にはほぼ対応する。これは，主に記憶研究者が想定する自伝的記憶に該当する。一方，発達心理学や臨床心理学は，自己物語や自己概念を中心とした自伝的記憶を想定していると思われる。このように，自己に関する記憶をエピソディックな自伝的記憶と，意味的な自己物語や自己概念に分類することの妥当性は，自己関連付け効果（self-reference effect）を使用したKleinとLoftus（1993）などの一連の研究によっても支持されている。

自伝的記憶を記憶システムに対して位置づけ，分類することによる最大の利点は，当該の研究領域で開発された理論や方法論が適用可能になることにある。自伝的記憶を現象として曖昧に定義するのではなく，その相に応じた方法論を適切に適用すれば，日常記憶である自伝的記憶であっても厳密な実験の俎上に載せた研究が可能になる。

次節では，自伝的記憶の中でも比較的エピソディックなものに対象を限定し，その想起プロセスに焦点を当てた自伝想起の生成・再認モデル2008について紹介する（堀内，2008；自伝想起の生成・再認モデル（堀内，2004）の改訂版）。

3節　エピソディックな自伝的記憶
―自伝想起の生成・再認モデル2008を中心に

1 ── モデルが想定する基本条件

最初に，自伝想起の生成・再認モデル2008（図7-4）が想定している検索時の基本条件について明示しておく。

自伝的記憶を検索するためには何らかの手がかりが必要であり，その手がかりの性

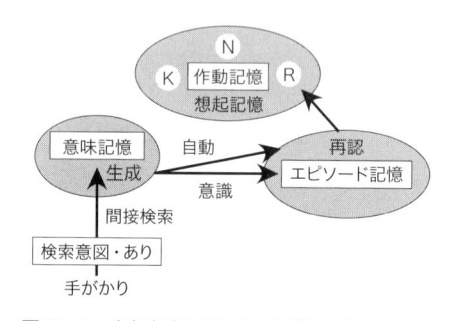

図7-4　自伝想起の生成・再認モデル2008
RはRemember, KはKnow, NはNoの略記である。

質が自伝的記憶の検索プロセスを規定する。手がかりが記銘時に符号化されたものと近似していればエピソード記憶システムへの直接検索が行なわれる可能性が高くなる。しかし，手がかりが符号化属性とは直接関係がない場合，手がかりから意味記憶システムにおける意味的連想などを介してターゲットが生成され，エピソード記憶システムへは間接的にアクセスされることになる。実験で使用できる手がかりは汎用性が求められるため，自伝想起の生成・再認モデル2008では，間接検索における自伝想起を想定している。

また，検索における意図の有無も重要である。自伝的記憶の検索には，手がかりから意図せずに思い出す場合（無意図的検索：implicit retrieval）と，意図的に思い出す場合（意図的検索：explicit retrieval）がある。日常場面における自伝的記憶の検索は無意図的検索が大半であると考えられる。しかし，実験操作の厳密化を図るため，自伝想起の生成・再認モデル2008では研究参加者に意図的検索を求めることになる。

以上をまとめると，自伝想起の生成・再認モデル2008は，検索意図があり，間接的に自伝的記憶を検索する際の想起プロセスをモデル化したものといえよう。なお，想起意識に関しては，作動記憶をモデルに組み込みGardiner（1988）に準拠した，下記の分類を使用している。すなわち，R反応（具体的に思い出せる），K反応（あることがわかるだけ），N反応（まったく思い出せない）である。

2 ── 自伝想起の生成・再認モデル2008の検証

(1) 生成段階

間接検索を喚起する手がかりを用い，意図的に想起することは，基本的に手がかり再生と同一の処理プロセスを行なっていると考えられる。手がかり再生に関する検索モデルにJacobyとHollingshead（1990）の生成・再認モデルがある。このモデルでは，検索手がかりを与えられて学習語を再生する場合，まず反応項目を生成し，次にその項目が学習語であるかを再認するとされる。

堀内（2002, 2003）は，生成プロセスに関して主に自己関連付け効果の実験パラダイムを使用して検証を行なった。自己関連付け効果とは，「自己に関連付けた刺激語は，意味的な処理を行なった刺激語と比較して，その後の記憶成績が高くなる」という記憶現象であり，自己に関連付ける処理として，刺激語（手がかり）から自伝的記憶を想起する課題が用いられた。堀内（2002）では，学習刺激の意図的な想起を教示しない潜在教示において，概念駆動テストである類似語産出テスト（12の被連想語からそれぞれ8つの連想語を産出する）を適用した結果，自伝想起条件は意味処理条件と同程度のテスト成績しか示さず，自己関連付け効果は確認されなかった。意味処

理条件と成績が同じということは,少なくとも自伝想起の一部に語の意味処理に相当する処理(生成プロセス)が含まれることを示唆する。また,刺激語の語幹を手がかりとして再生させる顕在教示の概念駆動テストの場合では,自伝想起条件のほうが意味処理条件よりテスト成績が良い,すなわち自己関連付け効果が認められることから(堀内・藤田,2003),自伝想起には意味処理以外の処理(再認プロセス)が含まれることが示唆される。さらに,堀内(2003)では,生成段階の処理だけで自己関連付け効果が生起するか否かを直接検証するために行為生成(語から行為を連想させる)課題を設定し,自伝想起条件や意味処理条件の記憶成績と比較検討した結果,行為生成条件の再生成績は自伝想起条件よりは低いが,意味処理条件とは同程度であった。また,ConwayとPleydell-Pearce(2000)によると,自伝的記憶を想起させて脳波を測定したところ,検索意図の形成と同時に左前頭葉が活性化し,自伝的記憶の構成とともに左右頭頂葉と側頭葉に活性化がみられた。これらの結果は,自伝想起には生成と再認という2段階のプロセスが存在することを示している。

(2) 再認段階

再認段階に関しては,Jacoby(1998)のIRK手続きに準拠して自伝想起における意識的成分(=R)と自動的成分(=K/(1-R))を算出し,意識的成分と自動的成分の特性の相違に関する一連の検討が行なわれた(堀内,2007a,2007b;堀内・林,2006)。たとえば,堀内・林(2006)では,数唱課題を用いて認知負荷の程度を操作したところ,意識的成分は認知負荷が高くなると低下したが,自動的成分に関しては変化が認められなかった。この結果は,自伝想起の意識的成分と自動的成分が独立したプロセスであることを示している。また,堀内(2007a)は,両成分の特性の相違を検討するため,自伝的記憶の想起時間の長短を操作した実験を行なった。具体的には,研究参加者にはあらかじめ想起時間を告げず,想起開始から2秒あるいは6秒で強制的に打ち切った。その結果,2秒で打ち切られると意識的成分は6秒のときと比較して減少するが,自動的成分は2秒時と6秒時で変わらないことが見いだされた。この結果は,自動的成分は意識的成分よりも比較的早い段階から生起し,刺激呈示2秒後には十分に機能することを示している。また,Horiuchi(2008)は自伝想起におけるR反応とK反応のERP波形を刺激呈示後2000ミリ秒の間測定した。R反応,K反応ごとに,Cz(正中中心部)における1600〜2000ミリ秒の平均電位を求めた結果,R反応のほうがK反応よりも平均電位が有意に高かった(図7-5)。自伝的記憶を想起する課題では,過去の経験を具体的に思い出すことが要求されるので,意識的成分のみが有効に機能した場合だけでなく,意識的成分と自動的成分がともに機能した場合においても研究参加者は"R"と反応する。したがって,R反応のERP

波形は意識的成分に自動的成分が重畳していることになる。一方，K反応は純粋に自動的成分のみが機能した場合に生じるので，K反応のERP波形は自動的成分のみから構成されることになる。したがって，R反応とK反応のERP波形に違いがあれば，それは意識的成分と自動的成分の違いに起因するとみなすことができる。自動的成分は刺激呈示2秒後にはほぼ完全に喚起するのに対し，意識的成分は刺激呈示2秒後以降も増加することを鑑みると（堀内，2007a，2007b），1600ミリ秒以降のR反応とK反応の波形の違いは，意識的成分と自動的成分の生起速度の違いを反映しているものと解釈される。

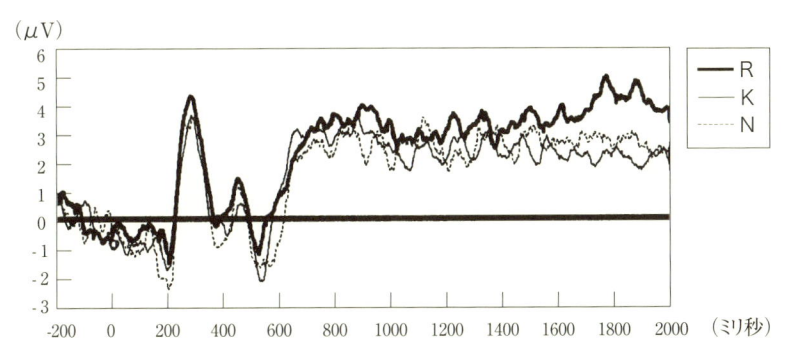

図7-5 CzにおけるR反応，K反応，N反応のERP波形（Horiuchi, 2008）

ところで，記憶が関与していると考えられる代表的な精神病理に離人症（解離性障害）と抑うつがある。自伝想起の意識的成分と自動的成分が独立して機能するのであれば，これらの精神病理に対する寄与も，意識的成分と自動的成分で異なることが予

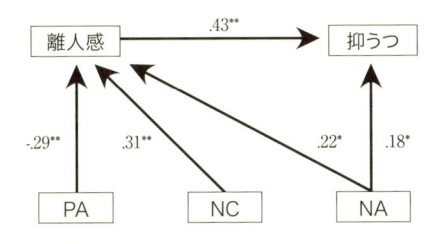

図7-6 自伝想起における記憶の3成分から離人感と抑うつに至るパスモデル

PAはpositive手がかり条件における自動的成分，NCはnegative手がかり条件における意識的成分，NAはnegative手がかり条件における自動的成分である。値は標準化係数（* 5 %，** 1 %水準）。

想される。堀内・堀内（2008）によると，離人感の喚起には，positive 手がかり条件における自動的成分（PA），negative 手がかり条件における意識的成分（NC）と自動的成分（NA）が重要な寄与をしていることが示された（図7-6）。また，離人症を含む解離は，うつ感を主訴として来診・診断されることも多く，両者の関係が指摘されてきたが，negative 手がかり条件における自動的成分（NA）から，離人感と抑うつへとパスが伸びていることから，ネガティブな記憶に対する自動的なアクセスが両病理を媒介している可能性が示唆される。

3 ── 生成・再認モデルの拡張

検索の直接・間接と検索意図の有無を組み合わせると 2 × 2 のマトリックスを作ることができる（図7-7）。自伝想起の生成・再認モデル2008は間接検索を想定した検索意図ありのモデル（図7-7 (a)）であるが，生成・再認モデルにおける意識的成分と自動的成分の基本特性が，他の3つの条件でも共有されるのであれば，研究成果を残りの3条件に対しても一般化することが可能になる。

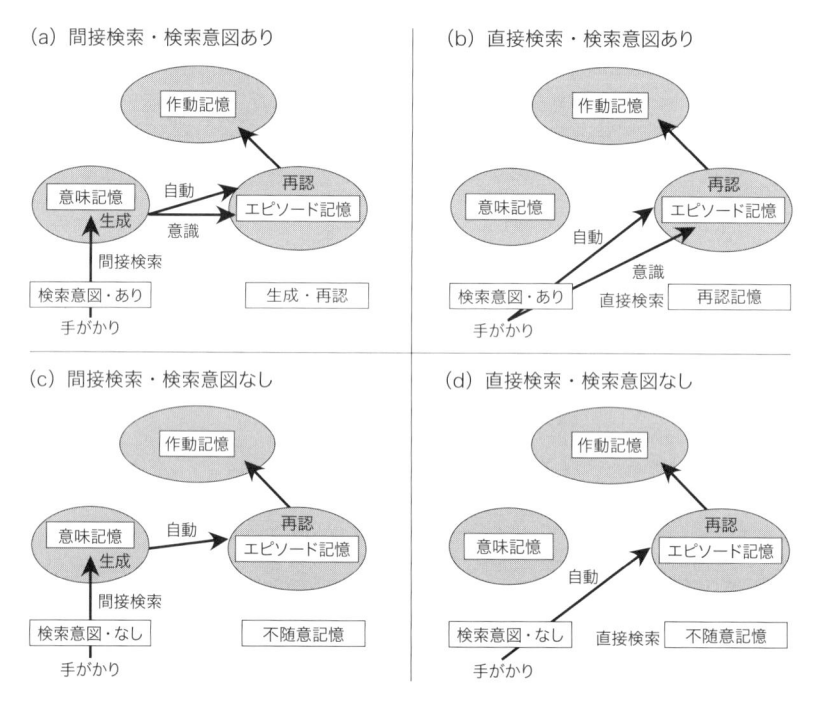

図7-7　自伝想起の生成・再認モデル2008とその拡張

直接検索・検索意図あり条件（図7-7(b)）はいわゆる再認課題であり，意識的成分と自動的成分がともにエピソード記憶へとアクセスする。自伝想起における同事態は，たとえば目撃者証言における"面通し"などが相当する。犯人の同定に影響を与えるさまざまなバイアスの存在が指摘されているが，自動的成分の認知負荷に対する頑健性や喚起の迅速性などの性質を利用すれば，信頼性の高いテスト方法が実現されるかもしれない。

間接検索・検索意図なし条件（図7-7(c)）と直接検索・検索意図なし条件（図7-7(d)）は，いわゆる不随意記憶とよばれる自伝的記憶である。不随意記憶は主に日誌法を使用して研究されているが，そこで報告されるのは研究者が定義した自伝的記憶の要件を満たし，かつ，明確に想起・回想されたものである。しかし，日常生活場面では常に一定の認知資源を必要とする活動を行なっているため，環境手がかりによって検索が始まったとしても，意識的成分は阻害されることが多く，結果として回想に至るケースは少ないと考えられる。むしろ，自伝想起の自動的成分が認知的負荷の影響を受けないことから，日常場面においても，環境のさまざまな刺激を手がかりとした自伝的記憶への自動的アクセスが頻繁に生じていると考えられる。自動的成分による日常的な自伝的記憶へのアクセスは，アイデンティティ感覚を支える潜在的な基盤として機能していることが示唆される。

4 ── 自伝想起の生成・再認モデル 2008 の評価

自伝想起の生成・再認モデル 2008 は基本的に想起のプロセスに焦点を当てているが，自伝的記憶の構造に焦点を当てたモデルとしては，Conway（1996）の階層構造モデルが有名である。このモデルでは，自伝的記憶は，人生の時期（lifetime period），一般的な出来事（general event），出来事に特異的な知識（event specific knowledge）という三層構造から構成されると仮定している。そして，手がかりの種類や想起文脈の違いによってどの層の知識が活性化され，最終的に自伝的記憶として想起されるかが決定される。Conway の階層構造モデルは自伝的記憶研究に端を発する先駆的なモデルであり，その意味で貴重な存在である。近年では自伝的記憶だけでなく，自己と記憶の関係一般を論じた自己−記憶システム（self-memory system；Conway & Pleydell-Pearce, 2000）として発展が図られている。しかしながら，統合モデルを志向し，広範な研究知見を組み込むことによってモデル全体の説明力は上がった反面，モデルの予測力が低下していることは否めない。

自伝想起の生成・再認モデル 2008 では条件統制の厳密性を確保するために，エピソード記憶研究の理論と方法論が適用できる範囲に対象を限定する（エピソディック

な自伝的記憶)。適用対象以外の自伝的記憶 (自己物語や自己概念) に関しては, 現象に最適な認知心理学の別の理論や方法論 (思考や物語産出, 説得など) を適用することを推奨する。そのため, モデルで扱うことにできる現象は制限されるが, その適用範囲においては解釈の整合性と高い予測力を有する。現時点での自伝想起の生成・再認モデル 2008 による最大の成果は, 自伝想起における自動的成分の存在を明らかにし, その特性を直接検証したことであろう。Conway にかぎらず, 従来の自伝的記憶の研究では, 自伝的記憶を具体的に回想できた場合のみ"想起できた (検索できた)"とみなした。すなわち, 顕在的で回想可能な自伝的記憶のみが研究対象として扱われてきた。しかし, エピソード記憶研究においては, Tulving ら (1982) が潜在記憶の存在を実証的に示して以降, 回想を伴わない潜在記憶に関して数多くの研究が行なわれており, Jacoby (1998) の IRK 手続きもそのような研究文脈から提出された理論である。自伝想起の生成・再認モデル 2008 では, IRK 手続きを援用することにより, 自伝想起における自動的成分の特性評価を行なうだけでなく, 自動的成分が離人感や抑うつに影響することを示すことに成功した。潜在的な自伝的記憶や自伝想起の自動性という観点は, 従来の自伝的記憶研究では明らかに欠けていた視点であり, 今後の自伝的記憶研究における重要な論点となると考えられる。

4 節　おわりに──記憶のシステム論の意義

　記憶のシステム論は, 基本的に非社会的な刺激 (図形や言語) を使用した実験研究から作られた理論である。しかし, 動物にもエピソード記憶と解釈可能な記憶が存在することが指摘されており (Clayton & Dickinson, 1998), 言語や人間を中心としたエピソード記憶 (自伝的記憶) の理論化に対しては批判も多い。また, Tulving (2002b) は記憶による時空間の想像的移動を心的時間旅行 (mental time travel) と呼んでおり, そこでは記憶は過去の情報を保存するという古い固定観念が捨て去られている。総じていえば, 今日ではエピソード記憶という概念自体が曖昧になりつつある感は否めない。また, 人間の知能がマキャベリ的戦略のために発展したと考えるならば (Byrne & Whiten, 1988), その知能を支える記憶のあり方は本来社会的であると思われる。非社会的な刺激を使用して構成された記憶のシステム論は, 自伝的記憶を研究するための足がかりとしては有効であるが, それ以上の発展可能性を必ずしも保証するものではない。しかし, そのような諸問題を差し引いても, 混乱する自伝的記憶研究の現状を鑑みれば, あえて記憶のシステム論に依拠して研究する意義は余りあるものと思われる。現存するパラダイムを最大限に有効活用するが, 決して固執しない柔軟さが

大切であろう。

引用文献

Anderson, J. R. 1993 *Rules of the mind*. Hillsdale, NJ: Lawrence Erlbaum Associates.
Atkinson, R. C., & Shiffrin, R. M. 1971 The control of short-term memory. *Scientific American*, **225**, 82-90.
Bruner, J. 1994 The "remembered" self. In U. Neisser & R. Fivush (Eds.), *The remembering self: Construction and accuracy in the self-narrative*. New York, NY: Cambridge University Press. Pp.41-54.
Byrne, R. W., & Whiten, A. (Eds.) 1988 *Machiavellian intelligence: Social expertise and the evolution of intellect in monkeys, apes, and humans*. New York, NY: Clarendon Press.
Clayton, N. S., & Dickinson, A. 1998 Episodic-like memory during cache recovery by scrub joys. *Nature*, **395**, 272-274.
Conway, M. A. 1996 Autographical memory. In E. L. Bjork & R. A. Bjork (Eds.), *Memory*. San Diego, CA: Academic Press. Pp.165-194.
Conway, M. A., & Pleydell-Pearce, C. W. 2000 The construction of autobiographical memories in the self-memory system. *Psychological Review*, **107**, 261-288.
Fivush, R., & Haden, C. A. (Eds.) 2003 *Autobiographical memory and the construction of a narrative self: Developmental and cultural perspectives*. Mahwah, NJ: Lawrence Erlbaum Associates.
Gardiner, J. M. 1988 Functional aspects of recollective experience. *Memory & Cognition*, **16**, 309-313.
Gergen, K. J. 1994 *Realities and relationships: Soundings in social construction*. Cambridge, MA: Harvard University Press.
Horiuchi, T. 2008 An event related potentials study of autobiographical memory retrieval. *The 7th Tsukuba International Conference on Memory*, **33**.
堀内　孝　2002　自己記述課題と自己想起課題の区分に関する研究―潜在教示における概念駆動テストを使用した検討　心理学研究, **73**, 82-87.
堀内　孝　2003　自己関連付け効果の生起メカニズム（自伝想起の検索水準に着目した検討）平成13～14年度　科学研究費補助金研究実績報告書（若手研究(B), 課題番号13710043）
堀内　孝　2004　自伝想起の生成・再認モデル　佐藤浩一・槙　洋一・下島裕美・堀内　孝・越智啓太・太田信夫　自伝的記憶研究の理論と方法　日本認知科学会テクニカルレポート, **51**, 12-14.
堀内　孝　2007a　想起時間の長短が自伝想起における意識性と自動性に及ぼす影響(1)―想起の途中打ち切りによる検討　日本心理学会第71回大会発表論文集, 833.
堀内　孝　2007b　想起時間の長短が自伝想起における意識性と自動性に及ぼす影響(2)―時間的切迫性による検討　日本認知心理学会第5回大会発表論文集, 159.
堀内　孝　2008　自伝的記憶の想起における意識的処理と自動的処理―R反応とK反応の特性比較　平成18年度～19年度　科学研究費補助金研究成果報告書（基盤研究(C), 課題番号 18530559）
堀内　孝・藤田哲也　2003　自伝想起課題を使用した場合の自己関連付け効果に及ぼすテ

スト時の想起意図の役割　日本心理学会第67回大会発表論文集, 816.
堀内　孝・林　幹也　2006　自伝想起の意識的成分と自動的成分—認知負荷を用いた検討　日本心理学会第70回大会発表論文集, 888.
堀内　孝・堀内真希子　2008　自伝想起における記憶の意識的・自動的成分が離人感と抑うつに及ぼす影響　日本心理学会第72回大会発表論文集
Jacoby, L. L.　1998　Invariance in automatic influences of memory: Toward a user's guide for the process-dissociation procedure. *Journal of Experimental Psychology: Learning, Memory, and Cognition*, **24**, 3-26.
Jacoby, L. L., & Hollingshead, A.　1990　Toward a generate/ recognize model of performance on direct and indirect tests of memory. *Journal of Memory and Language*, **29**, 433-454.
James, W.　1890　*Principles of psychology*. New York, NY: Holt.
Klein, S. B., & Loftus, J.　1993　The mental representation of trait and autobiographical knowledge about the self. In T. K. Srull & R. S. Wyer, Jr. (Eds.), *Advances in social cognition. Vol. V The mental representation of trait and autobiographical knowledge about the self*. Hillsdale, NJ: Lawrence Erlbaum. Associates. Pp.1-49.
Neisser, U.　1993　The self perceived. In U. Neisser (Ed.), *The perceived self: Ecological and interpersonal source of self-knowledge*. New York, NY: Cambridge University Press. Pp.3-21.
Squire, L. R.　1987　*Memory and brain*. New York, NY: Oxford University Press.
Tulving, E.　1985　Memory and consciousness. *Canadian Psychology*, **26**, 1-11.
Tulving, E.　1995　Organization of memory: Quo vadis? In M. Gazzaniga (Ed.), *The Cognitive Neurosciences*. Cambridge, MA: MIT Press. Pp.839-847.
Tulving, E.　2002a　Episodic memory and common sense: How far apart? In A. Baddeley, J. P. Aggleton & M. A. Conway (Eds.), *Episodic memory: New directions in research*. Oxford, UK: Oxford University Press. Pp.269-287.
Tulving, E.　2002b　Episodic memory: From mind to brain. *Annual Review of Psychology*, **53**, 1-25.
Tulving, E., Schacter, D. L., & Stark, H. A.　1982　Priming effects in word-fragment completion are independent of recognition memory. *Journal of Experimental Psychology: Learning, Memory, and Cognition*, **8**, 336-342.

8章

情動と自伝的記憶

越智　啓太

1節　はじめに

　事件や事故に遭遇して死にかけた体験や，虐待やいじめなどによって苦しんだ体験，信頼していた人から裏切られて大きなショックを受けた体験などは，我々の心に大きな傷を残し，その後の人生に少なからぬ影響を与える。このような体験はいずれも，心的トラウマ（外傷）体験と呼ぶことができるかもしれない。トラウマ体験の記憶は自伝的記憶の1つであるが，ある意味で特別な自伝的記憶である。そこで本章ではトラウマの記憶に関する研究について検討してみることにする。

2節　衝撃的な体験の記憶

1 ── 被爆のトラウマ記憶

　野村英三さんは広島県燃料配給統制組合に勤めていた。朝礼の後，自分の席に戻って机を見ると，いつもは課長が地下室からもってきて自分の机の上に置いておくはずの資料がまだ置かれていない。そこで，自分の隣の女子事務員に取りに行ってもらおうと思ったが彼女は忙しそうだったので，自分で地下室に書類を取りに行こうと思った。彼はめがねをはずし，財布をポケットから出し，ズボンのベルトにつけている懐中時計を机の上に置き，地下室に向かった。地下室に行き書類を探したがなかなか見つからない。階段下の金庫のところに来たそのときだった。ドーンという音とともに部屋の電気が消え，一瞬意識を失った。しばらくして意識を回復すると頭に血がついていた。周りはがれきの山で地下室も埋もれていた。何とかしてそこからはい出してみると，木造の家はことごとく倒れ，ビルの窓ガラスは全部割れ，多くの死体がころがっていた。野村さんは，やはり九死に一生を得た広瀬という名前の同僚とともに元安橋のところまで歩いていくと橋の中央手前あたりに全裸の男性が仰向けに倒れていた。彼は両手両足を空に伸ばしてふるえていた。左腋下のところで何か丸いものが燃

えていた（高田，2007 からの要約，原記録は広島市，1971）。

2 ── トラウマ記憶の特徴

これは，広島に原子爆弾が落とされたとき，爆心地付近にいて生還した野村さんの体験談である。被爆体験はトラウマ体験としては最も強烈なものの1つだろう。このような体験は我々が戦争の悲惨さを伝えていくために語り継がなければならないものであり，多くの被爆者が被害に遭遇してから数年から数十年後，現在に至るまで自分の体験を書き残してきた。野村さんの手記もそのような記録の1つである。これらの手記は戦争の記録としても重要であるが，記憶研究の観点から読んでみても興味深い点が多い。

まず，第1に野村さんの体験をはじめ被爆者の体験の記憶が視覚的で鮮明であるという点である。まさにその場に自分がいるかのように錯覚するようなものも多い。第2にトラウマとなった出来事自体の記憶ならともかく，それに付随する細かな事柄についても記憶されているという点である。たとえば，野村さんは，地下室に行く前に「めがねをはずし，財布をポケットから出し，ズボンのベルトにつけている懐中時計を机の上に置」いた。また，被爆後に橋のところで見た全裸の男性は，「左腋下のところで何か丸いものが燃えていた」。なぜ，事件の前に行なった細かい行動や，事件後に一瞬見かけただけの光景を何十年もの間記憶しておくことができるのだろうか。第3に記憶が驚くべきほど長く保たれているということである。被爆後63年の今日，被爆者たちは今ではかなりの高齢になってしまったが，それでも，被爆体験の瞬間やその前後の出来事について，まるで昨日のことのように語ることのできる人が多いのである。

この「視覚的に詳細に，些細なことまで長期間」記憶されるというのがトラウマ記憶の特性である。このような特性は，被爆体験にかぎらず，さまざまなトラウマ体験の記憶でも生じることが示されている。たとえば，怪我などで緊急治療室に運ばれた（Burgwyn-Bailes et al., 2001; Peterson & Whalen, 2001），銀行強盗事件の人質になった（Christianson & Hubinette, 1993），自分の乗っていたスクールバスが武装した3人組に乗っ取られた（Terr, 1990），ドーベルマンに襲われ顔を噛み切られた（Terr, 1990），ケネディ大統領が暗殺されたことを知った（Brown & Kulik, 1977），スペースシャトル・チャレンジャーの爆発事故をTVで見た（Bohannon & Symons, 1992），大地震の発生を知った（Er, 2003）などの記憶である。

3節　特殊メカニズム説

　では，なぜトラウマ体験はよく記憶されているのだろうか。この現象の説明原理としてはいわゆる特殊メカニズム説が採られることが多い。これは，衝撃的な出来事に遭遇すると何らかの特殊なメカニズムが働き，出来事を特別に符号化するというものである。フラッシュバルブメモリー研究の中で，BrownとKulik（1977）は，「ナウ・プリント（Now Print!）」という特殊メカニズムの存在を仮定した。これは，強度の情動喚起が生じると，トリガー（引き金）が引かれ，その瞬間の感覚刺激が，写真のようにそのままのかたちで符号化され，保持されるというメカニズムである。これは人間が進化の過程で獲得してきたものだとされている。また，精神分析学では古くから，患者が今現在抱えている不安やヒステリーなどの精神症状の原因はトラウマ体験にあると考えているが，そのモデルでは，人間は自分の処理能力を超えるような強度のトラウマ体験をした場合，自我が崩壊してしまうことを防ぐためにその体験についての感覚や知覚，情緒や感情，その際の思考などを，意識や心の他の領域から切り離すメカニズムが発動すると提案している。このように切り離された記憶は心の他の領域からの干渉を受けないために時間の経過などによって変化せずに，長期間正確に鮮明なかたちで保持されるという（van der Kolk et al., 1996; 西澤，1999）。その他，Chemtobら（1988），Witvliet（1997）などによってもトラウマ記憶の特殊メカニズム説が提案されている。また，極度なストレス状態に陥ると脳神経系の働きも特殊になり，これがこのような状況の記憶を促進するのだという生物学的な説明も数多くなされている（Gold, 1992）。

4節　非特殊メカニズム説

1 ── Neisserの理論

　さて，以上のような特殊メカニズム説についてはいくつかの問題がある。最も大きな問題は，現象の説明に安易に新しいメカニズムを導入してしまっている点である。研究方法論からいえば，まず特殊なメカニズムを導入しないで，この現象が説明できないのかを調べてみる必要がある。

　衝撃的な出来事の記憶を特殊メカニズムを用いないで説明しようとした最初の研究者はNeisserである。彼はフラッシュバルブメモリーを検討する中で，それがよく記憶されているのは，その事件の瞬間（つまり，ナウ・プリント説の「ナウ」）が衝撃的であるために特殊メカニズムが適用されるのではなく，事件の後で，その体験が自

分の人生にとって重要であるという意味づけがなされ，体験に意味を見いだそうとする試みがなされるからだと考えた。彼はこのような体験を「持続的な（人生の）水準点（benchmarks）」と呼んだ（Neisser, 1982）。彼はこの理論についてそれほど詳しく記述しているわけではないが，彼の理論を構成する要素は大きく分けて3つあると思われる。それは，体験の意味づけ，参照記憶化，想起と再符号化，のメカニズムである。

　意味づけのメカニズムとは，衝撃的な出来事を体験すると人はそのような自分の体験を後から意味づけしようとするというものである。そのために自分の体験について人と語り合い，友人や家族がその体験についてどのように感じるかを聞き取ることが行なわれる。これによって出来事の記憶は精緻化され，一貫したストーリーとなっていく。

　また，トラウマを引き起こすような出来事は人生を大きく変えてしまうきっかけとなる。このような記憶は良いものであれ，悪いものであれ，我々の人生においてはしばしば参照される記憶となる。これを参照記憶化と呼ぶことにしよう。Pillemer は，自伝的記憶の機能について研究したが，その中で，我々は生きていくうえで常にその体験に戻って，人生を方向づけたり決意を新たにする記憶をもっていると述べている。たとえば，著名なバスケットボール選手であるマイケル・ジョーダンは，自分の名前の入っていないレギュラー選手名簿を見て悔しい思いをした大学時代の記憶を思い出しては，自分を奮い立たせていたという。この記憶は，一種のトラウマ記憶であるが，彼は機会あるごとにその記憶を参照して人生を方向づけていったのである（Pillemer, 2003）。

　このように参照記憶となった自伝的記憶は，何度も繰り返し想起され，そのたびに再符号化されることになる。これが想起と再符号化である（Schooler & Baum, 1999）。

　さて，Neisser の考えが正しいとすると，トラウマ体験がよく記憶されているのは，その経験によって情動が喚起され特殊メカニズムのトリガーが引かれるからではなく，それが人生において重要な意味をもつようになるからだということになる。

2 ── 広島平和記念資料館の記憶

　この意味づけや参照記憶化といった現象を直接示した研究として越智（2005）の広島平和記念資料館（原爆の資料を展示している）の記憶に関する研究がある。この研究では，大学生に対して調査を行ない，彼らが平和記念資料館を訪問したときのことと，そこで見た展示物をどの程度記憶しているのかについて調べた。東京近郊の大学

生を対象に調査を行なったところ，約50％が平和記念資料館を訪れたことがあった。平和記念資料館の展示物は，原爆の被害を扱ったものであり衝撃的なものである。調査の結果，訪問者が展示物をいくつ記憶していたかは，展示を見たときにどの程度の情動的な衝撃を感じたかということよりも，この展示にどの程度，「心が動かされたか」，触発されて，戦争について考えるようになったり，反戦運動に協力するといったことがあるかに関係していた。展示を多く記憶していた人は，おそらく平和記念資料館訪問の記憶を参照記憶化していたのだと思われる。

5節　侵入想起と再符号化

ところで，体験が参照記憶となった場合には反復想起は意図的で自発的に行なわれる場合が多いが，出来事がトラウマ的なものである場合，不随意的な想起が生じる場合がある。これを侵入想起という（なお，侵入想起はトラウマ記憶だけでなく，極端にポジティブな出来事についても生じることがBerntsen（2001）によって示されている）。侵入想起はPTSD（post traumatic stress disorder：心的外傷後ストレス障害）の主要な症状の1つである。では，この侵入想起はなぜ生じるのだろうか。体験が情動喚起的なものだからであろうか。

越智・及川（2008）はある記憶を「思い出さないように」意図的に考えるだけで，侵入想起が増加することを示した。彼らは実験協力者に衝撃的な場面を含まない刺激ビデオを見せ，それについて「絶対に思い出してはいけない」と教示した。その結果，その後2日間のそのフィルムに関する侵入想起が増大した。これは「白熊効果」と関連している。白熊効果とは「ある対象（たとえば白熊）について考えてはいけない」という教示が逆にそのものに対する思考を促進してしまう現象である（Wegner, 1994）。越智・及川の研究でも対象のビデオについて，「思い出してはいけない」と考えるだけで逆に思い出しやすくなってしまったのだと思われる。興味深いのは，侵入想起の頻度とその後に行なわれた刺激ビデオの内容についての再認テストの成績に高い相関があったことである。これは侵入想起が生じるたびに記憶が反復想起と再符号化を受けるからだと思われる。ここからトラウマ体験についても，その記憶を「思い出したくない」と強く思うことによって，反復想起と再符号化が起きてしまうと考えられる。身近な例では，失恋の経験を忘れたいと思うほど，それが心に浮かんできて（侵入想起）記憶が鮮明なまま残ってしまうのは，このメカニズムによるのかもしれない。

前節と本節では，トラウマ体験の非特殊メカニズム説についてみてきた。このメカニズムもトラウマ記憶の保持には確かに重要な役割を果たしていると思われる。しか

し，野村さんの例にみられるように事件の前の無関連な行動までが詳細に記憶されているという現象まで，この理論で説明できるかどうかについてははっきりとしたことはわかっていない。「めがねをはずし…懐中時計を机の上に置く」といった行動は参照される必要がない枝葉末節の出来事であると思われるからである。おそらく，トラウマ記憶のある部分は特殊メカニズムで，別の部分は非特殊メカニズムによって形成されているのだろう。この範囲を調べていくのが今後のトラウマ記憶研究の１つの方向性であろう。

6節　衝撃的な体験の想起困難

1 ── トラウマ記憶の抑圧

さて，前節までは衝撃的な体験の記憶はよく記憶されているという前提で話を進めてきた。しかし，一方で，極度なトラウマ体験をすると，その体験自体を想起することができなくなる場合があるということも指摘されている。この現象を説明するために持ち出されることが多い概念が，「抑圧」である。これは，トラウマ記憶自体は記銘され保持されているのだが，その想起が防衛メカニズムによってブロックされ，想起できなくなってしまうという現象である。抑圧というのは精神分析学から援用された概念である。

ところが，抑圧現象についてはその存在を実験的には確認するのは困難であり（Conte, 1999），実験心理学者の中には抑圧現象の存在を疑う者も多い（Loftus et al., 1994）。これに対して，トラウマに関する治療を行なっている精神科医の多くは，心理学者が実験で行なっているような低いレベルのストレス体験では抑圧は生じないが，現実に人々の生死を左右するような重要なトラウマ体験では抑圧が生じるのはむしろふつうのことであると考える者が多い（Putnam, 1997）。この問題に関しては現在も論争中である。

では，このような想起困難はどのように説明すればよいのか？　抑圧メカニズムという特殊なメカニズムが存在すると考える以外にも，トラウマ体験が想起できないという現象を説明することが可能である。

2 ── トラウマ記憶の忘却

まず，単純な忘却である。トラウマ記憶が長期間保持されることが，反復想起と再符号化によるのだとすると，反復想起されない場合には，このような長期保持は生じなくなるはずである。たとえば，衝撃的でその場では情動を喚起するが，その後の人

生にはあまり意味あるものではないような出来事，たとえば，ホラー映画を見て激しい恐怖を感じたといった出来事はおそらく，反復想起されずに次第に忘却されると考えられる。また，心的トラウマがあまりにも大きく，その事件自体を受け入れることができない状況では，侵入的な想起が生じないかぎり，反復想起と再符号化は起こらない。しかも，事件の直後では，その体験を想起してしまうと再び事件時と同じような恐怖に襲われる可能性があるために意図的に想起を回避することが行なわれる（事件を思い出すような場所には行かないなどして，想起手がかりにふれるのを避ける）。これもうまくいけば，反復想起と再符号化を生じさせない。もし，このような期間が長く続けばトラウマ記憶は次第に忘却される可能性がある。

　Bahrickらは，ハリケーン・アンドリューの被害を受けた家庭の子ども100人に対して構造化インタビューを行ない，その出来事をどの程度報告できるかについて調査した。子どもたちは，被害の程度から3つのグループに分けられた。その結果，中程度の被害の児童が最も多くの出来事を報告することがわかった（Bahrick et al., 1998）。被害の程度とトラウマの程度はパラレルな関係にあるとすると，トラウマが大きい場合と小さい場合に災害の経験が記憶に残っていないということになる。トラウマが小さい場合には，出来事が自分の人生にとってあまり大きな影響を与えるものではなかったので，反復想起が行なわれずに忘却したと考えられる。逆にトラウマが大きかった場合には，その出来事を想起することが恐ろしいために想起が回避され，反復想起が行なわれずに，結果的に記憶が忘却されたと考えられる。中程度のトラウマの場合には，反復想起と再符号化が最も生じやすかったのではないだろうか。トラウマ記憶というといつまでたっても忘れられないというイメージがあるが，実際には，人生においてそれほど重要でないトラウマ体験の多くは次第に忘却されていくものと思われる。

3 ── 想起を妨げるような符号化

　一方で，強度のトラウマ記憶が想起できなくなるのは，記銘時に何か原因があるのではないかという説もある。Terr（1990）は事故や災害などの一度の体験によるトラウマの多くは「抑圧」されずに鮮明な記憶のまま長期間保持されているが，虐待などの継続的なトラウマ体験については，出来事を想起できないことが多いということを指摘しており，前者をタイプ1トラウマ，後者をタイプ2トラウマと呼んでいる。Terrは，この2つのタイプのトラウマ記憶の特徴が異なっている原因として，トラウマが予測可能だったかということが関連しているのではないかと述べている。継続した虐待などの場合，虐待行為の前に被害者がこれから虐待が行なわれる，つまりト

ラウマを生じさせるような出来事が起きることを予測可能である。それに比べて，突然の事故の場合には，事故が起きて記銘された後でそれがトラウマ的な出来事であることに気づくのである。そして，前者のようなケースで想起ができなくなりやすいのは，被害者がトラウマを体験しているとき，特別な防衛機制を働かせ，いま体験している内容を後で想起しにくいような特殊なかたちで符号化しているのではないかと考えた。

このようなメカニズムにより，自伝的記憶の中に2つ（複数）のグループが形成されてしまうことになる。つまり普段の自伝的記憶と虐待をされているときの自伝的記憶である。そして，虐待をされているときの自伝的記憶は普段の自伝的記憶からは検索されにくくなっている。このような複数の自伝的記憶のグループを生み出すメカニズムが多重人格障害の1つの原因になるのではないかとも考えられる。現在のところ，このモデルについては，実証的な研究で確認されているわけではないが興味深い指摘であることは確かである。

7節　衝撃的な体験の記憶の変容

1 ── トラウマ記憶の変容

最後に検討しなければならないのは，トラウマ記憶の正確性の問題である。鮮明に想起された記憶は果たしてどの程度正確なのであろうか。トラウマ記憶は鮮明に詳細に想起されることが多いため，その内容もきわめて正確であるという印象を与える。しかし，いくつかの研究で必ずしもそうではないということが明らかになっている。まず，フラッシュバルブメモリーの研究で，記憶の変容の問題が示されている。NeisserとHarsch（1992）はスペースシャトル・チャレンジャーの爆発事故のフラッシュバルブメモリーを題材にして研究を行なった。この事故はアメリカ人に大きな衝撃をもたらしたトラウマ的な出来事であった。事故の直後と約2年後の2回，「この事故を知ったときあなたは何をしていましたか」と尋ねたところ，約2年後の調査では，直後の調査との間に「事故をどのような情報源から知ったか」「事故を知ったとき，どこで何をしていたか」などの情報をはじめとして，かなりいろいろな部分が異なっていることがわかった。同様な現象は，越智・相良（2003）が，多くの日本人にとってやはり衝撃的でトラウマ的な事件であった大阪教育大学附属池田小学校における小学生大量殺傷事件を対象にした調査で，明らかにしている。この研究では事件直後とその17週後にこの事件を知った瞬間について質問紙によって聞き取りを行ない，その記述を比較した。その結果，96人中15人で記述に大きく食い違う部分が見られた。

たとえば，ある学生は事件直後には「アルバイト先で，先輩が話しているのを聞いて事件を知り，驚きショックを受けた」と言っていたのに，17週後には「アルバイトから帰ってきたら，テレビでそのニュースが流れていて衝撃を受けた」となっていた。また，LeeとBrown（2003）は，アメリカの9.11同時多発テロについてのフラッシュバルブメモリーを事件直後と7ヶ月後の2回聴取する調査を行なったが，「事件を知ったとき何をしていたのか」などの情報で10%以上の不一致が生じたことを示している。なお，ブッシュ大統領もこの事件を知った瞬間について何回かの機会に話しているが，それらの話は相互に矛盾しており，フォールス・フラッシュバルブメモリーの一例だと指摘されている（Greenberg, 2004）。

2 ── 偽りのトラウマ記憶

フラッシュバルブメモリー研究で見いだされた記憶の変化は，比較的些細な情報の変容であったが，現実のトラウマ記憶の中には，その主要部分がまったく異なるものや，現実の体験ではないものが記憶として想起されてしまうものも存在する。

たとえば，Terr（1990）は，ウィニフレッドの事例をあげている。彼は，2歳1ヶ月のとき，当時5歳だった姉のホリーが子ども用プールで事故に遭い，内臓を吸い出される重傷を負った場に遭遇した。しかし，彼はそのとき母親と成人用プールにいて，その現場を目撃していなかったし，仮に目撃していてもその年齢では記憶に残すことはできないと考えられる。ウィニフレッドも4歳の時点では，姉の事故について覚えていないと言ってる。しかしその後，彼は視覚的な記憶を想起することができると言いだした。彼は，尻餅をついて奇妙な格好で座り込むホリーや，プールの底までつながっている体外に吸い出された腸，ホリーを抱える父親の姿などを鮮明に覚えていると語ったのである。この記憶は家族の話を聞いて構成され，それが視覚的なものになったものだと考えられる（Terr, 1990）。

また，有名な心理学者であるピアジェには2歳のときに乳母車に乗っているところを誘拐されそうになったが，勇敢な乳母が犯人を撃退し危機一髪で助かったという鮮明な記憶があった。ところが，ピアジェが15歳のときに，この乳母から誘拐の話は乳母が人々から賞賛を得るためにでっちあげたうその話であるということを告白された。つまり，この事件は現実には存在しなかったのである（Piaget, 1951）。

3 ── なぜ偽りのトラウマ記憶が作られるのか

では，なぜこのような記憶が作られてしまうのだろうか。主な原因として次の3つがあげられる。

第1は，被誘導性によるものである。これは周りの人からの誘導や事後に与えられた情報によって，もとの記憶が書き加えられたり変型したりすることを指す。また，とくに，体験がイメージ化されると，イメージされたものと現実の出来事の記憶が混同してイメージ化した体験を現実に体験したと考えるようになってしまう可能性がある。上記のウィニフレッドの事例やピアジェの事例はこのケースに当たるだろう。

　第2は，偽の説明の受け入れと呼ばれるものである（Schooler, 1999）。これは，たとえば自身の不安障害や体の違和感などが「子どもの頃の性的虐待」に起因するのだとセラピストなどに言われ続けることによって，自らの中でさまざまな自伝的記憶を組み合わせて，誤った記憶を自発的に再構成してしまうというものである。これは，現在の心理的な問題の原因を過去に求めやすい心理療法（たとえば精神分析療法）の患者に多く生じると考えられている。Pasley（1993）は，過食症の患者がセラピストから「過食の原因は子どもの頃の両親からの性的虐待にある」と言われ続け，催眠面接を受けた結果，実際には存在しなかった虐待の記憶を想起したという例を報告している。被誘導性が原則として多くの誘導にさらされなければ偽の記憶を生みにくいのに対して，偽の説明の受け入れでは，外部からの少ない誘導でも自分の中で思考することによって自動的に偽の記憶が作られてしまったり，記憶が大きく変容してしまう可能性がある。

　第3は参照記憶のデフォルメである。これは，自伝的記憶が参照記憶になることによって，次第にデフォルメされていくことである。AllportとPostman（1947）はうわさの伝達の研究の中で，うわさが伝わっていくにつれて，主題が強調されていき，枝葉末節が削られていく強調化・平均化といわれる現象が生じることを指摘しているが，個人の中で反復して想起される記憶でも，同様なことが生じる可能性がある。参照記憶はわかりやすくデフォルメされてこそ，人生の方向づけ機能を担えるからである。なかなか帰れないふるさとや昔の恋人について，何度も反復想起し再符号化すると，それらが理想化されてしまい，実際に，ふるさとに帰ったり，昔の恋人に会ってみると，期待はずれに感じられることがある。参照記憶化されている自伝的記憶の多くは，もしその記憶の時代に戻ってみることができるとしても，実際には，自分が重ねてイメージしているような劇的な体験ではないかもしれない。これは反復想起と再符号化の過程で記憶がデフォルメされてしまった結果だと思われる。実際，侵入想起されるトラウマ記憶もそこで想起される内容は，実際の出来事よりもひどくなっている場合が多いことがわかっている（Merckelbach et al., 1998）。

引用文献

Allport, G. W., & Postman, L. 1947 *The psychology of rumor*. Oxford, UK: Holt. 南 博 (訳) 1952 デマの心理学 岩波書店

Bahrick, L. E., Parker, J. F., Fivush, R., & Levitt, M. 1998 The effects of stress on young children's memory for a natural disaster. *Journal of Experimental Psychology: Applied*, **4**, 308-311.

Berntsen, D. 2001 Involuntary memories of emotional events: Do memories of traumas and extremely happy events differ? *Applied Cognitive Psychology*, **15**, S135-S158.

Bohannon, J. N., & Symons, V. L. 1992 Flashbulb memories: confidence, consistency, and quantity. In E. Winograd & U. Neisser (Eds.), *Affect and accuracy in recall: Studies of "flashbulb" memories*. New York, NY: Cambridge University Press. Pp.65-91.

Brown, R., & Kulik, J. 1977 Flashbulb memories. *Cognition*, **5**, 73-99.

Burgwyn-Bailes, E., Baker-Ward, L., Gordon, B. N., & Ornstein, P. A. 2001 Children's memory for emergency medical treatment after one year: The impact of individual difference variables on recall and suggestibility. *Applied Cognitive Psychology*, **15**, S25-S48.

Chemtob, C., Roitblat, H. L., Hamada, R. S., Carslon, J. G., & Twentyman, C. T. 1988 A cognitive action theory of post-traumatic stress disorder. *Journal of Anxiety Disorders*, **2**, 253-275.

Christianson, S-A., & Hubinette, B. 1993 Hands up! A study of witnesses' emotional reaction and memory associated bank robberies. *Applied Cognitive Psychology*, **7**, 365-379.

Conte, J. R. 1999 Memory, research, and the law: Future direction. In L. M. Williams & V. L. Banyard (Eds.), *Trauma and memory*. Thousand Oaks, CA: Sage Publications. Pp.77-92.

Er, N. 2003 A new flashbulb memory model applied to the Marmara earthquake. *Applied Cognitive Psychology*, **17**, 503-517.

Gold, P. E. 1992 A proposed neurobiological basis for regulating memory storage for significant events. In E. Winograd & U. Neisser (Eds.), *Affect and accuracy in recall: Studies of "flashbulb" memories*. New York, NY: Cambridge University Press. Pp.141-161.

Greenberg, D. L. 2004 President Bush's false 'flashbulb' memory of 9/11/01. *Applied Cognitive Psychology*, **18**, 363-370.

広島市 1971 広島原爆戦災誌 広島市

Lee. P. J., & Brown, N. R. 2003 Delay related changes in personal memories for September 11, 2001. *Applied Cognitive Psychology*, **17**, 1007-1015.

Loftus, E. F., Garry, M., & Feldman, J. 1994 Forgetting sexual trauma: What does it mean when 38% forget? *Journal of Consulting and Clinical Psychology*, **62**, 1177-1181.

Merckelbach, H., Muris, P., Horselenberg, R., & Rassin, E. 1998 Traumatic intrusions as 'worse case scenario's'. *Behaviorur Research and Therapy*, **36**, 1075-1079.

Neisser, U. 1982 Snapshots or benchmarks? In U. Neisser (Ed.), *Memory observed: Remembering in natural contexts*. San Francisco, CA: Freeman. Pp.43-48.

Neisser, U., & Harsch, N. 1992 Phantom flashbulbs: False recollections of hearing the news about Challenger. In E. Winograd & U. Neisser (Eds.), *Affect and accuracy in recall: Studies of "flashbulb" memories*. New York, NY: Cambridge University Press.

Pp.9-31.
西澤　哲　1999　トラウマの臨床心理学　金剛出版
越智啓太　2005　広島平和記念資料館の記憶　東京家政大学博物館紀要，10, 89-99.
越智啓太・及川　晴　2008　想起禁止教示による侵入想起の増加と忘却の抑制　法政大学文学部紀要，56, 61-67.
越智啓太・相良陽一郎　2003　フラッシュバルブメモリーの忘却と変容　日本認知科学会テクニカルレポート，48.
Pasley, L. E.　1993　Misplaced trust. In E. Goldstein & K. Farmer (Eds.), *True stories of false memories*. Boca Raton, Fl: Social Issues Resources Series Inc. Pp.347-365.
Peterson, C., & Whalen, N.　2001　Five years later: Children's memory for medical emergencies. *Applied Cognitive Psychology*, **15**, S7-S24.
Piaget, J.　1951　*Play, dreams, and imitation in childhood*. New York, NY: W. W. Norton & Company.
Pillemer, D. B.　2003　Directive functions of autobiographical memory: The guiding power of the specific episode. *Memory*, **11**, 193-202.
Putnam, F. W.　1997　*Dissociation in children and adolescentes*. New York, NY: Guilford Press.
Schooler, T. Y　1999　Seeking the core: The issues and evidence surrounding recovered accounts of sexual trauma. In L. M. Williams & V. L. Banyard (Eds.), *Trauma and memory*. Thousand Oaks, CA: Sage Publications. Pp.203-216.
Schooler, T. Y., & Baum, A.　1999　Memories of a petrochemical explosion. A cognitive-phenomenological study of intrusive thoughts. In L. M. Williams & V. L. Banyard (Eds.), *Trauma and memory*. Thousand Oaks: Sage Publications. Pp.189-201.
高田　純　2007　核爆発災害　中公新書
Terr, L.　1990　*Too scared to cry*. New York, NY: Basic Books
van der Kolk, B. A., Weisaeth, L., & van der Hart, O.　1996　History of trauma in psychiatry. In B. A. van der Kolk, A. C. McFarlane & L. Weisaeth (Eds.), *Traumatic stress: The effects of overwhelming experience on mind, body, and society*. New York, NY: Guilford Press. Pp.47-74.
Wegner, D. M.　1994　Ironic processes of mental control. *Psychological Review*, **101**, 34-52.
Witvliet, C. vanOyen.　1997　Traumatic intrusive imagery as an emotional memory phenomenon: A review of research and explanatory information processing theories. *Clinical Psychology Review*, **17**, 509-536.

第Ⅲ部

自伝的記憶と時間

9章

自伝的記憶の時間的体制化

下島　裕美

1節　はじめに

　自伝的記憶研究では，過去に経験したエピソードを想起して，その生起時期や鮮明度，感情などを評定してもらうことが多い。自己の歴史の記憶である以上，これらのエピソードは時系列に沿って並んでいるイメージがあるかもしれない。しかし，我々が想起する自身の過去は，実際に経験した過去そのものではなく，現在の自己の視点から再構成されたものである。我々が想起する過去から現在へと至る時間の見かけの連続性もまた，さまざまな時間レベルにおける情報処理によって可能になった2次的現象であり，実際には幻影である（Pöppel, 1996）。

　自伝的記憶の研究において，時間情報はあまり注目を集めてこなかった。Linton（1986）は6年間日記をつけ，自分自身を対象に特定のエピソード想起に有効な手がかりを検討したところ，時間情報の有効性は最も低かったと報告している。Wagenaar（1986）も同様に，「いつ」「どこで」「誰が」「何を」の情報のいずれかを手がかりとして呈示して，他の情報の想起を検討したところ，「いつ」が最も想起手がかりとして有効ではなかったとしている。しかし，過去の想起において時間情報はまったく無意味なものなのだろうか。自身の過去を想起したとき，過去から現在までの間に時間の流れを感じることはないだろうか。想起された出来事から現在の間に時間の流れを構築できなければ，個々の出来事はそれぞれが孤立した島であり，現在の自己から乖離したものとなってしまう。自己の時間的連続性の認識は，一貫した自己概念を保持するために必要である。出来事に付随する時間情報は，特定のエピソードの想起手がかりとして有効ではなくとも，過去の記憶を現在の自己と関連づけて自己の歴史を作り上げるために重要な役割を担っていると考えることは自然であろう。

　本章では，自伝的記憶の時間的体制化という観点から自己と時間について考える。まず時間情報の記憶に関するFriedmanの研究を紹介し，時間情報処理能力の発達により，個々のエピソード記憶が自伝的記憶の発生へとつながる可能性を述べる。次に，

時間情報の想起における時間スキーマの役割に関する研究を紹介する。最後に，主観的時間と客観的時間の時隔感に関する筆者の研究を紹介し，自伝的記憶研究のこれからの可能性を考える。

2節　自伝的記憶の時間情報

1 ── Friedmanによる時間情報処理プロセスの分類：位置，距離，相対順序

Friedman (1993, 2007) は，時間に関する情報を位置，距離，順序の3つに分類している。位置は，時間パターンにおける特定の時間的位置を表している。たとえば，春といった季節のような自然の時間パターンに基づくこともあるし，水曜日といった1週間の曜日のような社会的慣習のこともあるし，大学生の頃のような自身の生活のアウトラインであったりする。位置情報は，記憶の文脈情報と時間パターンに関する一般的知識に基づいて推論され再構成されることが多い。筆者の娘が眠りにつく前に過去のエピソードを語る[*1]ことに筆者が初めて気づいたのはいつか，その位置情報の再構成プロセスをみてみよう。語った内容は「キティちゃん，ピカピカみたね…おおきなキティちゃんだったね…」だった。娘がクリスマスイルミネーションの中にキティちゃんを見つけて喜ぶので，キティちゃんのすぐ近くまで行ってみたが，予想したよりキティちゃんが大きくて娘は怖がって泣いてしまった，という出来事を語っていたのだと思われる。だからそれはクリスマス前後，つまり12月のはずだ。その日に子どもがお店で楽しそうに遊んでいたおもちゃを見てクリスマスプレゼントの候補にと考えたので，プレゼントを買う前であったこともわかる。家族全員で出かけたのだから，週末のはずだ。子どもを寝かしつけているときに父親はいなかったから，エピソードを語った日は平日のはずで，私はそのとき，「おととい見たキティちゃんのことを言っているんだな」と思ったのだから，月曜日か火曜日の夜だろう。そして息子のランドセルを買いに行ったときだから，息子が小学校入学前のはずだ。このように再構成していくと，眠りに入る前に娘が過去を語ることに気づいたのは，12月初めの月曜日か火曜日の夜8時から9時の間で，娘が1歳8ヶ月の頃だったとわかるのだ。ランドセルのレシートから，再構成されたこの日付は正しいことが確認できた。

次に，距離とは，ある出来事から現在までに経過した時間量のことである。記憶痕跡の強さや鮮明度，検索の容易さから，ターゲットイベントから現在までの時間的距離が評価される。順序は，出来事間の前後関係を表している。ある事象が生起すると，自動的に類似した先行事象が想起されて，2つの出来事の順序が貯蔵される。

成人において主になされる処理は，位置情報の再構成であるが，位置情報が再構成

できなかったり回答時間が迫られたりすると，距離情報の処理が行なわれる。また，まだ時間パターンを表象できない子どもは，距離の印象から記憶の年齢を判断する。発達的に，位置情報の処理は距離情報や相対順序に遅れる。成人後は，加齢に伴い位置情報よりも距離情報の処理が優勢になる。位置情報の再構成は，前頭葉機能と関連しているようである（Bastin et al., 2004）。

2 ── 幼児の時間概念の発達：幼児期健忘と自伝的記憶の発生

3歳以前に経験した出来事の想起数が少ない現象は幼児期健忘（childhood amnesia /infantile amnesia）と呼ばれ，非常に頑強な現象として知られている（6章3節参照）。一方で，3歳以前の子どもが，過去に経験した新奇な出来事を正確に想起できることが示されている（たとえば，Fivush et al., 1987）。では，3歳で想起することができた記憶を，大人になると想起できなくなるのはなぜだろうか？

自伝的記憶の生起要因に関してはさまざまな説が提唱されているが，自身の人生の時間軸を構築し，その中にエピソードを位置づけるという時間情報処理能力の発達もその1つとしてあげることができるだろう。時間の再構成には，エピソードの時間関連情報の想起能力，時間パターンの一般的知識，そしてこれら2つの情報の統合を制御する実行プロセスの3つの能力が必要であり，これらの能力の発達には時間差がある（Friedman & Lyon, 2005）。とくに，時間パターンに関する一般的知識（季節，月，曜日，1年の祝日など）は，幼児期から青年期にかけて大きく発達していく。4歳までに1日の時間スケールを認識し，6歳ぐらいで1年に関する時間スケールを認識して，エピソード想起の際に時間情報に言及することもある。しかし，過去を再構成するために必要な，より詳細な時間パターンに関する知識を獲得して使用できるようになるのは8，9歳になってからである。出来事の時間を再構成して自己の歴史に位置づけるためには，エピソード記憶をこの時間パターンに関する一般的知識と関連づける必要があり，一般的知識が限られている幼い段階では，出来事を時間軸上に位置づけることに限界がある。ピアノのお稽古があった日という手がかりから水曜日という1週間の位置を再構成したり，クリスマスの前後だという手がかりから12月という時期を再構成したり，暑い時期だったという手がかりから夏という季節を再構成したりと，時間パターンに関する知識が増加するにつれて，より長い時間スケールの中でより正確に，個々の出来事を自己の時間軸の中に位置づけられるようになっていくのである。また，幼児における時間の循環性の理解はまだ1日のような短い時間に限定されており，1年のようなより長いスパンにおける時間の循環性を理解するのは8歳をすぎてからである（Friedman, 1977; 山崎, 1996）。

幼児はまず，1日の活動が同じ順序で繰り返し経験されるという規則性に気づき，就学前には1日の行為の順序と規則性を理解する（Friedman, 1977）。しかし，個々のエピソードを個人の物語として時間的に結びつけるためには，より長いスパンの時間表象が必要である。個々の出来事を記憶し部分的には出来事の順序を判断できたとしても，1年のような長期スケールで出来事を位置づけることができないかぎり，複数の出来事からなる自伝を作り上げることは難しいだろう。複数の出来事を時間軸上に位置づけ，個々のエピソードどうしを時間的に結びつけることによって，個々のエピソード記憶は自伝的記憶という個人的物語になっていくのではないだろうか。

Neisser（1988）は，時間的広がりのない，今・ここで，この特定の活動に従事している自己を「生態学的自己（ecological self）」と呼び，過去を想起し未来を展望する「拡張された自己（extended self）」と区別した。Fivush（1988）は，自己が時間的に持続する感覚が生まれるまでは自伝的記憶は存在しないという。幼いうちは自己の意識が現在にとどまり，自己の歴史には及ばない。しかし自己の概念が時間的に広がるにつれて，歴史的自己が知覚されるようになり，出来事の記憶（event memory）をその中に組み込むことができるようになっていくのだろう。自己の歴史を意識する前の段階で，特定の出来事の記憶を想起することができたとしても，自己の人生の物語として統合されていないその記憶は，この時点ではまだ自伝的記憶とはみなされないかもしれない。自己の歴史を意識する段階になってから改めてその出来事を想起し，その記憶が自己の歴史に組み込まれたとき，初めてその記憶は自伝的記憶とみなすことができるのではないだろうか。

3 ── 時間情報の再構成における時間スキーマの役割

過去の出来事の生起時期の想起が不正確であった場合を調べてみると，昔の出来事は実際よりも最近に，最近の出来事は実際よりも昔に判断される傾向がある（Bradburn et al., 1987; Huttenlocher et al., 1988; Rubin & Baddeley, 1989; Thompson et al., 1988; Loftus & Marburger, 1983）。過去の時間が全体としてみると実際よりも圧縮されたようにみえるこの現象は，望遠鏡で遠くを見た場合にたとえてテレスコーピング（telescoping）と呼ばれている。ランドマークとなる出来事を設定することにより想起が正確になり，テレスコーピングが減少することから，時間情報の想起は，人生のランドマークとなる出来事や時間スキーマを参照して再構成することにより，正確さを増すことが示唆される。

Kurbatら（1998）は，大学生による過去1年間の出来事の想起を調べた。その結果，学期の初めと終わりは他の時期よりも想起数が多いことが示された（カレンダー効果：

calendar effect)。しかし，祝日（バレンタインデー，独立記念日，ハロウィンなど）を想起手がかりとして与えると，祝日付近の出来事の想起率が高くなり，学期の効果は小さくなった。我々がエピソード記憶を検索するときは，自分自身のカレンダーの周期を手がかりとしているのであり，1年という時間スキーマがエピソードの想起に影響を与えていることがわかる。

　Thompson ら（1996）は，日誌法により出来事の時間情報の記憶を調べた。そしてエラーパターンの分析を行なったところ，7日おきにエラーのピークがみられることがわかった。つまり，違う週の同じ曜日を誤って答えているエラーが多く見出されたのである（曜日エラー，day of week error：DOW）。時間スキーマは階層構造をなしている（年，月，曜日など）。そして曜日は正確に覚えているが，週や月が誤っているというように，異なる時間スキーマでは記憶の正確さが異なる可能性がある。ある出来事はクリスマス前のことだったとしてほぼ正確な月日を想起できたとしても，違う年を答えてしまい，結果としてまる1年のエラーになることもあるだろう。時間の記憶について検討する際は，実際とは何日違っていたというような見方をするのではなく，時間スキーマの階層ごとにエラーパターンを分析する必要があるだろう。

　以上，時間情報の再構成におけるエラーと時間スキーマの役割を紹介してきた。しかし，Rubin（2000）が述べるように，自伝的記憶の日付がまったく間違えたものであったとしたら，想起された時間を指標とし，比較的頑強な現象として知られている，幼児期健忘やバンプ（6章参照）の研究は意味のないものとなってしまう。上記のような時間情報の記憶エラーは，例外はあるもののそれほどありふれたことではなく，長い時間スケールにおいて想起された時間情報は比較的正確であると考えてよいのかもしれない。

4 ── ニュースイベントの時間情報の再構成

　Thompson ら（1996）によると，自己に関する出来事は他者に関する出来事よりも時間情報の想起が正確である。自己に関する出来事の記憶は，時間情報想起の手がかりが豊富であり，生起時期判断の目安となる人生のランドマークイベントなどの出来事と関係が深いためだと思われる。

　Fradera と Ward（2006）は，ニュースイベントの時間情報の想起課題を行なった。ニュースに関する意味的知識と時間情報の正確さについて，成人してから対象となるニュースを経験した高齢者群と，自身が生まれる前か幼少期にニュースが報じられた若者群を比較した。その結果，若者群ではニュースに関する意味的知識の高低と時間情報の正確さに関連があったが，高齢者群では関連がなかった。実際にニュースを経

験した高齢者群では，ニュースを自伝的記憶と関連づけて処理することが可能であるため，ニュースに関する意味的知識量の影響を受けなかったのだと思われる。自伝的記憶の時間情報の再構成には，時間スキーマやニュース，人生のランドマークイベントが参考となるのと同様，ニュースイベントの時間情報の再構成には，自伝的記憶が参考になるのであろう。実際に経験したニュースイベントと自己に関する出来事は，自己関連情報の量に差がある連続した対象としてとらえることができるだろう。

　過去のエピソードを1つ想起すると，同時にいくつかの思い出が浮かんでくることだろう。浮かんできた複数の思い出とそれらに関連した社会的出来事などから想起の軸となる時間軸が形成され，その時間軸に沿ってその時点での自伝的記憶が作り上げられるのではないだろうか。

3節　主観的時間と客観的時間の時隔感

1 ──「もうそんなにたったのか」という感覚

　次に，自伝的記憶における主観的時間について考えてみる。2節で述べたのは客観的時間の想起に関する研究であった。一方で我々は，出来事の正確な生起日時を意識した際に「もうそんなにたったのか」「まだそれしかたっていないのか」というような，主観的時間と客観的時間のズレを感じることがあるだろう。下島・小谷津（1999）はこれを「時隔感」と名づけた。そして実際の生起年月を知っている同じ時期に起こった2つの出来事でも，現在と文脈が重なる出来事（大学生にとっての大学入学）は重ならない出来事（大学生にとっての高校卒業）よりも「もうそんなにたったのか」という時隔感が強い（主観的に実際よりも最近の出来事に感じられる）ことを示した（Shimojima, 2002）。

　出来事の主観的距離には出来事の感情価が影響する。RossとWilson（2002）は，現在の自己にとって否定的な意味をもつ過去の自己・経験は，とくに自尊感情の高い群において，主観的により昔に感じられることを示した。過去のエピソードは現在の自己の視点で再構成されることはよく知られている。現在の自己の基盤となるようなエピソードは実際よりも現在に近く，現在の自己にとって否定的なエピソードは実際よりも昔に感じることにより，現在に適応した自己の安定が保たれているのかもしれない。一方でShimojima（2004）では，当時は否定的であったが現在は肯定的にとらえている転機エピソードは，一貫して肯定的であった転機エピソードに比べて，実際よりも最近に感じられる評定が高かった。経験した当時には否定的にとらえていた出来事であっても，それにより自身が肯定的な方向へ変化したととらえ直すことができ

た転機エピソードは，主観的に現在の自己に近く感じられるのかもしれない。

過去の語りは基本的に過去形が用いられるが，突然現在形が現れることがある。Pillemerら（1998）は，現在形が現れた語りの分析を行なったところ，非常に感情的な出来事であったり，感覚知覚的情報が鮮明に語られていたりした。このように，体験を語る中で非常に感情的になり，出来事を行為者として再経験しているとき，語りの中に現在形が現れることがあるようである。再経験による記憶表象の変化として，記憶の視点の研究がある。我々が過去の出来事を想起する際，自分が行為者としてその出来事を再経験しているように想起する場合は経験者の視点であり（field memory），記憶の中の自分自身を観察するように想起する場合は観察者の視点である（observer memory；Nigro & Neisser, 1983）。CrawleyとFrench（2005）の参加者の1人は，自身のトラウマイベントを観察者の視点ではなく経験者の視点で見ることができるようになったが，それまではその出来事から距離を置くために，経験者の視点でみることを避けていたのだという。我々は視点の変化によって，ある出来事から現在までの主観的距離を操作しているのかもしれない。

2 ── 主観的時間が意識されるとき

では，自伝的記憶の主観的時間とはどのようなときに意識されるのだろうか。自分の結婚記念日を意識したとき「あぁ，もうそんなにたったのか」と感じたり，子どもの誕生日に子どもが産まれた日のことを思い出して「もうそんなにたったのか」と感じたりしないだろうか。日常生活で主観的感覚だけを意識することはまれであり，客観的事実を再認識したときに初めて主観的感覚が意識されそのギャップに驚くのではないだろうか。現実自己と理想自己のギャップを認識することにより我々は成長する。同様にこれからの自伝的記憶研究にとって必要なのは，客観的事実の想起の正確さだけではなく，想起者自身による客観的事実と主観的感覚の違いの認識に焦点を当てることではないだろうか。

記憶は変容するものであるし，抑圧されて想起できない記憶もあるだろう。しかし日常生活において重要な他者と共有するエピソードの時間情報，たとえば夫婦で共有しているはずの結婚記念日の日付が，夫の記憶の中だけで変容してしまったとしたら，きわめて重大な困難が予想される。自伝的記憶の重要な機能の1つは他者と記憶を共有することであろう。他者と共有すべき事実はわかっているけれども主観的には異なって感じる，という時隔感は，社会生活に支障をきたさずに，ある意味自分にとって都合のよい自己を維持するという，自伝的記憶の適応機能の新たな一面を示しているのではないだろうか。

4節　今後の展望―自伝的記憶と時間的展望

1 ── 「現在の広がり」と自伝的記憶

　自伝的記憶の研究では「過去の出来事を思い出して下さい」と依頼する。筆者が朝に行なった調査で，ある学生は過去の出来事として「今朝大学に来る電車の中でむかついたこと」をあげた。この学生にとって「今朝」はすでに過去であるらしい。一方で，非常にトラウマ的な経験をした人にとっては，その出来事はいつまでも「過去」とはならず「現在」であることだろう。阪神淡路大震災（1995年1月17日）や9.11テロ（2001年9月11日）は，ある人々にとってはすでに「過去の出来事」かもしれないが，「現在」のままの人々もいるだろう。しかし阪神淡路大震災が「現在」である人も，震災からの出来事すべてが「現在」であるわけではないだろう。人によって「現在の広がり」は異なるし，1人の人の中でも状況によって「現在の広がり」は変化するだろう。これまでの自伝的記憶研究では，想起する現在を「点」としてとらえており，「現在の広がり」という見方が欠けていたのかもしれない。過去・現在・未来の区切りは客観的事実として存在するものではなく，我々が主観的に作り上げたものである。過去は現在の自己により再構成されるものであるが，現在の広がりも同様に，過去を想起し未来を展望する過程で作り上げられるものなのではないだろうか。

2 ── 時間的展望の変化と自伝的記憶

　「過去の自己エピソードを語る」ことと時間的展望，とくに過去に区切りを入れることで過去を「過去化する」（白井，2007）ことに関する1人の男の子のエピソードを紹介したい。A君が小学校に入学したとき，同じクラスに知っている友だちはいなかった。朝から晩まで友だちときょうだいのように暮らしてきた保育園時代に比べると，友だちがいない教室はとても心細かったことだろう。家で学校の話を聞こうとしても「何もなかった」と言う。たまに話すのは「保育園ではこんなことがあったよね」という過去のエピソードばかりだった。しばらくするとA君は保育園時代の話をしなくなった。小学校での出来事も多少は話すようになってきたが，休み時間は本を読んでいるようだった。なぜ保育園の話をしなくなったのか聞いてみると，「もう保育園には戻れないから。今のことを考えたいから」という返事が返ってきた。しばらくして友だちができたらしく家で学校の話もするようになってきた。そして保育園に行っている妹の話をきっかけに，再び自分の保育園時代の話をするようになった。さかんに「これは何組（何歳クラス）のときだっけ」と確認し「なつかしいなぁ」などと言っている。「来年は僕2年生，妹が1年生になるとき僕は何年生？」と未来に言

及することも増えてきた。入学直後に保育園のエピソードを語っていたのは，おそらく自分らしさを確認するための作業であり，まだ「過去化」されていないほんの少し前の自己エピソードを語っていたのだと思う。しばらくして過去を語らなくなったのは保育園時代を「過去」とみなし始めたからではないだろうか。再度過去を語るようになった現在，A君はようやく過去を「過去化」し，自伝的記憶として「なつかしく」語っているのではないかと思う。現在，彼にとって過去のエピソードを時間的に体制化する時間スキーマは「何組（何歳クラス）」「何先生のとき」である。さらに，妹の保育園行事にあわせて過去を想起することにより，1年サイクルの行事という時間スキーマで，過去のエピソードを体制化し直しているのだろう。今，A君の語りの中心は基本的に現在と近い未来（明日，今度の日曜日など）である。現在を中心に時々保育園時代という「過去」をなつかしく想起し，誕生日や学芸会など未来の行事を楽しみに語る。A君の時間は今，現在を中心に過去と未来へどんどん広がっている。

　このように，時間的展望の変化とともにA君の過去の語りは変化していった。子どもが自伝的記憶を語るにはさまざまな要因が関連していることだろう。その中の1つとして，現在と過去に区切りをつけて過去を「過去化」し，「現在の自己」「過去の自己」そして「未来へ広がる自己」を認識するプロセスが必要なのだと思う。自伝的記憶を語るには，自己が時間的に連続しているという感覚に加え，「現在の広がり」には含まれない「過去」と「未来」を認識することも大切であろう。これは何歳で生じるというよりも，自身の過去を「過去化」するようなきっかけがあって初めて生じるのではないだろうか。

　保育園時代にもA君は保育園のエピソードを語っていた。しかし，保育園時代という過去に区切りをつけた今，A君が語る「過去」の保育園時代のエピソードは，保育園時代に語っていた「現在の広がり」の一部であった保育園時代のエピソードとは意味が違う。保育園に関する記憶はようやくA君の自伝的記憶の一部に組み込まれたのではないだろうか。

5節　おわりに

　Tulving（2002）によると心的時間旅行（mental time travel）は人間特有の要素である。ClaytonとDickinson（1998）は，アメリカカケスにも人間のエピソード記憶に類似した記憶があるという。しかし人間以外の動物は，符号化された文脈情報を用いてエピソードを時間スキーマと関連づけ，複雑な自伝を作り上げることはできない。自己という概念が人間以外の種に存在するかどうかはわからないが，自伝的記憶は人

間特有の要素であると考えて差し支えないだろう。

　我々は頻繁に過去を回想し未来を展望する。しかしその際に1つひとつのエピソードの時間想起にいちいち心的努力を傾けていたのでは疲れてしまう。私たちは展望台から景色を眺めるように自身の人生をざっと見渡し，主観的な時間の流れの中でなんとなく位置づけられたエピソードを想起しながら，心的時間旅行を行っているのだろう。そして，他者とのコミュニケーションのためにこれらのエピソードの客観的時間を意識した際に「もうそんなにたったのか」「まだそれしかたっていないのか」というような時隔感が生じるのではないだろうか。主観的時間と客観的時間のギャップに関する研究を通じて，過去・現在・未来へと広がる主観的な"自分らしさ"と他者と共有可能な客観的事実に基づく"自分らしさ"の関係を検討していきたいと思う。

● 註

＊1　Nelson（1989）は，Emilyという女児の就寝前の語りを分析している。

引用文献

Bastin, C., Van der Linden, M., Michel, A-P., & Friedman, W. J.　2004　The effects of aging on location-based and distance-based processes in memory for time. *Acta Psychologica*, **116**, 145-171.

Bradburn, R. M., Rips, L. J., & Shevell, S. K.　1987　Answering autobiographical questions: The impact of memory and inference on surveys. *Science*, **236**, 157-161.

Clayton, N. S., & Dickinson, A.　1998　Episodic-like memory during cache recovery by scrub jays. *Nature*, **395**, 272-274.

Crawley, S. E., & French, C. C.　2005　Field and observer viewpoint in remember-know memories of personal childhood events. *Memory*, **13**, 673-681.

Fivush, R.　1988　The function of event memory: Some comments on Nelson and Barsalou. In U. Neisser & E. Winograd (Eds.), *Remembering reconsidered: Traditional and ecological approaches to the study of memory*. New York, NY: Cambridge University Press. Pp.277-283.

Fivush, R., Gray, J., & Fromhoff, F.　1987　Two year olds talk about the past. *Cognitive Development*, **2**, 393-409.

Fradera, A., & Ward, J.　2006　Placing events in time: The role of autobiographical recollection. *Memory*, **14**, 834-845.

Friedman, W. J.　1977　The development of children's knowledge of cyclic aspects of time. *Child Development*, **48**, 1593-1599.

Friedman, W. J.　1993　Memory for the time of past events. *Psychological Bulletin*, **113**, 44-66.

Friedman, W. J.　2007　The role of reminding in long-term memory for temporal order.

Memory & Cognition, 35, 66-72.

Friedman, W. J., & Lyon, T. D. 2005 Development of temporal-reconstructive abilities. *Child Development, 76*, 1202-1216.

Huttenlocher, J., Hedges, L. V., & Prohaska, V. 1988 Hierarchical organization in ordered domains: Estimating the dates of events. *Psychological Review, 95*, 471-484.

Kurbat, M. A., Shevell, S. K., & Rips, L. 1998 A year's memories: The calendar effect in autobiographical recall. *Memory & Cognition, 26*, 532-552.

Linton, M. 1986 Ways of searching and the contents of memory. In D. C. Rubin, (Ed.), *Autobiographical memory*. New York, NY: Cambridge University Press. Pp.51-67.

Loftus, E., & Marburger, W. 1983 Since the eruption of Mt. St. Helens, has anyone beaten you up? Improving the accuracy of retrospective reports with landmark events. *Memory & Cognition, 11*, 114-120.

Neisser, U. 1988 Five kinds of self-knowledge. *Philosophical Psychology, 1*, 35-59.

Nelson, K. 1989 *Narratives from the crib*. Cambridge, MA: Harvard University Press.

Nigro, G., & Neisser, U. 1983 Point of view in personal memories. *Cognitive Psychology, 15*, 467-482.

Pillemer, D. B., Desrochers, A. B., & Ebanks, C. M. 1998 Remembering the past in the present: Verb tense shifts in autobiographical memory narratives. In C. P. Thompson, D. J. Herrmann, D. Bruce, J. D. Read, D. G. Payne & M. P. Toglia (Eds.), *Autobiographical memory: Theoretical and applied perspectives*. Mahwah, NJ: Lawrence Erlbaum Associates. Pp.145-162.

Pöppel, E. 1996 Reconstruction of subjective time on the basis of a hierarchically organized processing system. In M. A. Pastor & J. Artieda (Eds.), *Advances in psychology, Vol.115. Time, internal clocks and movement*. Amsterdam, Netherlands: North-Holland. Pp.165-185.

Ross, M., & Wilson, A. E. 2002 It feels like yesterday: Self-esteem, valence of personal past experiences, and judgments of subjective distance. *Journal of Personality and Social Psychology, 82*, 792-803.

Rubin, D. C. 2000 Autobiographical memory and Aging. In D. C. Park & N. Schwarz (Eds.), *Cognitive aging: A primer*. New York, NY: Taylor & Francis. 渡辺はま（訳）2004 自伝的記憶とエイジング　口ノ町康夫・坂田陽子・川口　潤（監訳）　認知のエイジング入門編　北大路書房　Pp.121-137.

Rubin, D. C., & Baddeley, A. D. 1989 Telescoping is not time compression: A model of the dating of autobiographical events. *Memory & Cognition, 16*, 653-661.

Shimojima, Y. 2002 Memory of elapsed time and feeling of time discrepancy. *Perceptual and Motor Skills, 94*, 559-565.

Shimojima, Y. 2004 On feeling negative past as a part of current self:Subjective temporal organization of autobiographical memories. *Psychological Reports, 95*, 907-913.

下島裕美・小谷津孝明　1999　出来事の記憶における時隔感　心理学研究, **70**, 136-143.

白井利明　2007　過去をとおして未来を構想する―時間的展望の視点から　佐藤浩一・白井利明・杉浦　健・下島裕美・太田信夫・越智啓太　自伝的記憶研究の理論と方法（4）日本認知科学会テクニカルレポート, **61**, 4-10.

Thompson, C. P., Skowronski, J. J., Larsen, S. F., & Betz, A. B. 1996 *Autobiographical memory: Remembering what and remembering when*. Mahwah, NJ: Lawrence

Erlbaum Associates.
Thompson, C. P., Skowronski, J. J., & Lee, D. J.　1988　Telescoping in dating naturally occurring events. *Memory & Cognition*, **16**, 461-468.
Tulving, E.　2002　Episodic memory and common sense: How far apart? In A. Baddeley, J. P. Aggleton & M. A. Conway (Eds.), *Episodic memory: New directions in research*. Oxford, UK: Oxford University Press. Pp.269-287.
Wagenaar, W. A.　1986　My memory: A study of autobiographical memory over six years. *Cognitive Psychology*, **18**, 225-252.
山崎勝之　1996　慣用的時間概念の発達　松田文子・調枝孝治・甲村和三・神宮英夫・山崎勝之・平　伸二（編）　心理的時間―その広くて深いなぞ　北大路書房　Pp.336-348.

10章

自己と記憶と時間―自己の中に織り込まれるもの

遠藤　由美

1節　はじめに

　私たちの中には，これまでに経験した「悔しかったこと」「悲しかったこと」「楽しかったこと」「誇らしかったこと」などのさまざまな出来事が思い出として詰まっている。一般には，それら自伝的記憶は，あたかもその時々の自分のあり方を記憶に焼きつけた写真のようなものであり，自分がこのように生きてきたのだという証であると考えられている。そして，私はこのような人間であるという自己表象は，そうした自覚的「証拠」に裏付けられた，その人のあり方のサマリーのようなものとして位置づけられてきた。すなわち，現実のその人のあり方をほぼ正確に記録した自伝的記憶，そしてその記録に基づいた「あのときの私は…」という自己表象，これらがほぼ等号で結ばれる関係にあるとみなされてきたのである。自己と記憶の関係に関するそのような理解は，わかりやすく，説得力のあるものとして写る。他方，近年，それらを等号で結ぶことの是非に関わる研究が次第に増大しつつある。本章では，自分はどのような人間であるかについての自分自身による把捉としての自己表象や自己理解ないし「自己」（以下，単に自己と表す）と自伝的記憶の関係，そして自己と時間の関係について考察をめぐらすことにする。まず，自己と自伝的記憶の関係についてのこれまでの通説を概観する。次に，構成説を取り上げ，最近の主観性の研究を紹介する。そして最後に，「過去の自己」と「現在の自己」に焦点を当て，自己と記憶と時間の関係について考察する。

2節　「自己」と自伝的記憶の関係―これまでの通説

　人は時間的にも空間的にも，ひたすら前を向いて歩くように求められている。時間的には，今立っている地点を現在といい，まだ足を下ろしていないところを未来といい，すでに足跡が刻まれた後ろにできた道を過去という。未来はすぐ近くであれば，

10章　自己と記憶と時間―自己の中に織り込まれるもの

おおよそどのようなものか見当がつくが，遠いところはまったくの五里霧中である（不確実性が高い）。現在は今下ろした足の下に大地を感じ，したがって自分はここに立っていることは確かだと把握できるが，ここに歩を下ろしたことがよかったかどうかをまだ振り返る余裕はない。ただ1つ対象化して見ることができるのは，足跡として残っている事実の積み重ねであり，動かしようのない過去である。

　自己についての多くの理論は，自己がその人の過去のあり方，そしてその記録であるところの記憶と密接に結びついていることを暗黙の前提にしてきた。その代表例は，自己同一性についての理論である。James (1890) は，あのときの自分，このときの自分，明るい私，暗い私など，さまざまな自分がありながら，全体として分裂せずに，どれもすべてこの私という自己同一性を保ち得るのは，過去のどのような体験であっても，その記憶が私の中に残っており，ところどころ擦り切れようとも記銘された時点の私を主人公とした出来事が頭の中で生き生きと再現され，その私はこの私であることがわかるからである，と示唆している。

　自己概念についての考えも，記憶を前提にしている。自己概念は，たとえば，「親切」「太っている」「政治的保守派」など，人格特性や身体特徴，態度などさまざまな観点から自分自身の本質的特徴をとらえたものである。そのような自己が実体（その自己の持ち主が事実そのとおりの人である）か，あるいは仮説構成体（実際のその人のあり方とはズレており，単に当人が頭の中でそうとらえているだけの可能性があるもの）かということが論争になったが，実際の言動や経験の証拠としての記憶というものが切り札とみなされ，実体説のほうが優勢であった (Gordon & Gergen, 1968)。

　やがて自己研究に情報処理的アプローチが導入され，それは多少修正されながら，いっそう先鋭化されることになった。つまり，コンピュータがデータに基づいて論理計算をするのと同様，人も過去の実際の経験をデータとして記憶し，自分がどのような人間であるかという問いへの答えをそれらに基づいて論理的に導き出すと考えられたのである。セルフ・スキーマ (Markus, 1977) やネットワーク構造 (Bower & Gilligan, 1979)，プロトタイプ（たとえば，Kihlstrom & Cantor, 1984）などの「知識構造としての自己」モデルはいずれも自己と特性と行動との間にリンクを仮定しており，自己概念が事実としてのエピソード記憶に基づいたものであるとの考え方を明瞭に表している。つまり，現実の出来事が意味的関連性に基づいて，脳内に記憶表象として記録され，それに基づいて自己理解がなされる，というわけである。初期のパーソナリティ研究と自己研究が重なりをもち，投影法以外の人格測定法と自己概念の測定法が類似しているのは，どちらもその人の実際のあり方は，その人自身が意識内において把握しているという前提を共有しているためである。ただし，自己理解の判断

においては，記憶のある部分を重点化したりデータを除外したり，あるいは出来事の時期や詳細部分の記憶間違いがあったりすることが考えられるため，この記憶は正真正銘の過去の事実ではないかもしれない。そのような付帯条件つきで，おおよそは正しい事実の記憶が意味的関連性に沿って特性ラベルの下に組み込まれ，ヒエラルキーの最上部に位置づけられるのが統合された自己であると考えられてきたのである。

現実の出来事と記憶と自己の間の緊密な関係はこうである。通常，「老婆に席を譲った」という記憶は，そうした行為がないところには発生しない。また席を譲ったことは「親切」な行為という意味づけが当然与えられ，そうしたのは自分であるから，現実の座席移譲という出来事と親切という意味と行為の主人公としての私とが連合によって結びつき，私は親切だという理解が成立する。つまり，自分自身についての判断に先立って，そのときまでに獲得され頭の中である一定の構造を与えられて貯えられている知識・記憶表象がベースにあり，それを情報源として自己が構成される，という図式である。

また，自己は安定し一貫していると同時に変動するものと考えられている。人は以前にどのようなことを経験したかを覚えており，高校時代の私は△△の経験をしたことがあり○○であったが，今も○○（例：内気）であると考えるなら，これは自己の一貫性を示している。他方，あるときは自分を「思慮深い」と思い，別のときは「浅はかだ」と思ったりと，自己はその時々によって揺らぐこともある。一貫性と変動性を併せもつ自己は，先の図式においてはどのように説明されるだろうか。

Markusは作動自己という概念を提唱し，自己の一貫性と変動性を矛盾なく説明できると主張した（Markus & Kunda, 1986）。自己の中核部分は社会的環境に影響されにくく安定し一貫している。他方，意味的に相矛盾するような表象をも併せもつ自己知識において，あるとき・ある表象の接近可能性（accessibility）が他より高いならば，その次元に関する特徴をもったものとして自己が意識される。したがって，接近可能な領域が異なれば，異なる自己の姿が現れることもある。このように作動自己の考え方は，頭の中にある既存の知識表象の集合（つまりデータベース）という考え方はそのままに，接近可能性によって自己の変動性を矛盾なく説明できることを示唆した。Sanitiosoら（1990）は，内向性／外向性が成功をもたらすと信じ込ませる実験的操作を行ない，その結果それぞれに関連した記憶が効率的に想起され，また当該次元の特性評価が高まったことを報告している。概念とはそのものの本質的な特徴とその連関を内包するものであるから，その時々で浮かび消えるような寄せ集めの断片的なものであってはならない。作動自己は，その都度構成されるものではなく，自己の内部で接近容易な知識領域が異なるだけだという説明を提供し，自己知識の中にデータは

貯えられ参照されるという前提を補強する役割を果たした。

3節　構成される自己

1 ── 人は自覚的で合理的な思考者か

　これまで，人は真摯で真面目で自覚的な認知課題遂行者と仮定されてきたようである。すなわち，対象について思考し判断する際は，その対象についての関連情報に基づき，それを慎重かつ十分に利用する，と仮定されていた（レビューとして，Wyer & Srull, 1989）。とくに自己については，適応的に生きるために本来的に人は自分を正しく理解しようと動機づけられており（自己査定動機），判断するための適切な情報を求め，それに基づいて正しい姿を把握しようする（Trope & Bassok, 1982）。自分の能力をはるかに超えた課題に対して，無謀にも挑戦するのはエネルギーのロスである。また，自分にとってあまりに容易すぎる課題に向き合っているならば，これまた時間の無駄遣いであろう。自分にとって最も情報価のある情報を得て自分のありのままの姿を把握しようとすることは，その後の世界への働きかけを効率よくし，かつストレスを最小限にとどめる賢明な方策かもしれない。

　しかし，最近，人は常に明晰で思慮深く自覚的で合理的な思考者（thinker）であるとはかぎらないのではないか，と議論され始めている。紙幅の都合上，ここでは自己に関連する範囲に話を限定しよう。我々は，自己に関連する態度や感情・評価は内面の奥底に沈んでおり，通常は自分でもそれを意識していない（subconscious）が，必要があれば，熟慮的内省をとおしてそれにアクセスできると考えている。しかし，近年の研究は，顕在的態度や自己評価と潜在的なそれとがほとんど相関がないことを報告している（たとえば，Wilson, 2002）。たとえば，「自分はステレオタイプ的偏見がなく，他者に対して公平だ」と顕在的態度では考えていたとしても，行動や潜在的態度指標は否定的評価を示し，実際には他者を差別するなどの行動をとることがある（人がいる）と考えられる（Wilson & Dunn, 2004）。

　また，最近の研究は，自・他の認知における行為の意図の役割に注目している。ある研究では，他者を助ける意図が強く自覚されている場合には，援助行動がまだとられていないときあるいは不十分なときであっても，自分を愛他的だと考える傾向があることを報告し，現実の行為よりも意図（＝思考）が自己理解を生み出していることを示唆している（Kruger & Gilovich, 2004）。もしそうであるならば，自己は実際のその人のありようをそのまま反映したものであると考えることは困難になり，自己は現実に基づく記憶表象に根ざしていると主張する根拠は脆弱となる。もしそうである

ならば、自己は実際のその人のありようをそのまま反映したものであるとは考えにくい。つまり、自己の記憶表象は、「現実」に根ざしているという根拠を失うのである。

2 ── 現在に生きる私

顕在的自己の源泉はどこにあるのか。これについては、十分に解明されていない。しかし、最近の研究は、判断・思考する時点での心の状態や主観的経験（subjective experience）が判断・思考に強く影響すること、しかも人はぼんやりしていて（mindless）そのことにしばしば気がつかない、ということを次第に明らかにしつつある（Bless & Forgas, 2000; Gilovich et al., 2002）。多くの態度は、判断時点で一時的に接近できる状態になっている情報──たとえそれが判断対象と無関連であっても──に基づいて、直感的に構成されるものであり、文脈効果の対象である（Haddock, 2000）、というのが最近の知見である。たとえば、通常、ある対象に対する評価（どの程度よいものだと評価するか）は、その人の本来の価値観や嗜好に基づいて自覚的に判断され、それが自己概念（私は○○が好きだ）に反映されるように思われる。次の研究（Wanke et al., 1997）は、しかしそれに反する知見を提供している。BMW（自動車）のよい特徴を3個あげるように求められる群と8個あげるように求められる群では、3個条件がよさを「簡単に思いついた」という感覚を経験するのに対して、8個条件では「なかなか思いつかない」という感覚を経験する。そして、「ということは、それほどよい特徴がないのだ…」と、思いつかないという内的感覚に意味をもたせた推論をするため、3個条件のほうが8個条件よりもBMWに対する評価が高く、相対的にBMW派という態度を形成するに至りやすい。つまり、対象そのものに関連する情報ではなく、自分の中の〈思いつきやすさ─思いつきにくさ〉に（図らずも）影響されているのであるが、そのことに対するメタ認知を欠くため、自分の心の理解を誤ってしまうのである。

同様に、狭義の「自己」あるいは自己についての判断・評価もその時々で構成されるものである可能性を示唆する研究が登場してきている。そのような研究はまだそれほど多くはないが、いくつかの研究は、自己はその時々の感情や身体状況などの主観性要因や社会的状況要因の影響を受け、構成されるものであるという見解を示唆している（たとえば、Gilovich et al., 2005；ちなみに彼らの論文題目は、'Shallow thoughts about the self'である）。このような考え方は、「自己にとって重要な次元に関する記憶は豊富でよく保持され」（Markus, 1977）、「細部にわたって正確性が高く」（Skowronski et al., 1991）、また、そのような自伝的記憶に根ざして自己は作られるという考え方とは根本的に異なっている。

ある研究は，大学生の幸福感を2年間にわたり測定した。ある者は身内を亡くし，ある者は恋人と破局し，ある者は大学院に合格した。これらの出来事は当人たちにとって重要であったが，幸福感には一時的な影響しかもたらさなかった。これを報告した研究者は「最近の出来事だけが重要だ」と言っている（Wilson, 2002による引用／村田，2005, p.187）。「人生を変えるような重大な出来事が起こり，それで頭がいっぱいのとき，私たちは繰り返し『ガーン』を経験する。しかしながら，徐々に『ガーン』攻撃の頻度も力も弱まっていく。私たちの世界観はその出来事に沿うよう調節され，それについてそれほど考えなくなる」(Wilson, 2002／村田，2005, p.199)。これらの研究は，このような復元力のメカニズムが，絶えず直面しなければならない新たな事態に対してより柔軟な対応を可能にしていることを示唆するとともに（Wilson, 2002），重大な出来事を経験し，そのときに自分が幸せ者，有能者，あるいは無能者・失敗者だととらえたとしても，時が流れ文脈が変われば，そのような自己理解は色あせ，そのときの経験も自己理解も重要性を失うことを示唆している。

3 ── 自伝的記憶と主体とのフレキシブルな関係

時がたち状況が変わると，かつて重要性をもっていた出来事について再現できなくなるのか，あるいは思い出さなくなるのか，はたまた，再構造化がなされるのか，それらの研究は明らかにしていない。仮に自伝的エピソードとして記憶に貯えられたままだとしても，ここで強調したいのは，自伝的記憶と自己との関係は密接に対応した固定化したものではなさそうだということである。Libbyら（2005）は，過去のエピソードを想起するときの視覚的視点操作によって，過去の自分が異なるものとしてイメージされることを報告している。これは過去の現実の近似値的記録に根ざして概念イメージとしての自己が心の中に貯えられているのではなく，想起時点での視点の取り方の関数として，一時的に作り上げられることを実証的に示した研究として，位置づけることができる。

このような考え方に立てば，過去の自己，すなわち過去のある時点にいた自分がどのようなものであったかについての信念ないしイメージは，それを作ろうとしている現在において構成されることになる。実はこのような考え方は，これまでまったくなかったわけではない。古くは，Mead（1934）が，「○○だとしてとらえの対象となるもの［Me］は，常に主体として現在を生きる［I］によって構成される」という理論を提唱している。また，Bruner（1990, 1994）は，自己を構成することは，記憶よりも思考に近いものだと主張し，語る時点でのさまざまな心理過程の産物だと主張している。さらに，Rossを筆頭とするグループは動機が過去の構成を導くことをさま

ざまな実証研究で示してきた（Ross & Wilson, 2003）。遠藤（2003）は，実際に数ヶ月間の間隔をあけて実施した研究によって，「過去の自己」は，数ヶ月前の「現在の自己」ではなく，現時点での「現在の自己」と強い関わりがあることを見いだし，現在の自己のとらえが過去の自己を規定することを示唆している。また，他者から受容されたことをイメージさせて現在の自己評価の水準を操作し，過去の自分，現在の自分についていくつかの特性次元での評定を求めると，受容された自分をイメージし現在自己を肯定的にとらえている群では，現在の「よい自己」に関するイメージが顕著であるために，一種の対比効果が生起し，過去の自分を否定的なものとして報告することが見いだされている（図10-1；工藤・遠藤，2007）。自己に関わる記憶の再構成説を主張するRossら（たとえば，Ross & Wilson, 2003）は，自己高揚動機を根源的なものだとみなし，もっぱら自己高揚動機から自己構成を証明しようとしているが，自己高揚動機が本質的に重要できわめて強いとされている米国においても，人が常に自己高揚に動機づけられて思考・判断を行なうわけではないことが多々示されている（たとえば，Kruger, 1999; Kruger & Dunning, 1999）。過去の自己を主観的に構成する際の要因を，自己高揚動機以外にも求めていくことが要請されている。

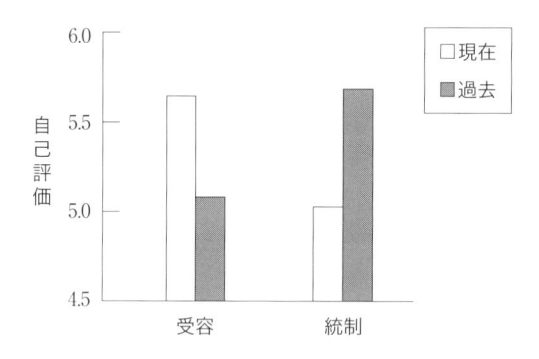

図10-1　受容操作による現在自己と過去自己の特性評価（工藤・遠藤，2007を改変）

4節　自己と時間

これまで，自己についての2つの見解を紹介してきた。すなわち，1つは，ある時点（例：2001年9月11日）で生起した出来事や経験をその時点で自伝的記憶エピソードとして貯蔵し，それをもとに自己とはどのような人物かを計算するという考え方である（これを今，記憶表象説と呼ぶことにする）。この説においては，出来事や行為の意味はそれらが生起したときに発生し表象として記憶され固定される。もう1つは，

過去は現在において構成されるという説であり（これをここでは，構成説と呼ぶ），出来事や行為の意味は現時点においてその都度構成され付与されることになる。

　ここで，時間という言葉を用いて説明し直したい。記憶表象説においては，時間は絶対的・物理的（太陽系の運行）なものとしてとらえられ，出来事や経験の表象は暦や時計によって特定され得る客観的時間軸上のある1点（ただし，一定の幅をもたせることもある）に貼り付けられたもの，ということになるだろう。ライフステージのどの時期の出来事が思い出されやすいかといった研究（たとえば，Rubin et al., 1998；本書6章3節参照）は，このような絶対的時間あるいは客観的時間の流れを仮定している。他方，構成説においては，過去や未来というのは，現在のその人の頭の中で構成される主観的時間として存在する。生身の身体をもち，「今・ここ」の社会的文脈の中に生き活動しながら，主観的世界の中で構成している時間である。それゆえに，思い出す人のそのときの内的状態によっては，客観的時間軸上は比較的近接した過去であっても，遠いものとして感じられ，そのときの自分と今の自分はすっかり変わってしまったと思えたり（Libby et al., 2005），あるいは客観的時間としては長い時が流れた後も，ついこの間のようだと思え，私は何も変わってはいない，と感じる場合が生じたりするのである（9章3節参照）。

　人は生涯にわたり経験を重ね続け，世界から汲み取る意味が深化し，以前は見えていなかったことが見えるようになることがある。たとえば，自分の子どもをもつまでは，「次世代への責任」などという視点で自己をとらえるという発想は，ふつうはまず生じないだろう。今の時点で理解している「以前は，責任など感じていなかった自分」というものは，過去の暦上のどの時点を探しても存在しないのである。なぜなら，現時点になって，そのような視点・観点というものが初めて発生したからである。このような意味において，過去は現在という地点からの'look back'という行為の結果として，生じるものであると考えられる。

　ただ，記憶表象説と構成説はどちらが正しいかを決定すべき性質のものではないかもしれない。なぜなら，それは問題の立て方，研究における関心のあり方の違いと密接に対応しているからである。たとえば，先にあげた「人生のどの時期の出来事が思い出されやすいか」という疑問は，一般に人というものは，自分に起きた出来事をどのように記憶をしているかを関心の対象とするものである。自伝的記憶とは，「人が生涯を振り返って再現するエピソードのこと」と定義されている（川口，1999）。そこでは，自己に関わるものであるか否かはまったく言及していない。それも道理である。自伝的（autobiographical）というのは，思い出しているあるいは語っているのが自分自身（auto）だということだけを示し，自己（self）という語はそもそも含ん

ではいない。たとえば、「私が5歳の頃、○○という町に住んでいた」、このような記憶は、自分という人間の本質をどのようにとらえているかを直接語るものではないが、自伝的記憶の1つである。だから、先のように、人というものは、客観的時間軸に沿って配置されているその人自身の過去をどのように覚えているのだろうか、という問いを立てることができる。だが他方、自己に焦点を当て、「過去の私」がどのように作られるかを問題にすることもできる。このときには、今現在どのような自分がいて、何をあるいはどのような自分を「過去」として感じているのかを問わざるを得ない。［Ｉ］があっての［Me］なのである。被爆者や拉致問題の当事者や家族にとっては、今の［Ｉ］の中に忌まわしいことが現在の問題として存在しているかぎり、何十年経過しても、あのときのことは過去ではなく、連続した長い現在なのかもしれない。

引用文献

Bower, G., & Gilligan, S. G. 1979 Remembering information related to one's self. *Journal of Research in Personality*, 13, 420-432.

Bless, H., & Forgas, J. 2000 *The message within: The role of subjective experience in social cognition and behavior*. New York, NY: Psychology Press.

Bruner, J. 1990 *Acts of meaning*. Cambridge, MA: Harvard University Press.

Bruner, J. 1994 The "remembered" self. In U. Neisser & R. Fivush (Eds.), *The remembering self: Construction and accuracy in the self-narrative*. New York, NY: Cambridge University Press.

遠藤由美 2003 過去はいかに想起されるか―自己の時系列的比較 日本社会心理学会第44回大会論文集, 230-231.

Gilovich, T., Epley, N., & Hanko, K. 2005 Shallow thoughts about the self: The automatic components of self-assessment. In M. Alicke, D. Dunning & J. Krueger (Eds.), *The self in social judgment*. Philadelphia, PA: Psychology Press.

Gilovich, T., Griffin, D., & Kahneman, D. 2002 *Heuristics and biases: The psychology of intuitive judgment*. New York, NY: Cambridge University Press.

Gordon, C., & Gergen, K. 1968 *The self in social interaction*. New York, NY: John Wiley & Sons.

Haddock, G. 2000 Subjective ease of retrieval and attitude-relevant judgments. In H. Bless & J. Forgas (Eds.), *The message within*. New York, NY: Psychology Press. Pp.125-142.

James, W. 1890 *Principles of psychology*. New York, NY: Holt.

川口 潤 1999 自伝的記憶 中島義明（編） 心理学辞典 有斐閣 p.354.

Kihlstrom, J., & Cantor, N. 1984 Mental representations of the self. In L. Berkowitz (Ed.), *Advances in experimental social psychology*. Vol.17. New York, NY: Academic Press. Pp.1-47.

Kruger, J. M. 1999 Lake Wobegone be gone! The "below-average effect" and the egocentric nature of comparative ability judgments. *Journal of Personality and Social*

Psychology, **77**, 221-232.
Kruger, J. M., & Dunning, D. 1999 Unskilled and unaware of it: How difficulties in recognizing one's own incompetence lead to inflated self-assessments. *Journal of Personality and Social Psychology*, **82**, 189-192.
Kruger, J., & Gilovich, T. 2004 Actions, intentions, and self-assessment: The road to self-enhancement is paved with good intentions. *Personality and Social Psychology Bulletin*, **30**, 328-339.
工藤恵理子・遠藤由美 2007 過去の自己評価は現在自己評価維持のためにつくられるのか 日本社会心理学会第48回大会発表論文集, 88-89.
Libby, L. K., Eibach, R. P., & Gilovich, T. 2005 Here's looking at me: The effect of memory perspective on assessments of personal change. *Journal of Personality and Social Psychology*, **88**, 50-62.
Markus, H. R. 1977 Self-schemata and processing information about the self. *Journal of Personality and Social Psychology*, **35**, 551-558.
Markus, H. R., & Kunda, Z. 1986 Stability and malleability of the self-concept. *Journal of Personality and Social Psychology*, **51**, 858-866.
Mead, G. H. 1934 *Mind, self and society*. Chicago, Ill: University of Chicago Press.
Ross, M., & Wilson, A. E. 2003 Autobiographical memory and conceptions of self: Getting better all the time. *Current Directions in Psychological Science*, **12**, 66-69.
Rubin, D. C., & Rahhal, T. A., & Poon, L. W. 1998 Things earned in early adulthood are remembered best. *Memory & Cognition*, **26**, 3-19.
Sanitioso, R., Kunda, Z., & Fong, G. T. 1990 Motivated recruitment of autobiographical memories. *Journal of Personality and Social Psychology*, **59**, 229-241.
Skowronski, J. J., Betz, A. L., Thompson, C. P., & Shannon, L. 1991 Social memory in everyday life: Recall of self-events and other-events. *Journal of Personality and Social Psychology*, **60**, 831-843.
Trope, Y., & Bassok, M. 1982 Confirmatory and diagnosing strategies in social information gathering. *Journal of Personality and Social Psychology*, **43**, 22-34.
Wanke, M., Bohner, G., & Jurkowitsh, A. 1997 There are many reasons to drive a BMW: Does imagined ease of argument generation influence attitudes? *Journal of Consumer Research*, **24**, 170-177.
Wilson, T. D. 2002 *Strangers to ourselves*. Cambridge, MA: Belknap Press/Harvard University Press. 村田光二（監訳） 2005 自分を知り，自分を変える――適応的無意識の心理学 新曜社
Wilson, T. D., & Dunn, W. L. 2004 Self-knowledge: Its limits, value, and potential for improvement. *Annual Review of Psychology*, **55**, 493-518.
Wyer, R., & Srull, T. 1989 *Memory and cognition in its social context*. Hillsdale, NJ: Lawrence Erlbaum Associates.

11章

時間的展望と自伝的記憶

白井　利明

To remember the past is to commit oneself to the future.
(ローマ法王　ヨハネ・パウロ2世，広島，1981.2.25)

1節　はじめに

　本章では時間的展望と自伝的記憶の関係について，はじめに，両者の類似点と相違点，次に，過去をとおして未来を構想すること，最後に，時間のダイナミックな移動による現在の制作と事実性の問題について論じてみたい。ここで，あえて「現在の制作」という表現を使うのは，「生きられる現在」を作り出すという，意図的とまではいかないが，ある種の目的的な行為でもあると考えたいからである。また，そのことをとおして，過去・現在・未来の相互関係を考えてみることのおもしろさや大切さを述べてみたい。

2節　時間的展望は自伝的記憶とどう関わるか

1 ── 時間的展望とは何か

　時間的展望とは，ある時点における心理学的未来および過去に対する見解の総体をいう (Lewin, 1951)。たとえば，自分の未来に希望がもてるとか，過去を受け入れているといったことである。

　時間的展望の意義は，第1に，未来や過去を考えることで，現在の直接的な状況による規定を免れ，自由を獲得することができることである。たとえば，今の瞬間には魅力的であるが長い目で見ると有効でないような行動を選択せずにすむのは，長い目で考えるという時間的展望があるからである。

　第2に，人生が有限であることを認識し，1回しかない自分の生を考え，どのように生きていくのかということへの認識を深めることである。かけがえのない〈今〉が

実感できるのは背後に時間的展望の働きがあるからである。
　第3に，社会を構成するうえで重要な役割を果たすことである。集団の構成員が時間的展望を共有することで，相互理解が促進され，協同の目標の実現が可能になる。また，歴史を語り継ぐことで世代と世代は結び合わされる。一定の歴史認識を共有することで社会の相互協調が可能になるのである。
　以上のような時間的展望の研究は，次のような利点が考えられる。
　第1に，時間的展望は意識されたレベルの問題を扱うが，このことから個人の主体性を取り上げることができる。時間的展望は，過去を受容したり，未来に投企するという主体的な契機を含んでいる。
　第2に，時間的展望は「したい」という欲求と「できる」という認知の統一体であり（Thomae, 1981），感情と認知の結合を研究できる利点がある。

2 ── 自伝的記憶と時間的展望の関係

　自伝的記憶とは，「これまでの生活で経験した出来事に関する記憶」（佐藤，2006, p.1）をいう。時間的展望研究が記憶研究と異なることを強いてあげるとすれば，次の3つの点が考えられる。
　第1に，記憶研究は特定のエピソードを取り上げるのに対して，時間的展望研究は過去を全体として問題とする。第2に，記憶研究では確かにそのとき覚えたという事実がなければならないが，時間的展望研究では過去が事実であるかどうかは問題にしない。第3に，記憶研究の「現在」は想起の時点を指すが，時間的展望研究の「現在」では単なる今の瞬間ではなく幅がある。また，記憶研究の「未来」は現在以降のすべてを指すが，時間的展望研究の「未来」は複数段階を経て目標が実現する頃のことを考えている。
　以上のように違いをあげたが，むしろ時間的展望研究は自伝的記憶研究とは重なっており，違いは相補的な関係にある。
　たとえば，時間的展望は，過去も未来も現在の一部であり，現在によって再構成されると考える。自伝的記憶研究の立場から，佐藤（2008）は，出発点となった経験が人を動機づけるのではなく，「あれが出発点だった」と想起することが人を動機づけるという興味深い見方をしている。これは時間的展望の視点と一致する。不快な過去の出来事であったとしても，とらえ直すことで未来を志向するエネルギーに変わるのである（日潟・齊藤，2007）。
　また，時間的展望はこれまで未来を重視してきたが，記憶は過去を重視している。近年の時間的展望研究は過去にも注目し，自伝的記憶の研究は動機づけに注目してい

る。このことからしても，双方のいっそうの研究交流が期待される。

そこで，以下では，自伝的記憶研究の知見から学びながら，時間的展望の見方を説明していきたい。

3節　過去をくぐって未来が構想される

1 ── 過去と未来を立ち上げる現在の重要性

佐藤（2000a）は，過去の自分（remembered self）が未来の自分（possible self）を動機づけると同時に，未来の自分が過去の自分を選択的に想起したり再解釈したりするという，過去と未来を双方向的にとらえるモデルを発表している。

それは，大学生の教職志望意識と教師にまつわる自伝的記憶の関係について検討した結果明らかになった，次の事実に基づいていた（佐藤，2000a, 2000b）。第1に，教職志望意識の強い学生は，こんな教師になりたいという教師のモデルがいた。第2に，過去の教師にまつわる快エピソードによって，教職志望という未来の自分が動機づけられていた。第3に，教職志望という未来の自分によって，快エピソードが選択的に想起されていた。

この結果を時間的展望研究の視点で読み解くと，次のようになる。第1の点は，個人は環境との相互作用の中で未来を立ち上げていることを示す。第2の点は，過去の出来事の想起により未来の目標が支えられていることを示す。第3の点は，未来に視点をとることで過去が肯定的に意味づけられていることを示す。

これらのうち，第2の点は，過去をくぐって未来が構想されることを示している。第3の点は，未来に視点を置くことで過去を受容することができること，逆に言えば，過去の経験が生きるように未来を構想する，ということを示している（これは第2の点につながる）。このように，人は自分の生き方を考える中で，過去をくぐって未来を構想し，未来を構想することで過去を生かすという循環を作り出していく。杉浦（2007，本書12章4節参照）が述べる転機をめぐる循環論はそのような中から生ずると思われる。

これらの分析からもわかるように，人の未来と過去は必ずしもダイレクトにつながっているのではないと考えられる。未来が過去に結びつくときには，現在が介在する。つまり，図11-1に示すように，過去をくぐって未来を構想し，未来が現在を方向づけ，現在が過去を意味づけるのである。

ここで，先ほどの佐藤（2000a, 2000b）の研究に再度注目すると，調査協力者が教員養成課程に在籍しているという現在の状況が重要な意味を帯びていることがわか

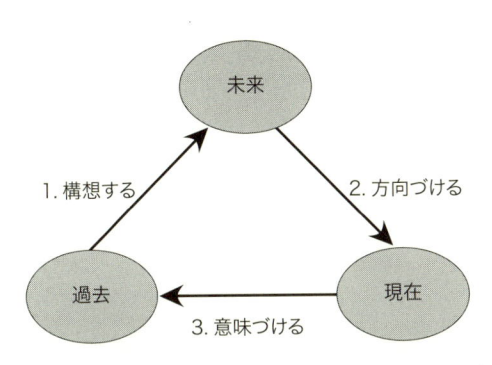

図11-1 時間的展望の生成の図式（白井，2001a）

る。つまり過去から未来という流れでは，過去の出来事の想起が教師になるという未来の目標を立ち上げることに影響する。未来から現在という流れでは，教師になるという未来の目標が教員養成課程に在籍し教師になるための学習を動機づける。現在から過去という流れでは，教師になるための活動は過去の肯定的な教師との出会いの出来事を想起しやすくする。

　置かれている現在の状況の意義は，別の状況で考えてみるとはっきりする。将来，医師になりたいと考えている者がよい医師との出会いや病院における快エピソードの想起から医師志望という未来目標を立ち上げていたとしても，彼・彼女がもし教員養成課程に在籍しているとしたら，違う意味になることは容易に想像できる。

2 ── 過去をくぐらないと未来を構想できないのか

　「過去をくぐらないと未来を構想できないのか」という疑問も生じよう。「エジソンの伝記を読んで，将来，エジソンのような人になりたいと思った」というように，本を読んで未来を考えることもある。実際のところ，Lens(2006)やNuttinとLens(1984)は，目標は欲求がその対象と出会うことによって生じるとしている。

　未来展望は，過去の延長や投影によるだけではなく，未来に関する知識によっても作られる（Haith et al., 1994）。たとえば，女子大学生に将来の出来事で重要なものを3つあげるように求めると，たいてい，就職・結婚・出産といった出来事があげられる。彼女たちは過去に就職も結婚も出産も経験していないし，間近に見聞きした経験があるともかぎらない。おそらく彼女たちは女性のライフコースに関する知識を自分の将来にあてはめているのである。このように，過去をくぐらなくても未来展望はできる。

　他方で，別の見方も可能である。たとえば，それはエジソンの伝記を読んで感銘を受けているとき，エジソンの過去・現在・未来と自分の過去・現在・未来のつきあわ

せが行なわれていることも十分に考えられる。たとえば，エジソンの子ども時代と自分の子ども時代を重ねたり，エジソンが成功した頃を自分の未来と重ねるなどである。このような過程からは，たとえ表面に出てこなくても，時間的展望が働いていることが考えられる。

また，未来は過去をくぐることで確かなものになるとも考えられる。結婚相手との出会いを例に考えてみると，過去の異性との出会いの経験を振り返ってみることで，たとえば，「あまり異性と出会わないかもしれない」ことを予想し，積極的に出会いの機会を作ることで，出会いを確かなものにできるかもしれない。

もちろん，「結婚は縁なので，努力してどうにかできるものではない」という考え方もある。この場合は，過去の経験と結びつけられることもないだろうし，したがって過去をくぐって未来を確かなものにすることもないだろうし，結婚という未来目標が現在の努力を引き出すこともないだろう。その意味では，過去・現在・未来の関係をどのように考えているかによって，時間的展望のあり方は影響を受ける。

それでは，過去をくぐることで未来展望が精緻化されるというのは実証的に明らかなのであろうか。ここでは，その例として，回想展望法（白井，2007）を紹介しておきたい。回想展望法とは，過去を回想することで，将来を展望することをうながす方法である。

白井（2001b）は，大学生と専門学校生に，「子どもの頃将来大きくなったら何になりたかったか」と質問し，将来の職業目標を回想するように求め，それが進路選択にどのように影響するのかを確かめた。まず，「子どもの頃将来大きくなったら何になりたいと思っていたか。それはいつのことか。なぜか」を回想するよう求めた。次に，あげられた職業の一覧から，昔と今の職業目標に一貫すること（職業的一貫性）を読み取ったり，自分の成長を確認したりしたうえで，その結果をみんなの前で発表することを求めた。その結果，この取り組みをした場合は，していない場合に比べて，職業選択への関心が高まり，自己肯定・自己理解がうながされ，目標・計画性が高まった。また，高校生に，回想をうながし，職業的一貫性の読み取りをするよう求めた（白井，2008b）場合でも，将来の職業選択の関心を高め，未来の職業に対して準備をしていこうとする態度をもたらした。これらの研究は，未来を構想するうえで過去をくぐることが有用であることを示したといえよう。

この方法は，自伝的記憶の研究の知見からも裏付けられる。清水（1996, 2004）は，「将来，何になりたかったか」ということと「今，何になりたいか」との間には主観的関連があると指摘している。このことは，「将来，何になりたかったか」について回想することが「何になりたいか」についての関心を高めたり，より適切に考えることに

つながることを意味する。

3 ── 現在・過去・未来の順にできあがるのか

それでは，時間的展望はどのような順序でできあがるのだろうか。現在→過去→未来，もしくは過去→未来→現在の順だろうか。実際にはそのようには考えられていない。現在・過去・未来は同時にできあがると考えられている。

大橋（2004）は，過去と現在と未来はバランスをとりながら存在すると指摘している。たとえば，「後悔」は，過去の想起にだけ関わる問題ではなく，「恐れる」という未来の予期とも関わるものであり，自己は想起と予期の統一的関係のうえで成り立っているとしている。また，都筑（1999）は，過去の自分や経験・出来事を振り返りつつ，それらを再解釈したり，再定義すると同時に，未来の自分や目標・出来事を思い浮かべ，その実現を期待したり，希望することを通じて，過去・現在・未来の自分を統合的にとらえるとしている。

以上のように，過去・現在・未来はそれぞれが別々のものではなく，1つのまとまりとして成り立つと考えられている。いずれか1つの変化に応じて他のものは変化せざるを得ないのである。

それでは，図11-1で示した順序はどのように考えたらよいのだろうか。1つの考え方としてここでは，現在の状況から注意を向ける先の順序を考えてみたい。図11-2に示すように，まず，過去に関心を向ける活動があり，次に未来に関心が向いて未来を立ち上げる活動が起き，そして現在へと返ってきて現在を豊かにする活動となると考えてみるのである。どの活動の段階でも，過去・未来・現在のつきあわせは行なわれているから，現在・過去・未来は同時にできあがるということと矛盾しない。他方で，現在→過去→未来と流れていくことは，個人の活動の生起する順序として表現さ

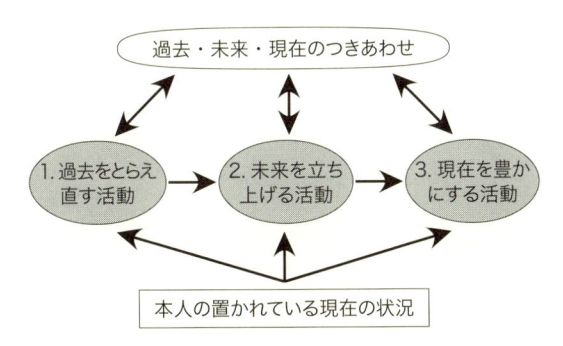

図 11-2　時間的展望生成の活動の図式

れている。しかも，これらの活動はいずれも個人の置かれている現在の状況によって規定されることが表現されている。つまり，過去をとらえ直す活動も，未来を立ち上げる活動も，現在を豊かにする活動も，いずれも本人の置かれている現在の状況の中に埋め込まれていることが，図11-2で示されている。

4節　過去・現在・未来のダイナミックな視点の移動と事実性の問題

1 ── 個別エピソードの活性化による「現在の広がり」のゆらぎと安定化

下島（2001）は，過去経験は実際の経験時間として体制化されるのではなく，ある出来事は実際よりも遠い過去として，またある出来事は実際よりも近い過去として，時間的に再体制化されるとしている。「もうそんなにたったのか」「まだそれしかたっていないのか」という時隔感（タイムギャップ感）が過去と現在の境を作り出していくのである（9章3節参照）。

これにより，自伝的記憶の想起が現在を制作することが考えられる。過去を過去化することで時間に括りを入れ，現在を作り出していると考えるのである。我々は当たり前のように現在は存在すると感じているが，このような仕掛けによって作り出されているのである。

さらに，下島（2007）は，個々のエピソードによって過去と現在の分離のされ方は異なり，過去のどのエピソードが活性化されるかによって現在の境界は揺れ動くと指摘している。この指摘も興味深い。個々のエピソードを問わない時間的展望の研究から言い換えれば，これは本人の視点が過去と現在，現在と未来をダイナミックに動いていることと関係しているのであり，そのことが今度は個人の意識のうえでの過去・現在・未来を形成しているのである。おそらく，こうした揺らぎがなければ時間的展望は成り立ち得ないであろう。

過去・現在・未来は括りを入れることで立ち現れる。言い換えれば，分節化である。分節化とは，体験に時間の区切りを入れて表象することをいう。過去の事象を過ぎ去ったものとして表象することで過去化し，そのことによって過去の出来事を現在の自己に統合する働きである。たとえば，「よくやった」と考えることで過去と向き合い，「これからもしっかりやろう」と考えることができる。こうして過去と未来に相対することで，生きられる現在が立ち上がってくる。

万一のことを考えて生命保険に入るのは時間的展望の働きによる。将来のことを考えることで将来の不安から逃れて現在の活動に没頭することができる。過去も同様で，過去のとらわれから解放されることで，現在に集中できる。時間的展望の広がりと現

在への集中との間には正の相関が見いだされている (Klineberg, 1967)。時間的展望は，それをもつことによって未来や過去に支配されてしまうのではなく，現在をよりよく生きるためにあるのである。

2 ── 事実性の問題はどう関わるか

下島 (2007) は，現在をとおして再構成したとしても変わらない現実の過去が存在するとの認識があってこそ，過去に重みを与えることができ，客観的事実（現在をとおしても変わらない実際に経験した事実）の存在が自己の裏付けとして働くとしている。現在の自己の安定が未来の構想を生み出すのであるから，客観的事実（「いつ結婚したのか」）と主観的感覚（「とても昔のこと」）の違いの認識こそが重要ではないか，と問題提起している。

確かに，主観的な意味づけは個人によって多様であっても，客観的な事実は他者と一致するはずである。お金を借りたのは自分なのか相手なのかは，社会生活を送るうえで重要な問題である。過去を扱う際に大切なことは，想起者自身による客観的事実と主観的感覚の違いの認識であるという下島の指摘はそのとおりだと思われる。

たとえば，私は追跡研究で，異なる時点で，同じ時期の過去のことを繰り返し質問している。ある女性は，大学を卒業してから会社に勤めていたのだが，阪神淡路大震災をきっかけにして会社を辞め，教師に転職した。転職を図っている時期に，過去の進路選択のことを聞くと，「実は，大学時代から教師になりたかったのだ」という。しかし，大学時代に面接したときには，それほど教師になる意思が強いようには思えなかった。そこで，再度，「卒業するとき，教師を目指す気持ちはどの程度だったか」と聞いた。すると，「当時は，それほど大きい気持ちではなかった」と言った。

このエピソードは，主観的感覚は当時と今では異なるが，客観的事実は一致する，という具体例になろう。これは，教師を目指している現在からみると，過去の教職希望が過大視されることを示している。ここでいう過大視とは，今では過去よりもそのことがより重要になっているという意味である。「教師を目指す」という現在は，「大学時代から教師になりたかった」という過去を選択的に想起させ，「教師になる」という未来の構想に対して支持的に働く。これは図 11-3 に示すように，1 つの事象に対する過去の時点における位置づけと現在における位置づけの違いによるものである。過去は小さかったが，現在は大きいものもあるし，過去は大きかったが，現在は小さいものもある。また，いずれの場合もその事象に対する位置づけは過去でも現在でも存在することには違いはないため，本人は「変わっていない」と言ったりもするだろう。本人の中で過去と現在の時点での事象の位置づけが変われば，他人に話すことが

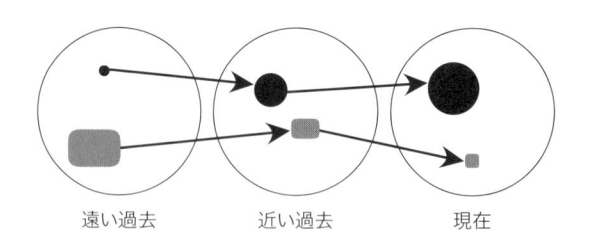

図 11-3　各時点における過去事象の位置づけの変化

異なるため，他人には記憶あるいは回想が変容したようにみえることがある。
　この知見は，主観的感覚と客観的事実（共有される事実）のズレによって明らかになったといえる。さらには，ここから話し手と聴き手との間で，「確かに，大学時代は教師を目指す気持ちはあった」ということが共有されることになった。つまり，過去の感情が事実であったと話し手と聴き手の双方によって認定されたのである。このことは，彼女にとっての自己の安定性を担保する一部になるかもしれない。
　時間的展望研究では，あくまでも主観的感覚に焦点化する。つまり，過去と現在と未来の主観的感覚がどのように関連するのか，そしてそれらはどのように今という文脈の中で生まれてくるのかを明らかにしようとするのである。こうしたアプローチのもつ利点は，たとえば，裁判での証言などといった，出来事の真偽が確かでないが，真偽を確定しなければならないような場合に活かされるだろう。大橋（2004）は，それを想起という今の行為や体験時の知覚行為が与える影響という視点から読み解いている。
　記憶は変容するというと，すべてが変わってしまうような印象がある。「過去は美化される」ともいうが，必ずしも美化されるわけではない。ある出来事に対する認知は変わらなくても，個人の中での位置づけが変われば，その出来事の意味が変化するのである。また，その変化が，他者にとっては事実の変容のように思えるのである。ただし，記憶の内容が質的に変化する場合も否定できない。また，先の例で話し手の記憶が変わったと感じたのは聴き手であり，話し手から聞いた内容に関する聴き手の記憶が関わっていることも考えておく必要がある。相互の記憶をつきあわせることで，共有される過去が作られていくのである。

5節　今後の検討課題

　本章では時間的展望と自伝的記憶の関係について述べた。他にも，本章ではふれ

ることができなかったが，佐藤（2008）は人生の時期（lifetime period）と呼ばれる数年単位の時間枠が自伝的記憶を体制化していることを見いだしているが，時間枠の問題は出来事の時間的配置を重視する時間的展望にとっても重要な知見となるであろう。

本章で十分に展開できなかったことは，語りの意義である。過去の想起は他者の一言がきっかけになったり，他者に信頼されることで過去と未来に相対(あいたい)することができる（白井，2008a），といったことも述べたかった。

以上のことは，たとえば，上村（2007）が，過去と直接関連する何かを見聞きしたときに想起しやすく，1人の状況ではあまり想起しない者は，どんな状況でも想起しない者に比べて，過去・現在・未来のいずれに対しても肯定的であったという調査結果を得ていることからも示唆される。このことは過去をくぐって未来を構想し現在を充実させるというモデルを支持すると同時に，他者との語りが単なる想起ではなく時間的展望を開くのに重要であることも示している。

引用文献

Haith, M. M., Benson, J. B., Roberts, R. J. Jr., & Pennington, B. F. 1994 Introduction. In M. M. Haith, J. B. Benson, R. J. Roberts Jr. & B. F. Pennington (Eds.), *The development of future-oriented processes*. Chicago, Ill: The University of Chicago Press. Pp.1-7.

日潟淳子・齊藤誠一 2007 青年期における時間的展望と出来事想起および精神的健康との関連 発達心理学研究, **18**, 109-119.

Klineberg, S. T. 1967 Changes in outlook on the future between childhood and adolescence. *Journal of Personality and Social Psychology*, **7**, 185-193.

Lens, W. 2006 *The role of future time perspective in students' motivation*. Seminar for research on time perspective and motivation, Osaka Kyoiku University.

Lewin, K. 1951 *Field theory in social science*. New York, NY: Harper and Brothers. 猪股佐登留（訳） 1979 社会科学における場の理論（増補版） 誠信書房

Nuttin, J., & Lens, W. 1984 *Future time perspective and motivation*. Leuven, Belgium: Leuven University Press.

大橋靖史 2004 行為としての時間―生成の心理学へ 新曜社

佐藤浩一 2000a 教職への志望意識と思い出の中の教師像 日本発達心理学会第11回大会自主ミニ・シンポジウム「時間的展望研究からみた回想・想起の問題」での話題提供 日本発達心理学会第11回大会発表論文集，S78.

佐藤浩一 2000b 思い出の中の教師―自伝的記憶の機能分析 群馬大学教育学部紀要 人文・社会科学編, **49**, 357-378.

佐藤浩一 2008 自伝的記憶の構造と機能 風間書房

清水寛之 1996 未来展望と自己形成 若き認知心理学者の会（著）認知心理学者 教育評価を語る 北大路書房 Pp.206-215.

清水寛之 2004 回想と展望という行為―記憶研究からみた過去・現在・未来の問題 日

本発達心理学会第15回大会ラウンドテーブル「時間的展望研究の新しい可能性―関連する研究領域とのコラボレーションから見えてくるもの」での話題提供　日本発達心理学会第15回大会発表論文集，S142.
下島裕美　2001　自伝的記憶の時間的体制化　風間書房
下島裕美　2007　指定討論　佐藤浩一・白井利明・杉浦　健・下島裕美・太田信夫・越智啓太　自伝的記憶研究の理論と方法(4)　日本認知科学会テクニカルレポート，61，18-20.
白井利明　2001a　＜希望＞の心理学―時間的展望をどうもつか　講談社
白井利明　2001b　青年の進路選択に及ぼす回想の効果―変容確認法の開発に関する研究（Ⅰ）　大阪教育大学紀要（第Ⅳ部門），49，133-157.
白井利明　2007　回想展望法　都筑　学・白井利明（編）　時間的展望研究ガイドブック　ナカニシヤ出版　Pp.138-139.
白井利明　2008a　時間的展望からみた自己の発達　榎本博明（編）　自己心理学2　生涯発達心理学へのアプローチ　金子書房（印刷中）
白井利明　2008b　高校生の職業目標の回想による進路選択の動機づけ　日本教育心理学会第50回総会発表論文集
杉浦　健　2007　循環する現在の自己と転機の語り　佐藤浩一・白井利明・杉浦　健・下島裕美・太田信夫・越智啓太　自伝的記憶研究の理論と方法(4)　日本認知科学会テクニカルレポート，61，10-17.
Thomae, H. 1981 Future time perspective and the problem of cognition/motivation interaction. In G. d'Ydewalle & W. Lens (Eds.), *Cognition in human motivation and learning*. Leuven, Belgium: Leuven University Press. Pp.261-274.
都筑　学　1999　大学生の時間的展望―構造モデルの心理学的検討　中央大学出版部
上村有平　2007　青年期の時間的展望に及ぼす自伝的記憶の影響　2006年度神戸大学大学院総合人間科学研究科修士論文

第IV部

自伝的記憶と語り

12章

転機の語り―転機の語りと生涯発達の実相

杉浦　健

1節　はじめに

　そもそも筆者が転機の研究をするようになったのは，自伝的記憶に興味があったわけではなく，当初そして現在も自分の専門と考えている動機づけの「変化」を知りたかったためである。筆者は長く大学のクラブに関わっていた（10年以上，選手たちの変化をみることができた）ことや，定時制高校で教えた経験から，選手や生徒たちの中に，あるとき気づくと物事に対する取り組み方が変わっている，一般的にいえば，やる気が変化したと思われる者がおり，それがいったいなぜなのかを知りたいと思ったのである。

　その当時は原因帰属などの動機づけ研究を，質問紙を使って統計処理を行なう実証的なかたちで行なっていた。ところがそのような質問紙調査では，やる気のある者とない者の違いはわかるのだが，筆者の一番の関心であった，やる気の変化，つまりなぜやる気のない者がやる気を出すように変わるのかは明らかにできなかった。

　たとえば，原因帰属の考え方からすれば，やる気が出るようになったのは，それまで失敗を能力不足に帰属してやる気を失っていたのだが，それが失敗を努力不足に帰属するようになったからであると説明できるかもしれない。しかしながら，では「なぜ」そのように帰属のあり方を「その人」が変えることができたのかは，データの数量化を行なっても示すことができない。実証的な質問紙研究は変化をとらえることが，またなぜ変化するのかをとらえることが苦手なのである。

　手詰まりの中で，明確な調査の枠組みではなかったものの，外からみてやる気のあり方が変わったようにみえた者に直接聞いたり，もう少し聞くことの枠組みを決めて（いわゆる半構造化面接）スポーツ選手にインタビュー調査を行なったりして研究を進めていた。すると協力者たちは，「転機」という言葉が最も適切だと思われる経験を共通して語ったのである（必ずしも，インタビューを受けた者が転機という言葉を使ったわけではないのでこのような表現をする）。それが，筆者が「転機」の研究を

始めるようになった直接のきっかけである。

　ちなみにスポーツ選手のインタビュー調査では，図らずも競技歴を聞くことを行なっていた。とりあえず話のきっかけのためであったが，今から考えると，これはまさに自伝的記憶を聞いていたことになる。

2節　「自己転換の語り」の発見

　さて，そのインタビュー調査で共通していたのは，ある出来事がきっかけとなって，あるしかるべき理由によって，それまでAという状態だったのが，Bという状態に変わった（多くの場合，Aの状態からBの状態へと成長した）という転機の経験の「語り方」である。この転機の経験を語るときの特徴的な語り方を筆者は「自己転換の語り」と名づけている（杉浦，2004b）。

　この自己転換の語りをする者は，全体をとおしてやる気があるという印象が感じられた（あくまで印象であり，実証的に調べたわけではないのだが）。インタビューなどでは，実際に「あなたは今やる気がありますか」と単刀直入に聞いてもいるのだが，そういうときには実際に「やる気はあります」という答えが返ってくることも多かった。

　ちなみに当初は，「語り」もしくは「ナラティブ（narrative）」の概念は知らず，上記のような共通した言い方があることに気づき，そこで示された変化や成長を妥当なかたちで記述したいと考えていたところに，「出来事と出来事のつながり，移行，生成，変化，帰結など，筋立ての仕方」を問題とし，「個別の具体性，日常の細部の本質的顕現自体を複雑なまま，まるごと一般化しようとし，それをモデルとして代表しようとする」語りの研究方法（やまだ，2000，p.154）が，変化や成長の記述を可能にすることに気づいたのであった。

　とりあえず当初の関心，「なぜ変わったのか」について，筆者自身の納得する答えが，転機の経験の語りおよびその特徴的な語り方である自己転換の語りにあると感じたことから，それらの語りがいかになされるのか，また，語られないことはあるのか，それらの語りがどのくらいの力をもって，その人のやる気や現在の心理状態に影響を与えているのかを，質問紙調査やインタビュー調査，自伝を中心とした文献研究などを行なって明らかにしようとしてきた。

　その結果，ここでの「なぜ変わったのか」への答えは，転機の経験をしたからということではなく，転機の経験を語ったからであるということがみえてきた。さらに言うなら，筆者の行なったインタビューや記述調査において転機の経験の語りを自己転換の語りによっておこなったということが大きな意味をもっていることがわかってき

た。一般化して言い換えるなら，自己転換の語りをすることで，人は成長することができるということである。

以下では，この転機の経験を語ること，および自己転換の語りをすることが，人の成長や生涯発達にどのような関わりをもつのかを理論的に考えていきたい。言い換えれば，それは転機として語られた自伝的記憶が生涯発達に及ぼす機能を考えることでもある。

3節　転機の語りがもつ意味

1 ── 自己の非連続性を認識させる自己転換の語り

調査やインタビューにおいて，「自己転換の語り」を使って転機があったという報告をしたということは，肯定的に変わったにせよ，否定的に変わったにせよ，人が自分の変化に対して「非連続性の認識」をもっていること，もしくは答えたその時点でその認識をもったことを表している。うながされたら非連続性の認識をもつことが可能であったと言ってもいいだろう。「今日，インタビューを受けて，そういえばやっぱりあれが転機だったんだなってあらためてわかりました」という意味のことを言った者がいたが，それはこの非連続性の認識をインタビューの時点でもつことになった典型であろう。

ここでの非連続性の認識とは，あるとき，あることを境に自分が質的に変わったと認識することができるという意味である。人は転機を語ることで，自分の変化についてこのような非連続性の認識をもつことができ，それによって自分が変わったことに気づくこと，もしくは再認識することによって，多くの場合，現在の自己をより肯定的にとらえることが可能になるのである。杉浦（2004b）から1つ例をあげよう。

1. 大学に入った後，目標を見失い，たいへん悩んだ。目標のことにとらわれず，考え方から生き方に至るまで悩みに悩んだ。
2. 考え，悩むことによって多くの人と知り合い，多くの考え方・意見を聞くことができ，もう後ろ向きに生きず前向きに生きようと思うようになった。そう考えると，自分のしたいこと・やるべきことも多く見つけることができるようになった。そうしていると，後悔せずに生きていこうと思えるようにもなってきた。
3. 以前はみえなかったものや考えることができなかったことでも今なら見つけられ，考えることができるようになった。視野が広くなったと思われる。
4. 2. で書いたように，後ろ向きから前向きに生きると決めることができたからだ

と思う。何か変化を起こすためには何か大きな契機を経て，思い切った決断ができなければいけないと思う。
＊1～4は記述調査で質問した項目である。1. いつの，どんな出来事だったか，2. 転機前後でどのように変わったか，3. そのような変化が現在の自分にどう影響しているか，4. どうして変わったかについての理由，である。

(杉浦，2004b，Pp.33-34)

　この例では，後ろ向きだった自分が，大学入学後に悩んだことをきっかけに変化して前向きになったと考えることで，今の自分の前向きさをより明確に認識することができるようになっているのである。もちろんこれは逆もまたしかりで，非連続性の認識は自分をより否定的にみることも可能にする。肯定的な変化が成長の物語であるということに対比していえば，転落の物語を作ることも可能なのである。

1. 今年。センター失敗。
2. 世の中どうでもよくなった。完璧主義はよくない。世の中不公平。謙虚にならんといかん（実力がないから本番で点取れない）。テストで人の人生を決めるのは怒りをすぎてばからしい。大学は人生の通過点。あとがんばればいいや。国公立のやつむかつく。
3. 常に暗いおもい気持ちがつきまとう。人に対する劣等感（自分よりもいい学校（世間でいう）のやつに対しては，かなりのコンプレックスがあるし，人を好きになるということ自体を拒んでしまうかもしれない）。学歴に対する不安。ねむい。あーあ。世の中でやっていけるのか。今までの人生の後悔。わけのわからない気持ち。
4. 大きなショックでしょう。

(杉浦，2004b，Pp.34-35)

　杉浦（2004b）では，浪人や受験失敗によって肯定的な変化を報告する者も多かったが，この事例からは同じ出来事でもそれをどう意味づけするかによって，成長の語りとしても転落の語りとしても語り得ることがわかる。

2 ── 社会的に構築される成長

　とはいえ，転機による変化は，どちらかといえば肯定的な変化のほうがずっと多いようである。杉浦（2004b）では，否定的な方向への変化は肯定的な変化の10％程度であった。なぜ転機による変化は肯定的な変化が多いのだろうか。

この理由として考えられるのが，転機という言葉には肯定的な響きがあり，とくに「人生の転機」と言った場合，ほとんどが肯定的な意味に受け取られるということがある。私たちは自分が変わったことを説明するときに，転機によって変わったと語ることができる。そして聴き手も語られた転機の物語を聞いて，その変化に納得することができる。その相互作用は，語り手の中での納得にもつながっていく。

　筆者が転機の研究をしているというと，多くの人がおもしろそうですねと言ってくれる。そして，「そういえば私も…」と語りだす人もいる。転機という言葉によって私たちの間に自己の変容，自己の成長に対する共通理解が成り立っているのである。そうして，その共通理解こそが，私たちに自身の成長を認識させるのである。

　言い換えるなら，私たちの成長は転機という言葉によって社会的に構築されているのである。社会的構築（social construction）とは，私たちの世界のリアリティが言葉の相互使用によって社会的に構築されているという考え方である（たとえば，Burr, 1995）。社会的構築主義（social constructionism）の考えでは，私たちが認識している現実や現実を説明する概念は，客観的に実在するものではなく，言葉の相互使用によって，つまりその言葉を使って共通理解しながら話し合うことで作り出される（構築される）のである。たとえば，「雷」という科学的な現象であっても，私たちが自然界に起こる電気的な放電現象（これを説明する言葉自体も社会的に構築された言葉なのであるが）を「雷」という言葉で共通理解し，話し合うことによって現実となるのである。それと同様に，転機の語りによる成長も，「転機」という肯定的な言葉が共有され，転機の経験が語り合われることによって，転機による私たちの成長が構築され，リアリティをもつのである。

3 ── 主観的な成長が客観的な成長をもたらす

　語られた転機による変化の特徴は，あくまで主観的な成長であって，他人が認めるほどの成長が本当に起こったのか，それまでと比べて本当に変わっているのかどうかについてはなんの保証もないものである。しかしながら，自分は成長したと主観的に思うことで実際に，（ここでの「実際に」とは，客観的にもしくは行動に現れるかたちでという意味でだが）そのような成長が起こる可能性は高くなると考えられる。なぜなら人は成長の語りをすることによって，その自分で作った成長の語りの筋に従って行動をするようになるからである。たとえば，転機によって積極的になったと考えている人は，その主観的な認識をとおして実際に積極的に行動することになるだろう。そして，積極的な行動ができたと感じられることによって，自分が積極的になったということをよりはっきりと認識することができるようになるだろう。こう考えると，

12章　転機の語り─転機の語りと生涯発達の実相

　ある人が成長したようにみえるのは（人が客観的に変わるのは），転機の語り・成長の語りに従って行動パターンが変わり，成長した行動パターンが観察されるからだと考えることができる。つまり，人は自分の作る転機の語り・成長の語りに従って自らを成長させていくのである。主観的な変化が客観的な変化をもたらすと言ってもいいだろう。スポーツ選手にインタビューした例を1つあげてみよう（杉浦，2004a）。

　　じゃあお前，辞めるんだったら3年生になってから辞めれ，3年生になったら誰もなんも言わないよって，初めはそうやって3年になったら辞めようってそのときは思ったんですけど，そっからですね，変ったと。なんか，今まで嫌いだった先輩とかと仲良くなりはじめて，自分が，あのとき先輩とか集まって話ししなかったら，今の自分はないんじゃないかって思ったし，あと，なんか1年の初めっていうか，自分が情けなくなったっていうか，あーなんだこんなんで悩んでたんだっていうのがあったし。嫌いな先輩とかと仲良くなれて，逆に気に入られて，お前変わったな言われて，自分何変わったのかわかんないんで，ただ今は楽しくてっていうのがあったし。ほんとに楽しかったし，うん，精神的に強くなったかなって思いますね。
　　　　　　　　　　　・・・・・
　　1年のときあれで潰れたら僕は終わりでしたね，もうほんとに。もう先輩なんか早く引退しちゃえとか思ったし，毎日楽しくなかったし，全部マイナスの方向に考えてたんで。今考えると，馬鹿らしい，ははは。
　（面接者：今考えると馬鹿らしい。1つ克服したわけやな。）
　　はい。そうですね。なんかあったら，ふてってるやろう，言われて。ふてってないのにふてってる言われて。2年生になって，もうそういうこと考えなくなって，毎日が充実してるって言うか。毎日が毎日ってわけじゃないですけど，だるい時もありますし，だけどやっぱ，楽しんで部活もしてるってのがあるんですよね。あ，こんな楽しいんだなってのが，あらためてわかったし，2年になってやっぱ気持ちの面で楽になったんでしょうね。それプラスやっぱ自分の中で閉じこもってるのが全部なくなって，そうですね，今もう一生懸命になってる自分がいるんですよ，…そこに，うん。なんか先輩から聞いたら，2年生のときに潰れるとか言われるんですよ，なんか。だけど僕はもうそういうことないし。
　　　　　　　　　　　・・・・・
　　そうですね，ほんとに楽しいですね，やってて，嫌なことも忘れるくらいですからね，不思議ですよ。1人だけの先輩に，変わったな，じゃなくて，周りの友だちとかにも言われたし，部活以外の友だちにも言われたし，親にも言われたし，高校のときから親元離れてるんで，やっぱ仕送りとかそういうのがあったりして，お金が足りんとか，そういうことでしょっちゅう電話で喧嘩してたんですよ。…だけど，1年のあんときに変わって，そっから親とも喧嘩もないですね，1回も。

155

　　　　　　　　　　・・・・・
　もう2年になって，3年になったら辞めようとか考えないですよ，もうずっとやってきたいってあったし，もう1年のときは3年になる前に辞めるみたいな，春休みが来たら辞めるって。今は，そういうことも考えないじゃないですか。たとえメンバーに入れなくても，チームに貢献したい，何か残したいって。今しかできないことやろうってのがあったし。実際学校とか辞めてたらそういうこと経験しないんで。ほんとに辞めなくてよかったなって。あ，こんな楽しいんだ大学は，部活は，って感じました，ぼくは。もう胸に引っかかってる思いとか全部なくなったんですよ。のびのびしてやれるようになったし。自分が変わってくれば，周りも変わってくるし，親も変わってくるし。あ，これなんだなっていう。これが学生生活なんだなって。　（杉浦，2004a，Pp.27-28）

　彼は，非常に印象的なことに，自らの転機を自己転換の語りによって何度も何度も言葉を変えて語った。その語りには確かに彼の「成長」が読み取れた。
　AndersonとGoolishan（1992）は，「人は他者とともに作り上げた物語的な現実によって自らの経験に意味とまとまりを与え，そうして構成された現実を通して自らの人生を理解し生きる」（p.62）と述べている。この考えに基づくと，彼は自己転換の語りによって，自分は転機をきっかけにして成長した，そしてその成長を保っているという「物語的な現実」によって自らを理解しているといえる。わかりやすく言い換えるなら，彼は，自己転換の語りをすることで自分が成長したと「思い込んでいる」ということである。その成長の語りはもしかしたら彼の思い込みなのかもしれないが，その思い込みに基づいて行動することで，彼の成長は客観的に観察されるものにもなるのである。たとえば，「たとえメンバーに入れなくても，チームに貢献したい，何か残したいって。今しかできないことやろうって」という語られた思いに基づいて行動することで，その姿は周囲の人に彼が成長したものとして映るのである。そしてさらには，「1人だけの先輩に，変わったな，じゃなくて，周りの友だちとかにも言われたし，部活以外の友だちにも言われたし，親にも言われたし」というような周囲の人のフィードバックによって，自分が成長したことに確信をもてるようになり，さらに語りに基づいた成長した行動を続けられるようになると思われるのである。

4 ── 転機の語りによって保たれる成長

　人は，上記のように自己転換の語りによって自分が成長したと思い込むことにより，また，その思い込みに基づいた行動の結果のフィードバックを受けることにより，自分が成長したことを確信し，さらに機会あるごとに自己転換の語りを行なうといった循環するプロセスをとおして，成長しているのではないだろうか。

そういう意味では，転機となる出来事（ここでは先輩たちと集まって話したこと），それ自体は転機のいわば「種」にすぎない。その種が，その後の一連の自らの行動と周囲からのフィードバックを受けて，自分が大きく変わった転機の出来事となり，その出来事の前後の出来事群が語られることで，彼の成長は形づくられたのである。
　Pillemer (1998) は，「アンカーとなる出来事（anchoring events）」という概念によって，転機となって人の成長を形づくるような自伝的記憶の機能を明らかにしている（5章3節参照）。Pillemer は，「アンカーとなる出来事は，その人のもつ信念を確認するものとして役立っている。人はその出来事の思い出によって，現在の信念や感情を確認することや，悩みや困難に直面したとき，それを乗り越える自信を得ること，その思い出に込められた教訓に従って思考や行動の方向性を定めることが可能になるのである」(Pp.73-74) と述べている。
　Pillemer が問題にしたのは，自伝的記憶の機能であったが，自伝的記憶が機能をもつのは，その記憶に込められた信念や感情，方向性が語りをとおして思い出され，再確認されるからなのである。
　スポーツ選手が講演などをするときに，転機を語ることがしばしばある。たとえば，柔道のバルセロナオリンピック金メダリストの古賀稔彦氏は，ソウルオリンピック3回戦で敗退した場面のビデオで，両親が周りの観客に向かって謝っているのを見て，戦っているのは自分だけではなかったということを思い知り，落ち込みから回復したエピソードを，彼の自伝でも，また講演でも語っている（古賀，2001）。そうやって語ることで，彼はその転機から得た成長を保つことができるのである。

4節　力動的な安定としての成長

1 ── 循環関係にある現在の自己と転機の語り

　ここまで述べてきたことを単純化していえば，転機を経験し，それを語ることによって，人は成長できるということである。こう言うと，転機と成長との間には，転機の経験のほうが成長よりも時間的に前であることもあって，因果関係を想定する人が多いだろう。ある程度はそれも間違いではない。だが厳密にいえば，転機の記憶と成長とには単純な因果関係では表現できない関係がある。
　ある人が肯定的な変化をした転機を語ったとする。それはもちろん，上記のような自分が成長するような転機の出来事があったからではあろう。しかしながら，ことはそれほど単純ではない。
　極端な思考実験をしてみよう。自分が成長したという転機を語っていた者がいたと

する。その後，恋人が交通事故で亡くなったとする。かつての自分が成長したという転機は，今，恋人が亡くなったという現実からすれば取るに足らないことであろう。もしその時点でインタビューされたとするなら，以前述べた転機のことはまず確実に語られないだろう。この例をふまえて考えてみよう。肯定的な転機を語れるのは，現在の自分を肯定的にみているからである。だから恋人が亡くなったばかりの彼は自らが成長した転機を語れないのである。では逆に，現在の自分を肯定的にみることができるのはいったいなぜなのか。それはかつて転機があり，肯定的に変わったと語ることができるからである。ではなぜ肯定的に変わったと語ることができるのか。それは現在の自分を肯定的にみているからである。ではなぜ肯定的にみることができているのか。それはかつて……以下続く。つまり，現在の自分の状態と転機の語りとは循環関係もしくはトートロジー（循環論法）にあるのである。

　もちろん，時間の流れからすれば，転機の出来事のほうが先なのであるが，それが思い出されず，忘れられて語られない場合，たとえ経験したときにどれほど自分を大きく変えたと思えたインパクトのある出来事だったとしても，それは現在の成長にはつながらず，他の多くの出来事と同列の意味しかもたないことになる。だから転機を語ることで肯定的な現在の自分を認識できている場合，転機の語りと現在の自分とはすでに循環関係にある。そこでは現在の自分を肯定的にみることと転機を語ることの，どちらが先かを決定することができない。そこにあるのは因果関係ではなく，あくまで循環関係なのである。

　ただし，そのような好循環の自己の状態を作り出すには，と考えた場合には，転機の語りが糸口になると思われる。かつてスポーツ選手にインタビュー調査を行なったとき，インタビューが終了してお礼を言うと，なぜかしばしば感謝されたことがあった。「こちらこそありがとう」と答えていたのではあったが，なぜ感謝されなければならないのかが疑問であった。加えてインタビューが終わった選手たちはなぜか少し元気になって帰っていくのであった。

　インタビューでは選手たちに競技歴を語ってもらったのだが，競技歴を語る際，選手たちは無意識に自伝的記憶を語る枠組みに従って，転機を自己転換の語りによって語っていた（もしくは自伝的記憶を語るために転機を自己転換の語りによって語っていた）。それによって今の自分を肯定的にとらえられるようになって帰っていったのではないだろうか。そして，そのような機会を与えてくれたということで，筆者は感謝されたのだと思われる。

　これは高齢者の回想療法と似ているといえるのではないだろうか。つまり，語ることが自己の統合と成長，そしてこれからの進む方向性を作り出すきっかけになる可能

性を秘めているのである（13章参照）。筆者は個人的関心に基づいた現実的な可能性として，自伝的回想を使ったスポーツ選手のメンタルトレーニング（とくにモチベーションアップ）ができるのではないかと考えている。

2 ── 成長の浮力としての転機の語り

転機を語ることで人は成長することができる。だがその成長は必ずしも非可逆的なものではない。身長は伸びたら病気や身体の衰える老齢にならないかぎりもとに戻ることはない非可逆的な成長である。これに対し，転機の語りによる成長は，循環によって保たれているのだから，もとに戻ってしまう可能性のある可逆的な成長である。たとえ転機を経験し，それを語ることで成長したとしても，それによって心の安定が完璧に保証されるわけではなく，危機は常に私たちの心の安定を脅かしているのである。

そのような危機に直面したときに成長がもとに戻ってしまわないためには，循環による成長を保つエネルギーになっている「自分が転機によって成長した」ということを忘れないことが大事である。そのためには，転機を繰り返し想起すること，そして語る機会をもつことが重要なのである。一般的には，「原点に返る」という言葉が適当であろう。危機のそのとき，立ち返ることのできる転機の経験の記憶をもち，それを語り得ることが，成長を保つことを可能にしているのである。自己の成長は，その記憶を思い出して，語ることで，再確認され，保たれていく。転機の記憶は繰り返し想起されることで Pillemer（1998）がいうような「アンカーとなる出来事」の機能をもつのである。

人が成長するとは，成長したことを必要に応じて想起し，語ることによって維持することである。それは，たとえるならこぎ続けることでバランスを保つ自転車のようなものであり，もしくは落ちてきたらもう一度打ち上げる紙風船のようなものである。成長とは静的な安定ではなく，より力動的に安定が保たれるものなのである。そして，転機の語りは，成長の第一歩になると同時に，成長した状態を保つための浮力を与えるものとなるのである。

3 ── 転機の語りと生涯発達の実相

本節で示した成長の力動的安定の性質，そして転機の語りと成長とが循環関係にあることは，人の成長，さらには生涯発達の実相を考えるにあたって，強調しすぎることはないほど重要である。

転機の語りと成長との循環関係，そして成長の力動的な安定を強調するのは，1つはそれが生涯発達の実相を表していると考えるからである。西本（2006）は，阪神大

震災の意味づけについての研究で，震災から学んだことが多かったと答えた者のほうが，そうでない者よりも，より震災に関する不適応感が強かったという。色々な解釈があろうが，震災に対する不適応感が強いからこそ，自己の安定のバランスをとるために，震災から学んだことが多かったと認識するのではないだろうか。この場合は，転機の語りによって，震災の意味づけが逆転し，震災の否定的意味がまったく消え去り，肯定的意味に転換するのではなく，否定的意味の影響を受けつつも何とか生きていくために，マイナスの中にプラスの意味づけを見いだしているのではないかと思われる。確かに杉浦（2004b）でも，肯定的な変化と否定的な変化をもつアンビバレントな転機がしばしば語られていた。実はそのときにはプラスとマイナスの変化を併せもつ転機については，その意味を問題にできなかったのだが，それは成長の実相を的確に表すものであったのだろう。自己は，前述の自転車のたとえのように，もしくはやじろべえのようにプラスとマイナスとの間に揺れつつ，安定を保っているものである。転機の語りや自己転換の語りは，マイナスになって倒れそうな出来事の意味づけを変えることで，プラス側へ自己の安定を保つ役割も果たしているのかもしれない。

　転機の語りによる成長の力動的な安定を強調するもう1つの理由は，静的な安定した成長，どんな危機にも耐え得る完璧な成長という考えは，誤った理想として人を苦しめる可能性があるからである。Erikson（1963）は，彼の発達理論である漸成図式において，心理社会的危機の解決を単純な肯定的項目の「達成」と考える見方に強く異議と警告を発し，次のように述べている。「各段階で，善良であることが達成されると，それは新たな内面的葛藤や変動する外的諸条件に侵されることはないという仮説は，成功主義のイデオロギーを子どもの発達の上に投射したものである，と私は信じている。その立身出世主義は，我々の私的な空想や社会一般の夢に非常に危険な状態で浸透し，新しい産業時代という歴史の中で意義のある生存をするための熾烈な戦いにおいて，われわれを不適格にすることがある。人格は生存という冒険に絶えず挑戦しているのであって，身体の代謝作用が衰えに対処している時でさえ，それを止めることはない」（Erikson, 1963／仁科，1977, p.352）

　たとえて言うなら，私たちは生きていくための戦いを続けており，戦いの中で経験を積み，またそれを語ることで戦いの勝率を上げることのできる転機の自伝的記憶を積み重ね，成長している。けれども，スポーツと同じように戦いには常に勝てるとはかぎらないのだ。完璧な理想としての成長を想定することは，生きることの苦しさや否定的な感情をまったくもたない安定した自己像を求めることになり，苦しさや否定的な感情を含んだ現在の自分を認められない状態を引き起こしてしまうだろう。人が成長するとは，完璧な自分を形成することではなく，苦しさやさまざまな危機に直面

する中で，なんとかやっていく力を力動的に保っていくということなのである。

5節　転機の語りの積み重ねと生涯発達

　かつて自分を成長させ，今の自分を肯定的にみることを可能にしている転機の出来事がいつまでも力をもつとはかぎらない。立ち返る転機が力を奮わなくなるような危機がいつか訪れるかもしれない。たとえば，先ほど例に出した「成長したという転機を経験し，それを語った者が，恋人の死に直面したとき」には，それを乗り越える新たな転機を経験しなければならないだろう。またたとえば，青年期に自分のやりたいことが見つからず悩んでいた者が，やりがいのある仕事を見つけ出し，取り組めるようになったという転機を経験したとしても，その若者が中年期をすぎ，これからの残りの少なくなった仕事や人生のことを考えるときには，新たな転機が必要となるかもしれない。

　後者の例は，もちろんエリクソンの漸成図式（Erikson, 1963）をふまえてである。転機の語りによって保たれる成長を積み重ねて発達していく人のありようは，エリクソンの漸成図式を自伝的記憶と語りの概念から再解釈する視点となるかもしれない。今後，生涯発達と自伝的記憶との関係は重要なトピックの1つになっていくだろうと思われる。

引用文献

Anderson, H., & Goolishian, H.　1992　The client is the expert. A not-knowing approach to therapy. In S. McNamee & K. J. Gergen (Eds.), *Therapy as social construction.* Newbury Park, UK: Sage Publications.　野口裕二・野村直樹（訳）1997　クライエントこそ専門家である―セラピーにおける無知のアプローチ　野口裕二・野村直樹（訳）ナラティヴ・セラピー――社会構成主義の実践　金剛出版　Pp.59-88.

Burr, V.　1995　*An Introduction to social constructionism.* Florence, KY: Routledge.　田中一彦（訳）1997　社会的構築主義への招待―言説分析とは何か　川島書店

Erikson, E. H.　1963　*Childhood and society.* 2nd ed. New York, NY: W. W. Norton & Company.　仁科弥生（訳）1977　幼児期と社会Ⅰ　みすず書房

古賀稔彦　2001　古賀稔彦―世界を獲った男，その生き方　東京学参

西本実苗　2006　阪神・淡路大震災10年後における「人生観」の変化に関する報告　日本心理学会第70回大会発表論文集，320.

Pillemer, D. B　1998　*Momentous events, vivid memories.* Cambridge, MA: Harvard University Press.

杉浦　健　2004a　転機の経験を通したスポーツ選手の心理的成長プロセスについてのナラティブ研究　スポーツ心理学研究，31, 23-34.

杉浦　健　2004b　転機の心理学　ナカニシヤ出版
やまだようこ　2000　人生を物語ることの意味—なぜライフストーリー研究か？　教育心理学年報, **39**, 146-161.

13章

高齢者における回想と自伝的記憶

野村　信威

1節　はじめに

　高齢者が過去を回想することの意義は，1960年代に米国の精神科医であるButler (1963) によって指摘された。Butlerは老年期に行なわれる回想を「過去の未解決な葛藤の解決をうながす自然で普遍的な心的過程」だとみなし，この心的過程をライフレヴュー (life review) と名づけた。老年期における回想の意義は，Eriksonによる心理社会的発達段階理論でも示唆されている (Erikson, 1950; Erikson et al., 1986)。老年期の発達課題である統合を達成するには，「これまでの経験を思い出して再検討しようとする意欲」が必要だとされている。そのため，回想は老年期の発達課題である統合を達成するための具体的な手段だと考えられている。

2節　回想法と先行研究の問題点

　回想法 (reminiscence therapy) とは，高齢者に過去を想起するようにうながすことで情動の安定や自尊心の回復，心理的well-beingの維持といった心理的効果を導く対人援助手段である。Butlerによる提唱以降，回想法は欧米を中心として介護・臨床場面などで広く実践されており，回想法やライフレヴューの有効性を検討した研究も数多く報告されている。日本でも，野村 (1998) や黒川 (2005) を中心として，回想法の実践や研究が進められている。しかしながら，初期の先行研究では回想法の効果は必ずしも頑健であるとはいえず，その有効性に対して懐疑的な報告も散見された。たとえば，BrennanとSteinberg (1984) は頻繁に回想する高齢者ほど過去の満足度が低いことを認めている。また，PerrotaとMeacham (1981) は高齢の抑うつ患者に対して回想法を実施した結果，抑うつ症状は改善しなかったことを報告している。

　先行研究において結果が一致しなかった理由として，以下の3点が指摘された

(Cohen & Taylor, 1998; Merriam, 1980; Molinari & Reichlin, 1985)。

　第1に，回想の定義が曖昧で不十分だったことがあげられる。回想は「過去を思い出す行為や過程」(Butler, 1963) や「遠い過去を指し示す言語的な行為」(Coleman, 1974) と定義されるが，以前は研究者間で一致した定義のないままに研究が行なわれてきた。

　第2に，対象者の属性や特徴，そして回想法の実施条件が異なるために結果の比較が難しいことがあげられる。たとえば回想法の対象者が健常高齢者なのか認知症高齢者なのか，あるいは地域在住であるのか施設に入居しているのかによってその有効性は異なると考えられるが，これらの相違が結果に及ぼす影響を直接検討した研究はこれまでほとんど認められていない。同様に，質問紙調査やインタビューなどの研究アプローチの違いに伴う結果の相違も依然として十分考慮されていない。

　そして第3に，回想研究の方法論的な難しさがあげられる。回想において想起される内容は高齢者それぞれに固有で異なるものであるため，いわゆる実験室研究とは異なって厳密に条件を統制することはしばしば困難である。また回想に関して多くの高齢者に共通する一般的法則を見いだすことも決して容易なことではない。

　その後，上記の問題点のうち，回想の定義と方法論的な問題はかなりの程度改善され，90年代以降は実証的な検討を通じて回想法の効果を確認する多くの研究が報告された（たとえば，Arean et al., 1993; Cappeliez & O'Rourke, 2002; 野村・橋本，2006）。またアメリカ心理学会の臨床心理学部会は，さまざまな心理療法の療法効果を実証的に同定する試みを通じて，「おそらく効果がある治療法（probably efficacious treatments）」の1つとして回想法を認めている（Chambless et al., 1996）。

3節　回想の定義と分類

1 ── 自伝的記憶と回想

　自伝的記憶は，「個人が人生において経験した出来事（エピソード）の記憶」(Conway, 1990) と定義されている。その一方で，Butler (1963) は回想を「過去を思い出す行為や過程」と定義している。また一般には，回想とは「かつて経験したことを再認感情を伴って再生すること。過去のことを思いめぐらすこと」とされる（新村，2008）。一見すると自伝的記憶と回想は1枚の硬貨の裏表のように同等の現象を異なった視点から検討しているように考えられるものの，自伝的記憶が対象として記憶を扱っているのに対し，回想は想起する行為に焦点づけられる点で異なる。また，回想という視

点では，回想行為によって想起した本人に情動反応などの心理的効果や影響が生じることを想定している。

2 ── ライフレヴューと一般的回想法

回想の定義と分類については，これまでに一般的回想法とライフレヴューの区別（Haight & Burnside, 1993），回想の機能またはタイプによる分類（Wong & Watt, 1991; Webster, 1993），個人内，対人的および療法的回想の分類（Thornton & Brotchie, 1987）などから理論的な精緻化が進められた。

HaightとBurnside（1993）は，Butler（1963）により提唱されたライフレヴューと，その後さまざまな対人援助職者による実践をとおして形づくられた一般的回想法とは必ずしも同一の技法ではなく，それらは目的，理論的背景，聴き手と話し手の役割，プロセス，効果において異なる特徴をもつとしている（表13-1）。

表13-1 一般的回想法とライフレヴューの特徴の違い
（Haight & Burnside, 1993, p.95を改変）

	一般的回想法（reminiscence）	ライフレヴュー（life review）
目的	楽しみの提供，社会化の促進 コミュニケーションスキルを高める	統合の促進
理論的背景	心理社会的理論	精神分析理論
役割	聞き手：援助的 　　　　洞察や再構成をうながさない 話し手：苦痛は最小限にとどめる 　　　　認知症高齢者にも適用可能	聞き手：共感的 　　　　受容する，評価する 話し手：苦痛が伴う場合もある 　　　　主に健常高齢者に適用
プロセス	自由な流れ，または構造的 ポジティブな想い出に焦点づける しばしば自発的に語られる	時系列に従って構造的 ネガティブな想い出は評価づける 過去の再構成がうながされる
効果	情動の安定，抑うつの低減 自尊感情や意欲の回復 well-beingを高める	自我の統合 英知の獲得

それによれば，一般的回想法の目的はクオリティ・オブ・ライフを高める楽しい経験を生み出すことであり，参加者のコミュニケーションスキルを改善して社会的交流を促進させる働きをもつ。何を回想して語るか（あるいは語らないか）という判断には参加者の自発性が尊重され，必ずしも過去を意味づけて評価する必要はない。回想の焦点は主として楽しい出来事に向けられる。参加者は回想法を通じて自尊感情の回復や情動の安定化が期待される。

その一方で，ライフレヴューの目的は統合の促進だとされている。ライフレヴューは精神分析理論や心理社会的発達理論を背景にもち，しばしば一般的回想法よりも治療的要素を備えている。ライフレヴューとはいわば過去の人生の再吟味や批判的な分析であり，参加者は「今ではそのことをどう思いますか」などと問いかけられ，過去の出来事が自身に与えた影響を評価するようにうながされる。ライフレヴューにおける重要な3つの要素は，評価すること（evaluation），構造化されていること（structure），個別的であること（individuality）だといわれる（Haight et al., 1995）。

野村（1998）は，一般的回想法とライフレヴューの違い，グループと個人のいずれを対象に行なうのかの違い，そして参加者が一般的な健常高齢者なのか認知症高齢者など特殊な援助のニーズのある者なのかの違いという3つの次元から回想法をとらえることを提案している（図13-1）。また，回想法におけるライフレヴューブック作成の取り組みは，認知症高齢者にも人生全体を振り返ることを可能とするため，従来の分類にあてはまらない方法として注目されている（志村，2005）。

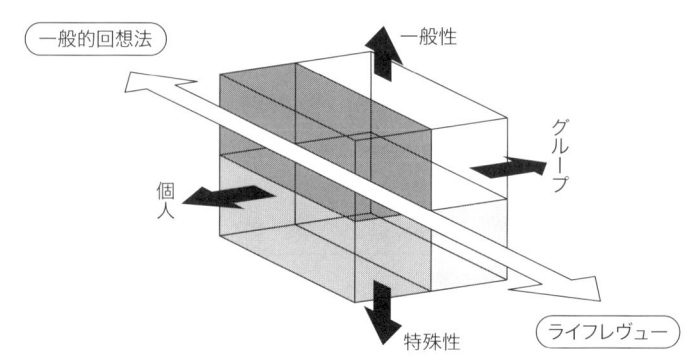

図13-1 回想法の分類（野村，1998, p.9）

3 ── 回想のタイプ・機能

回想にはいくつかの異なるタイプがあることが繰り返し指摘されている（たとえば，LoGerfo, 1980）。これまでの研究をレビューした WebsterとHaight（1995）は，研究間で分類のパターンには相違があるものの，多くの研究で同様の回想のタイプが認められることを指摘している（LoGerfo, 1980; Romaniuk & Romaniuk, 1981; Sherman, 1991; Merriam, 1993; Alea & Bluck, 2003）。表13-2には確認されている代表的な回想のタイプとその機能を示した。

WongとWatt（1991）は171名の地域在住の高齢者を対象に行なったインタビュー

表13-2 代表的な回想のタイプとその機能 (Webster & Haight, 1995を改変)

研究者	意味や連続性を見いだす	現在の問題に対処する	ためになる話をする	叙述的な話をする	現在の状況から逃避する	つらい思い出に心を悩ませる	死に備える	他者との思い出を残す
回想の機能								
Coleman(1974)	ライフレヴュー		情報付与的回想	単純回想				
Beaton(1980)	肯定的スタイル				否定的スタイル	絶望的スタイル		
LoGerfo(1980)	評価的回想		情報付与的回想			強迫的回想		
Romaniuk & Romaniuk(1981)	実存的自己理解	現在の問題解決		自己イメージの高揚				
Sherman(1991)	ライフレヴュー	適応・コーピング		叙述的回想	気分の高揚	後悔の繰り返し		
Merriam(1993)	治療的回想		情報付与的回想	楽しみ・喜び				
Wong & Watt(1991)	統合的回想	道具的回想	情報伝達的回想	談話的回想	逃避的回想	強迫的回想		
Webster(1993, 1994)	アイデンティティ	問題解決	情報伝達	会話	退屈の軽減	苦痛の再現	死への準備	親密さの維持
Alea & Bluck(2003)			情報伝達	共感性				親密さ

Alea & Bluck (2003)は自伝的記憶の社会機能として,表中の3つをあげている。表ではそれらを,回想の機能と対応づけて示している。

調査の結果より,回想を統合的 (integrative),道具的 (instrumental),情報伝達的 (transmissive),談話的 (narrative),逃避的 (escapist),強迫的 (obsessive) の6つに類型化した。そして心理的適応度の高い高齢者は統合的,道具的回想をより行ない,強迫的回想はあまり行なわないことを見いだし,心理的適応度と関連する回想のタイプがあることを示唆した。

また Webster (1993, 1994) は,回想の機能の体系的な類型化を試み,43項目からなる回想機能尺度 (reminiscence function scale) を開発した。その結果,回想の機能は 1. 退屈の軽減,2. 死への準備,3. アイデンティティ,4. 問題解決,5. 会話,6. 親密さの維持,7. 苦痛の再現,8. 情報伝達の8つからなると指摘している (5章2節参照)。

4節　回想のモダリティと研究方法の問題

1 ── 回想の研究方法の違い

前述した分類よりも大きな分類の枠組みとして,研究方法の違いによる回想の特徴の違いがある。Thornton と Brotchie (1987) は,回想を引き出す方法の違いによって回想の定義が異なる可能性を指摘している。彼らによると,これまでの

主な回想研究は1．質問紙調査（questionnaire investigations），2．インタビュー調査（interview-based investigations），3．療法的回想の研究（investigations of reminiscence as therapy）の3つに分類される。そのうち質問紙調査では，回想は「個人内・対人的に行なわれる過去の想起」として検討される。その一方で，多くのインタビュー調査では回想は「他者に語られたもの，言語化されたもの」として検討される。そして療法的回想の研究では，回想は特定の介入方法や手続きから引き出された「回想を伴う対話や対人交流」として検討される。このように研究方法によって，回想という概念の異なる側面が検討されているため，こうした相違点を考慮することなしに研究結果を比較するべきではないと考えられる。

　たとえばLoGerfo（1980）が代表的な回想のタイプにあげた強迫的回想は，WongとWatt（1991）のインタビューでは全体のわずか3％程度しか認められなかった。しかしながらこのことは必ずしも結果の不一致を示すものではなく，個人内で行なわれる回想と言語化された回想にはその特徴に相違がみられ，苦痛な過去の経験は個人内では繰り返し想起されやすいものの，そうした経験が他者に語られる機会は決して多くないという事実を示唆しているとも考えられる。

2 ── 回想のモダリティ

　野村・山田（2004）は「回想のモダリティ」という言葉を用いて，日常場面で行なわれる個人内回想，他者との会話をとおして語られる対人的回想，そして回想法として実践される療法的回想がもつ特徴の相違を説明し，これらの回想の異なる性質を検討することの重要さを指摘している。

　たとえば，野村・橋本（2001）は，回想に伴う感情の程度を測る肯定的回想尺度（例：「私は昔のことを思い出すと幸せを感じる」）および否定的回想尺度（例：「思い出すのがつらいことがある」）を作成し，これらとの関連から健常高齢者の行なう日常場面における回想の心理的意義を質問紙調査から検討した。その結果日常的に頻繁に回想することは心理的適応度の低さと関連することを認めた。また，回想の頻度と回想がネガティブな感情を伴う程度とによる交互作用を認め，日常的にあまり頻繁に回想しない場合は，ネガティブな回想の程度が高いほど自尊心は低いという関連がある一方，日常的に頻繁に回想を行なう場合は，ネガティブな回想の程度に関わらず自尊心は低いことを認めた。

　また，日常的な個人内回想と対人的回想の特徴を検討したところ（野村・橋本，2005），回想に伴う感情の程度との関連において両者に違いが認められ，個人内回想の頻度はポジティブ，ネガティブいずれの感情が回想に伴う程度とも関連する一方で，

対人的回想の頻度は回想に伴うポジティブな感情の程度とのみ関連を示し,個人内で想起される回想と他者に語られる回想ではそれに伴う感情に違いがみられる可能性が認められた。

野村・橋本（2006）は,老人福祉センターを利用する地域在住高齢者22名に対して8セッションからなるグループ回想法を実施し,療法的回想による心理的効果を検討した。日常的な対人交流のみを行なった統制群26名と比較した結果,群と測定時期による有意な交互作用が認められ,回想法を実施した群では,実施後に人生満足度の増加が認められた。

また,介入期間の前後で測定した尺度の変化量から,個人が行なう回想の特徴と回想法の参加前後の心理的適応の変化を検討した結果,日常的に回想する頻度（8項目・4件法,8－32点）と介入前の自尊感情度は負の相関を示す一方で,回想の頻度と介入前後の自尊感情度の変化量は正の相関を示した（図13-2）。このことより,日常場面での頻繁な回想は心理的適応に負の影響があるものの,日常的に回想傾向の高い高齢者は,回想法に参加することで自尊感情が回復する可能性が認められた。

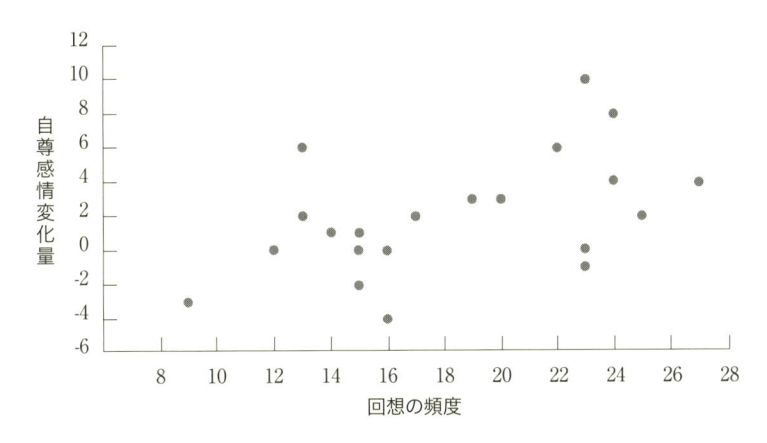

図13-2　日常的な回想の頻度と自尊感情度の変化量との散布図

5節　心理的適応を高める回想の語り

1 ── 個人回想法の内容分析の試み

野村ら（2002）は個人回想法に参加した健常なデイケア利用者8名を対象に内容分析に取り組み,回想法による心理的効果と語られたエピソードとの関連について探索

的に検討した。その結果，回想法による効果が認められた高齢者は，より多くのポジティブなエピソードを語っていた。その一方で，ネガティブなエピソードの割合は回想法による効果と関連がなく，ネガティブな回想を語ることは回想法の心理的効果と関連しない可能性が認められた。

　高齢者により語られた回想内容を事例的に検討したところ，回想法の効果が認められなかった高齢者は，幼少時のつらい体験を強調することが多かった。ある高齢者は，幼少時に両親がいなかったため親戚をたらい回しにされたことを強調し，またある者は，80歳をすぎた今なお「子ども時代に親が死んでいなかったらよかったと思う」と当時の心情を現在形で語り，ある意味で話し手の思いは過去に残されたままの状態であるかのように思われた。また回想に伴う苦痛はしばしば否認され，そのため過去の意味づけやとらえ直しは試みられず，ライフレヴューで重要とされる過去の評価が生じにくいと考えられた。

　これに対して，回想法の効果が認められた高齢者では，面接場面での頻繁な笑いとともにポジティブな体験が強調された。そして，ある高齢者の「悲しみもあったけれどそれらを通り越してきた」という言葉のように，過去の苦痛や困難はその後に続く克服への文脈で語られることが多かった。また，面接の終盤にはしばしば人生全体の受容や未来への方向づけが語られた。ある高齢者は，「今から思うとすべてが感謝。苦しみも悩みも感謝」と述べ，「死ぬときはありがとうの一言を言えるようにだけ祈ってる」と話した。高齢者が過去について思いをめぐらせた後に自発的に現在や将来の自分について語ることは，過去から未来に至る自己の連続性の感覚が生まれる（Lewis, 1971）という回想の心理的効果に一致する。

2 ── グループ回想法における語りの質的検討

　近年，質的研究法の広まりを受けて，高齢者の回想の質的検討も試みられるようになった（たとえば，山口，2007）。

　Nomura (2007) は，グループ回想法の参加者のうちで心理的効果が認められた者（N氏）を取り上げ，どのように過去を語ることが回想法の心理的効果を導いたのか，また一連の回想法のセッションをとおして語りにどのような変化が起こるのかについて質的検討を試みた。セッションにおけるすべての発言部分は逐語記録に書き起こされ，エピソードごとに分割したうえで，回想のタイプ，回想のテーマ，相互交流，感情の表出などについて検討された。

　その結果，全8回のセッションの前半でかなりの割合を占めていた歴史的事件や生活習慣の語りが，セッションの参加回数に伴って詳細な個人的体験の語りに変化し

た。また当初の，事前に決めた内容を準備した資料を読み上げるかたちで語るというN氏の回想のスタイルは，その場で想起された出来事を生き生きと語るように変化した。回想に伴う感情の表出や他の参加者との相互交流は，セッションの回数が進むにつれてグループの凝集性の高まりとともに増加した。また，N氏は趣味である替え歌にグループ回想法への参加経験自体をテーマにして取り組み，完成した替え歌をメンバーやスタッフとともに歌うという創造的な体験をしたことも重要な意味をもつと考えられた。

そしてN氏により語られた回想のエピソード全体を検討した結果，「母親への感謝」というテーマが回想を語る過程で形成された可能性が認められた。このようにセッション全体から特定のテーマが浮かび上がることは，回想法がライフレヴューの意義・特徴を示したことを示唆すると考えられた。

6節　語りたくない／語るべき回想

1 ── 自伝的記憶に伴う感情の割合

自伝的記憶研究では，記憶に伴う感情の割合について必ずしも結論が出ていない。たとえば過去の出来事を想起した場合に伴う感情の割合は，快感情が50％，不快感情が30％，中性感情が20％程度だという報告がある（齋藤，1994; Waldfogel, 1948）。一方で，同様の割合は快感情が33％，不快感情が60％，中性感情が7％程度だという報告もある（神谷，1997）。

回想研究では，回想にネガティブな感情が伴う場合ほど頻繁に想起される可能性が指摘されており（野村・橋本，2001），エピソードとしての数は少なくとも，ネガティブなエピソードは繰り返し想起されやすい可能性が考えられる。

佐々木・上里（2005）は，高齢者が行なう回想全体の3分の2にはポジティブな感情が伴っているが，高齢者の中にはさまざまな理由から過去について話す機会がないと考える者も多いことを認めている。一般にネガティブな回想はポジティブな回想よりも話すべきではないとみなされるかもしれず，その結果しばしば想起されても語られない場合があるかもしれない。

筆者はこれまでの取り組みの中で，ネガティブな回想を語る高齢者に過去を語ることについての葛藤や迷いのようなものを感じる機会がたびたびあった。すなわち，そのような高齢者にとって過去の苦痛を伴う出来事は，「語りたくない」と同時に「語るべき」回想であるのかもしれない。

ある高齢者は，複数回にわたる個人回想法の終了後に初めて自身の肉親の死につい

て語り，それまでの面接でまったく言及しなかったものの，その出来事が自分にとって重要な意味をもつことを明かした。また別の機会には，ある高齢者から非常にプライベートな過去の問題がそれに伴う苦痛とともに語られた後に，それ以降のすべての面接をキャンセルする意向が伝えられたこともあった。この場合には，一度は語ってしまった過去の思い出を，本来は語るべきではなかったと思い直したのだと思われる。

2 ── 回想法における聴き手の意義

では，何が高齢者に過去の苦痛を語らせる，あるいは語るのを思いとどまらせるのだろうか。回想法では治療的傾聴者（therapeutic listener ; Haight, 1988）またはよい聴き手と呼ばれるスタッフの関わり方が非常に重要視されており，よい聴き手による関わりは回想法の成否を左右する重要な要因だと考えられている。回想法では安心して過去を語れる場の確保が重要だが，このことは裏を返せば話し手の自発性が非常に尊重され，「過去を語らない」という選択肢が常に用意されていることを意味している。また，訓練を受けたスタッフによる回想法においても，高齢者の語りは聴き手の1つひとつの応答の影響を受けている。極端なことを言えば，聴き手が異なればそれだけ異なるバージョンの語りが生まれる可能性がある。その意味では，厳密な意味で回想場面を統制することはほとんど不可能だといえる。

これまでに試みられた回想法による介入研究の結果からは，少数とはいえ介入後に適応指標の低下が認められたものもあった。このことは，必ずしも回想法が高齢者全般に対して有効な対人援助手段とはいえず，誤って適用されれば好ましくない結果を招くこともあることを示している。そのため，その是非が吟味されずに安易に回想法が実施されるべきではない。今後回想法がより広く実践される場合には，どのような高齢者に対して，どのように回想法が行なわれることがより有効な援助手段となり得るのかについて慎重に検討する必要があるだろう。

引用文献

Alea, N., & Bluck, S. 2003 Why are you telling me that? A conceptual model of the social function of autobiographical memory. *Memory*, **11**, 165-178.

Arean, P. A., Perri, M. G., Nezu, A. M., Schein, R. L., Christopher, F., & Joseph, T. X. 1993 Comparative effectiveness of social-solving therapy and reminiscence therapy as treatments for depression in older adults. *Journal of Consulting and Clinical Psychology*, **61**, 1003-1010.

Beaton, S. R. 1980 Reminiscence in old age. *Nursing Forum*, **19**, 271-283.

Brennan, P. L., & Steinberg, L. D. 1984 Is reminiscing adaptive? Relations among social activity level, reminiscence and morale. *International Journal of Aging and Human Development*, **18**, 99-110.

Butler, R. N. 1963 The life review: An interpretation of reminiscence in the aged. *Psychiatry*, **26**, 65-76.

Cappeliez, P., & O'Rourke, N. 2002 Personality traits and existential concerns as predictors of the functions of reminiscence in older adults. *Journals of Gerontology: Series B: Psychological Sciences and Social Sciences*, **57B**, P116-P123.

Chambless, D., Sanderson, W. C., Shoham, V., Johnson, S. B., Pope, K. S., Crits-Christoph, P., Baker, M., Johnson, B., Woody, S. R., Sue, S., Beutler, L., Williams, D. A., & McCurry, S. 1996 An update on empirically validated therapies. *The Clinical Psychologist*, **49**, 5-18.

Cohen, G., & Taylor, S. 1998 Forum: reminiscence and ageing. *Ageing and Society*, **18**, 601-610.

Coleman, P. G. 1974 Measuring reminiscence characteristics from conversation as adaptive features of old age. *International Journal of Aging and Human Development*, **5**, 281-294.

Conway, M. A. 1990 *Autobiographical memory: An introduction*. Buckingham, UK: Open University Press.

Erikson, E. H. 1950 *Childhood and society*. New York, NY: W.W. Norton & Company. 仁科弥生（訳）1977 幼児期と社会 みすず書房

Erikson, E. H., Erikson, J. M., & Kivnick, H. Q. 1986 *Vital involvement in old age*. New York, NY: W.W. Norton & Company. 朝長正徳・朝長梨枝子（訳）1990 老年期─生き生きしたかかわりあい みすず書房

Haight, B. K. 1988 The therapeutic role of a structured life review process in homebound elderly subjects. *Journals of Gerontology*, **43**, P40-P44.

Haight, B. K., & Burnside, I. 1993 Reminiscence and life review: Explaining the differences. *Archives of Psychiatric Nursing*, **7**, 91-98.

Haight, B. K., Coleman, P., & Lord, K. 1995 The linchpins of a successful life review: Structure, evaluation, and individuality. In B. K. Haight & J. D. Webster (Eds.), *The art and science of reminiscing: Theory, research, methods, and applications*. Bristol, PA: Taylor & Francis. Pp.179-192.

神谷俊次 1997 自伝的記憶の感情特性と再想起可能性 アカデミア 自然科学・保健体育編, **6**, 1-11.

黒川由紀子 2005 回想法─高齢者の心理療法 誠信書房

Lewis, C. N. 1971 Reminiscing and self-concept in old age. *Journal of Gerontology*, **26**, 240-243.

LoGerfo, M. 1980 Three ways of reminiscence in theory and practice. *International Journal of Aging and Human Development*, **12**, 39-48.

Merriam, S. 1980 The concept and function of reminiscence: A review of the research. *The Gerontologist*, **20**, 604-609.

Merriam, S. 1993 Butler's life review: How universal is it? *International Journal of Aging and Human Development*, **37**, 163-175.

Molinari, V., & Reichlin, R. E. 1985 Life review reminiscence in the elderly: A review of the literature. *International Journal of Aging and Human Development*, **20**, 81-92.

Nomura, N. 2007 A narrative analysis of group reminiscence therapy. *International*

Reminiscence and Life Review Conference 2007 Selected Conference Papers and Proceedings, 107-115.
野村信威・橋本 宰　2001　老年期における回想の質と適応との関連　発達心理学研究, **12**, 75-86.
野村信威・橋本 宰　2005　高齢者における回想の質と適応との関連について(12)　日本心理学会第69回大会発表論文集, 1224.
野村信威・橋本 宰　2006　地域在住高齢者に対するグループ回想法の試み　心理学研究, **77**, 32-39.
野村信威・今永晴子・橋本 宰　2002　高齢者における個人回想面接の内容分析の試み　同志社心理, **49**, 9-18.
野村信威・山田冨美雄　2004　高齢者に対する回想法の効果評価研究の展望——Evidence Based Medicine（実証に基づく医療）の観点から　ストレスマネジメント研究, **2**, 71-78.
野村豊子　1998　回想法とライフレヴュー——その理論と技法　中央法規出版
Perrota, P., & Meacham, J. A.　1981　Can a reminiscing intervention alter depression and self-esteem? *International Journal of Aging and Human Development*, **14**, 23-30.
Romaniuk, M., & Romaniuk, J. G.　1981　Looking back: An analysis of reminiscence functions and triggers. *Experimental Aging Research*, **7**, 477-489.
齋藤洋典　1994　自伝的記憶(2)——高齢者による感情随伴事象の想起特性　日本教育心理学会第36回総会発表論文集, 414.
佐々木直美・上里一郎　2005　高齢者の過去・現在・未来に関する想起について——想起にともなう感情, モラール, うつ尺度との関連　日本心理臨床学会第24回大会発表論文集, 239.
Sherman, E. A.　1991　*Reminiscence and the self in old age*. New York, NY: Springer.
志村ゆず（編）　2005　ライフレビューブック——高齢者の語りの本づくり　弘文堂
新村 出（編）　2008　広辞苑 第六版　岩波書店
Thornton, S., & Brotchie, J.　1987　Reminiscence: A critical review of the empirical literature. *British Journal of Clinical Psychology*, **26**, 93-111.
Waldfogel, S.　1948　The frequency and affective character of childhood memories. *Psychological Monographs*, **62**, 1-39.
Webster, J. D.　1993　Construction and validation of the reminiscence functions scale. *Journal of Gerontology: Psychological Sciences*, **48**, P256-P262.
Webster, J. D.　1994　Predictors of reminiscence: A lifespan perspective. *Canadian Journal on Aging*, **13**, 66-78.
Webster, J. D., & Haight, B. K.　1995　Memory lane milestones: Progress in reminiscence definition and classification. In B. K. Haight & J. D. Webster (Eds.), *The art and science of reminiscing: Theory, research, methods, and applications*. Bristol, PA: Taylor & Francis. Pp.273-286.
Wong, P. T. P., & Watt, L. M.　1991　What types of reminiscence are associated with successful aging? *Psychology and Aging*, **6**, 272-279.
山口智子　2007　老年期と質的研究——高齢者は人生をどのように語るのか　秋田喜代美・能智正博（監修）　はじめての質的研究法　生涯発達編　東京図書　Pp.297-315.

14章

語りとその構造

野村　晴夫

1節　はじめに

　近年，人文・社会科学の広範な領域において，「語り・物語（narrative）」を鍵概念にすえた提言や研究，実践が注目されている（Mitchell, 1981）。たとえば哲学では，Ricoeur（1985）が，人の生涯にわたる同一性を正当化する装置として物語を位置づけ，その結果獲得される同一性に物語的同一性という語を当てている。また，Polkinghorne（1988）は，過ぎ去る時間を人間にとって有意味な「自己」という単一性に変換する働きをするのが，「語る」という営みであると述べている。あるいは，人類学では，Kleinman（1988）が臨床的視点から慢性の病に苦しむ人々のケアにおける物語化の果たす機能について論考している。さらに社会学では，中野・桜井（1995）が語り手と聴き手が共同制作する口述の生活史を読み解く装置として，物語に注目している。

　心理学においても例外ではなく，物語は，自己（Gergen, 1991），人生や文化（Bruner, 1987）を論じるうえで，欠かせない概念となりつつある。そして，臨床心理学と心理療法の領域では，「ナラティブ・セラピー」という，物語をその名に冠した一群の心理療法（Anderson & Goolishian, 1992; White & Epston, 1990）のみならず，精神分析（Schafer, 1992; Spence, 1982）や認知療法（Gonçalves & Machado, 1999）においても，やはり物語性の観点から新たな提言が企図されてきた（McLeod, 1997; 野村, 2002a, 2004）。これらの理論横断的なナラティブ・アプローチは，臨床心理面接の機能を，クライエントが自己についての語りを構成（あるいは再構成）する機能の観点からとらえようとしていると考えられる。

　他にも発達心理学領域では，幼児が日常経験を記憶し，想起して語るようになる発達の道筋を明らかにするために，幼児や親の語りに着目した研究が積み重ねられてきている（Fivush, 1991）。また，高齢者の語りに心理社会的適応の状態を見いだす方向性（たとえば，narrative gerontology；Kenyon & Randall, 1999）や，心理社会的

適応を高めるうえで高齢者の語りを手がかりとする方向性（たとえば，life review；Butler, 1963；本書13章参照）が現れてきている。

以上のとおり，語りを鍵概念にすえた提言は活発に呈されている。従来の心理学の研究や臨床実践を振り返ると，語りは自己の心の内実を明らかにする様態測定のための素材として位置づけられてきたと考えられる。それに比べて，近年のこうした語りをめぐる動向において，語りは，素材としての位置づけを越えて，自己を構成するための源泉という機能が担わされている。しかしながら，こうした語りの機能性が，人々の実際の語りにおいて，どのように具現されているかを示す証左は，乏しいと言わざるを得ない。そこで筆者は，次節以降に紹介するとおり，語りの構造的側面に着目することによって，語りの機能性への接近を試みた。

2節　語りの構造という着眼点

私たちは，日常会話の中で，なぜ自分がそう振る舞ったのか，どのようにしてその出来事が引き起こされたのかを説明することに，通常，さしたる困難を覚えない。けれども，その経験が，自分にとってかけがえのないものであったり，苦難に満ちたものであったりするほど，おいそれとは口にしない。そのため，いざ説明しようとすると，さまざまなレトリックや筋立てを駆使して，筋の通った説明をしようと試みる。すなわち，自分の経験を他者に理解できるよう説明するために，他者と共有可能な筋立てとして，ある種の語りの構造が用いられているといえるだろう。あるいは，説明を試みたが頓挫し，途中で話題を他に逸らしたり，口をつぐんだりもする。そこでは，説明するための語りの構造が見当たらず，語り手が語ることを回避したともいえるだろう。

ここでいう語りの構造とは，語りの内容と対をなす，語りの一属性を指している。語りの内容が，「何を（what）語るか」を指すのに対して，語りの構造は，それらの内容を「いかに（how）語るか」を指す。こうした語りの着眼点は，人が語る経験内容の多様性を貫く，ある種の規則性の存在を前提としている。すなわち，語られた内容が肯定的か否定的かではなく，それらの内容を，まさに今，どのような構造をもってして語るかを問うている。

語りの構造（あるいは物語構造）は，従来，心理学を含む人文・社会科学系の諸領域で，注目を集めてきた。たとえば，社会言語学（たとえば，Labov & Waletzky, 1997）や民族誌学（たとえば，Agar & Hobbs, 1982）からは，さまざまな語りの構造が提起されてきた。そして，心理学領域では，語りの構造を分析するいくつかの枠

組みが提起されてきた。たとえば，Bowlby（1969, 1973, 1980）による生涯発達的な愛着理論に基づく成人愛着面接（Adult Attachment Interview: Main et al., 1985）は，成人が親について語る構造に着目し，愛着表象の把握を試みてきた。そこでは，成人の愛着に関する自伝的記憶を査定するに際し，面接中に想起された内容そのものよりも，それらの経験や，経験の現在への影響がどのように評価されているかが，語りの構造の整合一貫性に基づいて分析される。分析に際しては，自己の愛着に関する歴史を「首尾一貫したまとまりのあるかたちで言語化できる」（久保田，1995, p.179）能力が，愛着の安定性の指標として用いられている。語りに通底する構造，すなわち，さまざまな時期の経験内容を肯定的・否定的内容を織り交ぜて，いかに整合一貫して語るかに焦点が当てられ，「会話の公準」（Grice, 1975）を援用しつつ分析される。

では，語りの機能性が重視されてきた研究・実践領域においては，どのような語りの構造が見いだされ，そして，それらの構造はどのような意義をもち得るのであろうか。次節からは，高齢者の生活史についての語りや，臨床心理面接のクライエントの語りを対象とし，それぞれの語りの構造を抽出し，仮説的に提起した研究例を紹介する。

3節　生活史調査面接における高齢者の語りの構造

1 ── 分析対象とした語り

まず，生活史調査面接における高齢者の語りから，その構造的特質を抽出した研究例（野村，2005）を紹介する。ここでは，養護老人ホーム在住の一高齢女性による，生活史上の転機についての語りを分析対象とした。そして，語りの構造の中でも，とくに一貫性（coherence）に注目した分析を試みた。自らの過去を波乱万丈と表現する彼女は，幾度もの転機について語った。そして，彼女は，高齢者にとって典型的かつ重要と思われる，配偶者との死別，および高い活動性からの撤退を経験していた。したがって，彼女の語りは，転機についてのさまざまな語り方や，高齢者にとって典型的なライフイベントを含むことから，語りの構造的な一貫性を検討する目的に適うと考えられた。そこで，自身への影響が大きいと自ら同定した「夫との死別」と「老人ホーム入居」という2つの転機についての語りに基づいて，構造的特質を抽出した。抽出にあたっては，ライフストーリーにおける一貫性の分析枠組みとして Habermas と Bluck（2000）が提起した，時間的一貫性（temporal coherence），因果的一貫性（causal coherence），主題的一貫性（thematic coherence）に依拠した。そして，理論的な推測を考慮しつつ，当初の分析枠組みを検討することによって，新たに語りの状況要因

を加味した状況的一貫性（situational coherence）の分析枠組みを加え，同様にその下位カテゴリーを抽出した。

2 ── 抽出したカテゴリー

抽出したカテゴリーは，調査対象者の転機の語りに含まれる，構造的一貫性の特徴を表している（表14-1）。ライフストーリーに時間的一貫性をもたらす構造には，出来事の生起順序に従ったもの（漸進）に加え，突然に我が身に降りかかるもの（急転）もある。また，その出来事を，自身のこれまでの生活史や，さらには祖先からの家族の歴史の中に定位することもあった（俯瞰）。そして，こうした過去の出来事を語った後，現在の視点に立ち返って，そこから評価したりもする（回帰）。

表 14-1　生活史調査面接における高齢者の語りの構造的一貫性
（野村，2005 より作成）

【時間的一貫性】
・漸進：出来事の時間的な生起順序に従った段階を追う。
・急転：出来事の生起が突然に展開する。
・俯瞰：時間的に展望する視点に立つ。
・回帰：語っている現在の視点に立ち返る。

【因果的一貫性】
・自己に起因する転機：自らの属性や行為を原因とする。
・現実の他者に起因する転機：他者の属性や行為を原因とする。
・超越的他者に起因する転機：現実には存在していない他者の属性や行為を原因とする。
・転機に起因する展開：転機を原因とした連鎖的な因果関係を引き起こす。

【主題的一貫性】
・比喩：詩歌や慣用句に喩える。
・信条：生活史や個性を信条に集約する。
・一般化：自己の経験や見解を他者のそれへと一般化する。

【状況的一貫性】
・聴き手への意識：聴き手の存在を意識する。
・話題への意識：語っている当の話題を意識する。

因果的一貫性をもたらす構造には，自己や他者に起因させるもののほか，故人や神仏に起因させるものもあり，加えて，転機と目された出来事自体を原因として，またさらなる出来事が引き起こされる構造もある。こうした時間的・因果的一貫性は，出来事の生起順序や因果関係を精緻に語ることによって，ライフストーリーの了解可能性を維持している。

だが，必ずしも精緻には語らずに，語りを1つの主題に集約・代表させることも，ライフストーリーの了解可能性に通じていると思われる。それら主題的一貫性の中には，詩歌や慣用句といった普遍性をもつ表現に自らの経験を喩えたり（比喩），自身が拠って立つ人生観や信念に代表させたり（信条）するものが含まれていた。他にも，自身の経験が，その人固有のものでありつつも，同時に，他者の経験とも共通していることを語る構造（一般化）も，ライフストーリーの構造的一貫性を高め，その了解可能性の維持に寄与しているだろう。

 分析カテゴリーの抽出過程の検討に加え，理論的な予測からは，語り手が聴き手や調査目的など語りの状況に配慮することが，語りの構造的一貫性に欠かせない要素である可能性が高いと思われた。そこで，「状況的一貫性」の分析枠組みを新たに付加して下位カテゴリーを抽出し，高齢者の転機の語りにおける一貫性を十分に把捉することを試みた。ここでは，「聴き手への意識」「話題への意識」と称するカテゴリーを抽出した。

 「聴き手への意識」とは，聴き手の既有知識を問い返したり，聴き手の年齢などの属性に関心を寄せたりする意識である。語り手は，自身の語りのうちでも音韻からは正確な聴き取りが難しい語や，現代では使用頻度の低い慣用句について，聴き手の理解を確認しながら語っていると考えられた。語り手とは約50歳の年齢差がある筆者が，語り手の生きた時代背景に疎い可能性を気遣う配慮でもあっただろう。筆者のような他者にとって了解可能か否かを，語り手本人も意識していることが見てとれた。

 また，「話題への意識」とは，面接場面で語っている話題に再帰的に言及したり，話題によっては詳細に語ることを回避したりするなど，話題に対して注意を寄せる意識である。面接場面で語っている話題を意識した表現に着目すると，「申し上げたと思いますけれどね」や「忘れちゃったんだけれどね」など，語っている当の話題についての言及が見いだされた。これらは，今から語ろうとしていることが，今回の面接調査ですでに語った内容であったり，忘却して定かではない内容であったりすることを自覚した表現である。「人様にはお話できないような状態」と，語ることへの躊躇を前置きしてから語ったり，「お話しできないです」と，それ以上の詳細を語ることを回避したりする表現も見受けられた。語る話題をこのように取捨選択し，ある種の話題をあえて語らないことは，ライフストーリー全体としてのまとまりを失ったり，語り手の当初の意図を越えて過度に自己開示をしたりする危険を回避することに通じるだろう。

3 ── 抽出したカテゴリーの意義

　生涯発達的観点からみれば，これらのカテゴリーは，老年期における語りの構造的一貫性を分析するための方途を，高齢者の実際の語りに基づいて仮説的に提起したところに意義があるだろう。発達早期の物語能力の獲得過程が明らかにされる（たとえば，Fivush, 1991; McCabe & Peterson, 1991）一方，その能力が成人期以降，とりわけ老年期においてどのように活用されているのかについては，相対的に軽視されてきたきらいが否めない。だが，老年期の物語能力は，Eriksonら（1986）が「長い歴史と物語という泉に満々と貯えている強い力」（Erikson et al., 1986／朝長・朝長, 1990, p.360）と表現したように，発達段階上の心理・生物学的な変化に果たす役割がきわめて大きいと予想される。

　また，Wong（1989）によれば，老年期における幸福感の維持は，さまざまな喪失経験の転機を経ながらも人生の有意味性を獲得できるか否かにかかっている。身体機能が減衰し，家族との離死別を経験した高齢者は，自己受容感や自己効力感を得るために，人生の意味の模索へ駆り立てられる。そして，意味ある人生として自ら納得するためには，過去から現在に至る諸経験を有意味なライフストーリーへ構築することが求められると主張されてきた（Wong, 1998）。つまり，人生の有意味性は，物語様の構造をもつライフストーリーの有意味性が担っているとみなされている。本節で紹介した語りの構造のカテゴリーは，こうしたライフストーリーの（および人生の）有意味性を支える，老年期の物語能力という，語りの機能性を明らかにする可能性をもつだろう。なお，高齢者の物語能力が支える自我同一性と，語りの構造との関連を検討した研究例は，野村（2002b）を参照されたい。

4節　臨床心理面接におけるクライエントの語りの構造

1 ── 分析対象とした語り

　次に，臨床心理面接におけるクライエントの語りから，その構造的特質を抽出した研究例（野村，2006）を紹介する。ここでは，筆者が担当した臨床心理面接事例のクライエントの語りを分析対象とした。クライエントは発達遅滞児を養育中の母親であり，自身が精神疾患を治療中であった。約1年間，計41回の面接期間中，子どもの養育，自身の精神疾患，夫婦関係などを主訴とした語りが展開された。毎回のセッション後に筆者が書き残した逐語的な記録から，主訴に密接に関連するクライエントの発話を抽出した。そして，やまだ（2000）による，「二つ以上の出来事をむすびつけて筋立てる行為」（p.3）という物語の定義を参考に，それらの発話箇所の中でも，出来事へ

の言及を分析対象とした。ただし，より原初的な物語の発露をとらえるため，単一の出来事とそれに対する形容も分析対象に含めた。ここでいう出来事とは，行為主体と行為，および時間的・空間的な場面設定が明示されるか，もしくは前後の文脈から推測可能な事象を指す。そして，出来事間の結びつきや，出来事に対する形容の規則性を検討した結果，5種の語りの構造を抽出し，それらを物語の基本的特性（たとえば，Bruner, 1990）である出来事の時系列性や因果性に着目して命名した（表14-2）。

表14-2 臨床心理面接におけるクライエントの語りの構造（野村，2006より作成）

語りの構造	特徴	模式図
並べる	出来事間の結びつきを明示しないまま羅列的に語る。	ⓐ‑‑‑ⓑ‑‑‑ⓔ / ⓒ‑‑‑ⓓ
進める	出来事を先行事象から後続事象へ，もしくは原因から結果へ順向的に進めて語る。	ⓐ→ⓑ→ⓒ
遡る	出来事を後続事象から先行事象へ，もしくは結果から原因へ逆向的に遡って語る。	ⓓ←ⓒ←ⓑ←ⓐ
省みる	面接場面で進行している出来事について語る。	ⓐ↻
留める	出来事を端的な表現で形容し，明細化せずに語る。	ⓐ—ⓐ′

模式図中のアルファベットは，語られた個々の出来事を，破線は出来事間の希薄な結びつきを表す。矢印の向きは，時系列的，因果的な方向を表す。ⓐ′は，出来事ⓐに対する形容を表す。

2 ── 抽出したカテゴリー

「並べる」と称したカテゴリーは，出来事が並列的に表出され，それらの間の関連づけが希薄な発話を指す。主訴から連想される出来事を洗い出して列挙することには，その後に生成される語りの素材を準備する働きがあると考えられた。

「進める」と称したカテゴリーは，出来事の時間的な継起という点では，先行事象から後続事象へ，そして，因果的な生起という点では，原因から結果へと，順向的な連鎖を伴い，先へ進める発話を指す。この面接事例ではある出来事に対する自分や他人の対処行動，情緒的反応が語られていた。このように順向的に進める語りは，出来事を生起の流れに沿って整理し，語り手に一時の落ち着きをもたらす働きがあると考えられた。

「遡る」と称したカテゴリーは出来事の時間的な継起という点では，後続事象から

先行事象へ，そして，因果的な生起という点では，結果から原因へと，逆向的な連鎖を伴い，前へ遡る発話を指す。この面接事例ではある出来事や性質を招いた自分や他人の行為，性格特性，過去の経歴が語られていた。このように逆向的に遡る語りには，不可解だった出来事を，その成り立ちから解明する働きがあると考えられた。だが，現在と過去との間の不連続性をつなげようとするため，クライエントにとっては負荷のかかる作業ともなるだろう。

「省みる」と称したカテゴリーは，面接場面において今まさに進行している出来事を話題とした発話を指す。自身が面接で語るという行為と，自身や家族の心境との関連性について語られていた。このように，現在進行中の出来事を省みる語りには，面接場面という最も手近な出来事の経験を素材として，より広範な出来事一般に対する，自分の経験の仕方を理解する働きがあると考えられた。

「留める」と称したカテゴリーは，出来事や事物，人物（自己および他者）の内面的・外見的特徴を，クライエントの視点から，端的に描写するに留めた発話を指す。この場合，それまでの発話を総括したり，比喩的・評価的な表現で形容したりするなどして，語りは明細化されない。このような端的な表現によって総括する語りには，未分化なクライエントの思いが込められており，不可解な経験の解明には向かわずに，棚上げにして，ひとまず留保する働きがあると考えられた。

3 ── 抽出した語りの構造の意義

1節で述べたとおり，臨床心理面接の機能は，クライエントが自己についての語りを（再）構成することだととらえる提言が重ねられてきた。そして，臨床心理学の諸理論の構成が，こうした（再）構成のための筋立てを提供していると推測されてきた。たとえばRichert（2006）は，臨床心理学の諸理論の構成を，物語の観点から分類し，クライエントへの臨床心理学的介入の効果は，それら分類された物語と，クライエントの主訴の物語との間の適合性に依存すると考えている。クライエントの主訴やライフヒストリー，あるいは人の変容に関する信念の物語構造が，セラピストの提供しようとする臨床心理実践の物語構造と類似していると，その介入の効果が高まる可能性が期待される。

しかし，実際のクライエントの語りと臨床心理学理論を，物語構造の観点から照応するためには，クライエントの語りの構造を分析する方途が求められる。本節で抽出したクライエントの語りの構造のカテゴリーは，セラピストの臨床心理実践，およびその依拠する臨床心理学理論の物語構造との適合性を探るための，端緒と位置づけられるだろう。単純化を怖れずに述べれば，たとえば，行動療法における応用行動分析

では，刺激－反応図式に沿った事例定式化のために，「進める」「遡る」と称した構造が重視される。その一方，精神分析における転移解釈では，クライエントとセラピストの関係性を基点にクライエントの歴史性を読み解くために，「省みる」と称した語りの構造が重視される。このように，各理論によって相対的に重要性が異なる語りの構造が，クライエントの語りの（再）構成に際して援用されることが，臨床心理面接における語りの機能性の一端を担っているのかもしれない。

5節　自伝的記憶研究における含意

　人々の語りの多くは，記憶に基づいている。中でも自己についての語り，いわゆる自己語り（self-narrative）は，自伝的記憶に基づいている。その意味で，語りの研究は，自伝的記憶研究と密接不可分である。とくに，自伝的記憶想起の再構成的性質が明らかとなり，「過去」の記憶の表象よりも，「現在」の想起の行為へと，記憶研究の重心が傾くならば，両者の関係はますます近くなるだろう。こうした動向に鑑みると，語りの研究は，自伝的記憶の諸相の中でも，想起することの機能，さらには，想起し，他者に向けて表出することの機能の解明に資すると考えられる。臨床心理面接場面を例にとるならば，クライエントが自伝的記憶を想起し，さらにセラピストに向けて表出することの機能は，クライエントの語りをつまびらかにすることを通じて接近が可能となる。その際，語りの内容的側面だけではなく，構造的側面に着目することの意義は，すでに述べた。言い換えれば，奏効した臨床心理面接の過程は，クライエントの語りの内容だけではなく，構造に対していかにセラピストが介入し，いかにその構造が改変されているかという観点から，明らかにされる可能性があるだろう。語りの中でも，とりわけその機能性に焦点を当てた研究は，臨床心理面接やライフストーリー生成などの諸事象における自伝的記憶想起の機能性に迫ると思われる。

　ただし，当然ながら，すべての語りが，必ずしも自伝的記憶に基づくわけではなく，また，すべての自伝的記憶が語りに表出されるわけでもない。語りには，過去ではなく未来が，事実ではなく虚偽が，自己ではなく他者が，個人ではなく社会が，往々にして入り込む。さらには，語りの研究が心理学以外の諸領域で先行し，そしてまた，心理学に対して影響をもたらした経緯を振り返ると，語りの背後に自伝的記憶をみる傾向は，むしろ希薄であったと考えられる。語りの研究の眼差しは，語りの背後に，記憶などの個人の心理ではなく，社会・文化を見てとっていたのではないか。たとえば臨床心理学におけるナラティブ・アプローチは，語りから「過剰に」語り手個人の内面を見てとることなく，個人を取り巻く社会に人々の目を向けさせる意義があった

だろう。語りとその構造が，記憶という個人の心理を，社会・文化と結びつける役割を担うことが期待される。

引用文献

Agar, M., & Hobbs, J. R.　1982　Interpreting discourse: Coherence and analysis of ethnographic interviews. *Discourse Processes*, **5**, 1-32.

Anderson, H., & Goolishian, H.　1992　The client is the expert: A not-knowing approach to therapy. In S. McNamee & K. J. Gergen (Eds.), *Therapy as social construction*. Newbury Park, UK: Sage Publications.　野口裕二・野村直樹（訳）1997　クライエントこそ専門家である――セラピーにおける無知のアプローチ　野口裕二・野村直樹（訳）ナラティヴ・セラピー――社会構成主義の実践　金剛出版　Pp.59-88.

Bowlby, J.　1969　*Attachment and loss. Vo.1. Attachment*. New York, NY: Basic Books.

Bowlby, J.　1973　*Attachment and loss. Vo.2. Separation*. New York, NY: Basic Books.

Bowlby, J.　1980　*Attachment and loss. Vo.3. Loss*. New York, NY: Basic Books.

Bruner, J. S.　1987　Life as narrative. *Social Research*, **54**, 11-32.

Bruner, J. S.　1990　*Acts of meaning*. Cambridge, UK: Harvard University Press.　岡本夏木・仲渡一美・吉村啓子（訳）1999　意味の復権――フォークサイコロジーに向けて　ミネルヴァ書房

Butler, R. N.　1963　The life review: An interpretation of reminiscence in the aged. *Psychiatry*, **26**, 65-75.

Erikson, E. H., Erikson, J. M., & Kivnick, H. Q.　1986　*Vital involvement in old age*. New York, NY: W. W. Norton & Company.　朝長正徳・朝長梨枝子（訳）1990　老年期――生き生きとしたかかわりあい　みすず書房

Fivush, R.　1991　The social construction of personal narratives. *Merrill-Palmer Quarterly*, **37**, 59-82.

Gergen, K. J.　1991　*The saturated self: Dillemmmas of identities in contemporary life*. New York, NY: Basic Books.

Gonçalves, O. F., & Machado, P. P. P.　1999　Cognitive narrative psychotherapy : Research foundations. *Journal of Clinical Psychology*, **55**, 1179-1191.

Grice, H. P.　1975　Logic and conversation. In P. Cole & J. L. Morgan (Eds.), *Syntax and semantics. Vol.3. Speech acts*. New York, NY: Seminar Press. Pp.68-134.

Habermas, T., & Bluck, S.　2000　Getting a life: The emergence of the life story in adolescence. *Psychological Bulletin*, **126**, 748-769.

Kenyon, G. M., & Randall, W. L.　1999　Introduction: Narrative gerontology. *Journal of Aging Studies*, **13**, 1-5 .

Kleinman, A.　1988　*The illness narratives: Suffering, healing & the human condition*. New York, NY: Basic Books.　江口重幸・五木田紳・上野豪志（訳）1996　病の語り――慢性の病をめぐる臨床人類学　誠信書房

久保田まり　1995　アタッチメントの研究　川島書店

Labov, W., & Waletzky, J.　1997　Narrative analysis: Oral versions of personal experience. *Journal of Narrative and Life History*, **7**, 3-38.

Main, M., Kaplan, N., & Cassidy, J.　1985　Security in infancy, childhood, and adulthood:

A move to the level of representation. *Monographs of the Society for Research in Child Development*, 50, 66-104.
McCabe, A., & Peterson, C.　1991　*Developing narrative structure.* Hillsdale, NJ: Lawrence Erlbaum Associates.
McLeod, J.　1997　*Narrative and psychotherapy.* Thousand Oaks, CA: Sage Publications. 下山晴彦（監訳）　野村晴夫（訳）　2007　物語りとしての心理療法―ナラティヴ・セラピィの魅力　誠信書房
Mitchell, W. J. T.　1981　*On narrative.* Chicago: University of Chicago Press.　海老根宏・原田大介・新妻昭彦・野崎次郎・林　完枝・虎岩直子（訳）　1987　物語について　平凡社
中野　卓・桜井　厚　1995　ライフヒストリーの社会学　弘文堂
野村晴夫　2002a　心理療法における物語的アプローチの批判的吟味―物語概念の適用と運用の観点から　東京大学大学院教育学研究科紀要, 42, 245-255.
野村晴夫　2002b　高齢者の自己語りと自我同一性との関連―語りの構造的整合・一貫性に着目して　教育心理学研究, 50, 355-366.
野村晴夫　2004　ナラティヴ・アプローチ　下山晴彦（編著）　臨床心理学の新しいかたち　誠信書房　Pp.42-60.
野村晴夫　2005　構造的一貫性に着目したナラティヴ分析―高齢者の人生転機の語りに基づく方法論的検討　発達心理学研究, 16, 109-121.
野村晴夫　2006　クライエントの語りの構造―臨床事例に基づくナラティヴ・プロセスの検討　心理臨床学研究, 24, 347-357.
Polkinghorne, D. E.　1988　*Narrative knowing and the human sciences.* Albany, NY: State University of New York Press.
Richert, A. J.　2006　Narrative psychology and psychotherapy integration. *Journal of Psychotherapy Integration*, 16, 84-110.
Ricoeur, P.　1985　*Temps et Recit.* Paris: Edition du Seuil.　久米　博（訳）　1990　時間と物語Ⅲ　新曜社
Schafer. R.　1992　*Retelling a life.* New York, NY: Basic books.
Spence, D. P.　1982　*Narrative truth and historical truth: Meaning and interpretation in psychoanalysis.* New York, NY: W. W. Norton & Company
White, M., & Epston, D.　1990　*Narrative means to therapeutic ends.* New York, NY: W. W. Norton & Company.　小森康永（訳）　1992　物語としての家族　金剛出版
Wong, P. T. P.　1989　Personal meaning and successful aging. *Canadian Psychology*, 30, 516-525.
Wong, P. T. P.　1998　Spirituality, meaning, and successful aging. In P. T. P. Wong & P. S. Fry (Eds.), *The human quest for meaning: A handbook of psychological research and clinical applications.* Mahwah, NJ: Lawrence Erlbaum Associates. Pp.359-393.
やまだようこ　2000　人生を物語ることの意味　やまだようこ（編）　人生を物語る　ミネルヴァ書房　Pp.1-38.

15章

子どもの語りと感情表現

仲　真紀子

1節　はじめに

　自伝的記憶について話すことは，感情について語ることでもある。感情について語ることは，その体験や出来事が自分のものであることを再確認し，出来事の原因や結果を理解し（Dunn et al., 1987, 1991），意味づけることにつながる（Fivush et al., 2003b）。また，感情について語ることは，自分がどのような人間であるのか，感情を通じてどのように人と関わっているのか，感情をどう統制すればよいのかなどを知る手がかりにもなる（Bird & Reese, 2006; Fivush et al., 2003a; Welch-Ross et al., 1999）。感情を語ることは自己の形成に関わる中心的事項であるだろう。

　ここでは発達的な観点から，子どもはどのように感情を理解し話すようになるのか，感情の理解に関わる認知的要因や社会的要因は何か，そして感情について語ることにはどのような機能があるのかについて考察する。子どもには幸せな体験をたくさんしてもらいたい。そして，そのことについてたくさん語ってもらいたい。しかし，現実にはつらく悲しい状況にいる子どももたくさんいる。こういった子どもたちがどのように感情を語るのかについても検討したい。

2節　感情表現の発達

1　感情表現の開始

　幼児はいつ頃から感情について話すようになるのだろうか。Dunnらによれば，幼児は2歳頃から内的状態に言及するようになるという（Dunn et al., 1987）。Dunnらは幼児が18ヶ月，24ヶ月，25ヶ月，36ヶ月の時点における幼児と母親，幼児ときょうだいの会話を分析した。意識の質（眠い，疲れた），感覚・生理的状態（おなかがすいた，気分がわるい），感情状態（怒った，怖い，悲しい，楽しい）といった内的状態への言及がある発話をカウントしたところ，幼児が18ヶ月の時点では，母親だ

けが内的状態に関する発話を行なっていた。しかし24ヶ月の時点では，幼児自らが内的状態に関わる発話を行なうようになった。2時間の観察におけるそのような発話は24ヶ月，25ヶ月，36ヶ月の時点でそれぞれ平均4, 5, 12回であった。

　内的状態に関する幼児の発話の多くは「眠い」「痛い」「暑い」「寒い」「楽しい」「悲しい」「嫌い」などであり，母親も同様であった。語用論的な機能については，18ヶ月児では「状態」に言及するだけの「コメント」が多いが，それでも母親は内的状態の説明をしたり，内的状態を変化させるなどの働きかけをしている。以下のようなやりとりでは，子どもは自分の感情について述べ，母親はその原因を尋ねている。

　　母：どうしたの？
　　子：こわい。
　　母：ご本が？
　　子：うん。
　　母：こわくないわよ！

　Dunnら（1987）は感情に関する発話は，その初期から，行為や出来事の因果の理解と関わっていると指摘している。

2 ── 感情表現の理解と認知発達

　こういった感情表現の発達は，認知発達と社会的相互作用の両方によって支えられている。プレゼントをもらえば嬉しい，おもちゃが壊れたら悲しいといったステレオタイプな感情表現だけでなく，自己の内面から沸き上がる，さまざまな，時には矛盾するような感情を内在し，言葉で伝えるには，複雑な認知活動が必要であるだろう。HarterとWhitesell（1989）は，複数の感情に関する理解の発達的道筋を以下のように示している。年齢はおおむねの目安である。

レベル0（5歳）：複数の感情が同時に存在することが理解できない。
レベル1（7歳）：1つの対象に対する，同じヴァレンス（valence：±の価のこと。感情価ともいう）の感情が同時に生起することを理解する。「お兄ちゃんがたたいたらむかつくし，悲しい」など。
レベル2（8歳）：異なる対象に対する，同じヴァレンスの感情が理解できる。「あの子がこれを壊したのは頭にきて，そのまま帰ってしまったのは悲しかった」など。
レベル3（10歳）：異なる対象に対する，異なるヴァレンスの感情を理解し始める。この段階では，この側面は嬉しいが，この側面は嫌だといった焦点のシフトが生

じる。「おにいちゃんがたたいたときはむかついたけど，パパがたたきかえしていいよって言ったときは嬉しかった」など。
　レベル4（11歳程度）：同一の対象に対する異なるヴァレンスの感情を記述できる。「プレゼントは嬉しいけれど，期待していたのとは違ってがっかりした」など。

　自分の気持ちと他者の気持ちを分離したり，重ねあわせることも容易ではない。Strayer（1989）は，共感性の理解に関する研究の中で，他者の感情に言及することはできても，自分の感情について話したり，感情を他者と共有するのは難しい場合があることを示している。この研究では，5, 8, 13歳児に「不気味な家をのぞく」「少女が賞としてもらったスケートを取り上げられる」などのビデオを呈示し，登場人物の気持ちと自分が感じる気持ちとを尋ねた。5歳児では登場人物の気持ちについては話せても，自分の気持ちは言えない場合があること，8歳児では物語に沿った感情，あるいは主人公の気持ちに沿った感情を表明することはできるが，感情を共有するのは難しいこと，そのような表現が可能になるのは13歳以降であることなどが示された。
　自己，他者の感情への言及の難易は大きく変わらないとする研究もあるが（たとえば，菊池，2006），状況や感情の種類によっては，自分の気持ちを他者の気持ちやその場の感情とは区別して理解し，表現するための知識，抑制，推論能力などが必要かもしれない。Hughesらは，3, 4, 5歳の子どもと親しい友人との会話を調べ，そこでの感情や欲求に関する発話が，心の理論課題の成績と関連することを示している（Hughes & Dunn, 1998; Hughes et al., 2007）。他者やその場の感情と切り離して自己の感情状態を把握する，あるいは同調ではなく自己の感情を他者の感情に重ね合わせるためには，心の理論などに代表される認知能力が必要なのかもしれない。

3 ── 社会的要因

　しかし，認知発達だけでなく，感情を語る活動を支える言語的環境も重要である。幼児がどのように自己の体験や出来事を報告するかには，母親の会話スタイルの影響があるとされる。たとえば，精緻化をより多く行なう母親（新しい情報を提供したり，相手の発話を拡張したり，因果関係について述べることの多い母親）の子どもは，そうでない母親の子どもよりも，より詳細に過去の出来事を語ることが知られている（Fivush & Fromhoff, 1988; Harley & Reese, 1999）。感情を表す言葉についても同様のことがいえる。Dunnらの研究では，内的状態に言及する頻度の高い母親の子どもほど，内的状態に言及したり（Dunn et al., 1987），後に他者の感情をよりよく理解す

ることができた (Dunn et al., 1991)。

　JinとNaka (2006) は, 中国人の親 (父, 母) と3, 4, 5歳児に, 最近起きた楽しいことについて会話をしてもらった。そして幼児がどのように情報を提供するかを, 親の発話との関係で以下のように分析した。以下は感情に関する発話の例である。

1. エコー：子どもが, 母親の用いた表現を繰り返す。
　　母：ママと何に乗ったの？
　　子：そんなの, こんなの乗った。
　　母：怖かった？
　　子：怖かった。
　　母：楽しかった？
　　子：楽しかった。

2. 追加：子どもが, 母親の用いた表現に情報を加える。
　　母：何が一番好きなの？
　　子：KFC (ファーストフード店) に行くのが一番好きなの。

3. 自発：子どもが自発的に感情を表現する。
　　母：どのように遊んだの？
　　子：頭がない魚がおもしろかったよ。それから龍の車, 知らないうちに走ってしまった。おもしろかったよ。

　3歳児では「自発」よりも「追加」,「追加」よりも「エコー」が多く, 4歳児では, それらがほぼ同等であった。5歳児では相対的に「自発」が多かった。子どもがより自立して報告できるようになると, 母親は徐々に支援 (スキャフォルディング：足場) を減らしていく。このような傾向は, 言語活動のさまざまな側面でみられる (たとえば助数詞の習得においては, 仲, 1999など) が, 感情を語る語彙についても同様のことがあるといえるだろう。

4 ── ジェンダー差と言語環境

　感情への言及における社会・文化的影響は, ジェンダー差としても議論されている。Fivushらによれば, 親は女児とは「悲しい」に関わる会話を, 男児とは「怒り」や「怖い」に関する会話を展開することが多いという。そして実際, 女児のほうが男児よりも「悲

しみ」について語ることが多いのだという（レビューとして，Fivush et al., 2000など）。

　たとえばFivushとKeubli（1997）では，母子が「悲しかったこと」について会話をするよう求められた。母と女児では感情が共有されがちであるのに対し（女児「これ以上話したら，私もう泣きたくなっちゃうよ」，母「わかった，もう話さないことにしようね」），母と男児では必ずしもそうはならないという（男児「どうして泣くの？」，母「だって，（ペットの猫が）死んでしまったら悲しいのよ」）。

　女性により多くの感情理解あるいは感情表現を期待する文化・環境的要因があるのか，感情理解に生物学的な差異があるのか，あるいは両方なのかは難しい問題である。しかし，感情をいかに記憶にとどめ，他者と共有するかということに関する方向づけが幼少期から始まっているということは，感情についての語りを理解するうえで重要であると思われる。

　言語的環境という観点からはShaverらによる検討も興味深い（Shaver et al., 1987）。彼らは学生に作文を書かせ，そこに含まれる135の感情語をクラスタ分析し，プロトタイプを中心とするヒエラルキー構造として示した。基本レベルとされる感情概念は「愛」「喜び」「驚き」「怒り」「悲しみ」「恐れ」の6つである。愛と喜びはポジティブ，怒り，悲しみ，恐れはネガティブ，驚きは中間的だとされた。ネガティブな概念のほうがポジティブな概念よりも多いという点が興味深い。下位の具体的な感情語も，ポジティブな単語は49，ネガティブな単語は83となっている。

　Shaverらは基本レベルの語彙は，語彙獲得にも反映されるとしている。試みにポジティブ・ネガティブという観点から，2節の冒頭で紹介したDunnら（1987）の研究データにおける子どもの感情表現をパーセンテージの高い順に並べてみると，喜び（pleasure），苦痛（pain），悲しみ（distress），愛情（affect），嫌悪（disgust），恐れ（fear），怒り（anger）の順となり，ネガティブな語のほうが多いようにみえる。比較可能な日本の研究は少ないが，『用例集―幼児の用語』（岩渕・村石，1976）を見てみると，やはり同じような傾向を見いだすことができる。この用例集は，3人の幼児について0歳から5歳までの期間に，高い頻度（月1回の観察で，全体として8回以上）で観察された1051語を収録したものである。各語につき，どの時期にどの幼児が安定して用いるようになったかという情報があわせて示されている。この資料の中から感情に関わる語（「よい」「おもしろい」「しあわせ」「いや」「こわい」など）を拾い，3人全員が用いるようになった順に並べてみると，「おもしろい」「こわい」「よい」「おこる」「わるい」「ざんねん」「さびしい」となり，こちらもまた，全体的にネガティブな語のほうが先に発せられているようにみえる。

　幼児の感情語彙を調べたNaka（2007）でも同様の傾向が見いだされている。この

研究では幼稚園児と小学校1年生に人形劇を見せ，登場する人形の気持ちについて話してもらった。人形劇では，たとえば人形が眼鏡をなくしたり，眼鏡が見つかったり，母親がなかなか帰ってこなかったり，やっと帰ってきたりということが起きる。これらの状況での人形の気持ちを尋ねたところ，ポジティブな気持ち（「うれしい」「楽しい」など）よりもネガティブな気持ち（「いやだ」「かわいそう」「困った」など）を表す語のほうが，より高い頻度で，種類も多く用いられていた。

しかし，ネガティブな語彙が多いからといって，幼児が困難な生活を強いられているわけではないだろう。多くの語は遊びの中で用いられる。しかし，たとえ遊びであってもネガティブな語彙が多く，ネガティブな事柄が語られやすいということには，そもそもなぜ感情を語るのか，ということが関わっているように思われる。

3節　感情を語ることの機能

1 ── なぜ気持ちを語るのか

ここでは感情，それもネガティブな感情について語る意義について考えてみたい。Dunnら（1987）は，内的表現に関わる発話を，1. 嫌な気持ちを改善し，よい気持ちを維持する（寒かったらおててをこする）や，2. 感情の原因（くまちゃんのことたたいたから怒った），3. 感情の結果としての行為（私のこと怒らせたら，たたくよ），4. 同時に生起している内的表現（赤ちゃん悲しい，うれしくないお顔）に分類した。その結果，多くの発話において，感情が行為の原因や結果の説明に用いられていることが示された。

また，幼児期の母子会話における感情への言及の度合いと，子どもが6歳になった時点での感情理解との関連を調べた研究（Dunn et al., 1991）では，母子会話における言い争いが重要であることが示されている。言い争いでは原因や結果としての感情や，自己や他者の感情コントロールに関する発話がなされることが多い。そういった発話が後の感情理解と相関するということであった。

楽しい，嬉しいことがあったときには，その感情が共有され，維持されればよいだろう。しかし，悲しい，つらい，苦しいことがあったときには，それを理解し，他者と共有し，受け入れ，再解釈を試みたり乗り越えたりすることが必要となるだろう。次に検討するように，こういった作業の必要性がネガティブな語の使用の背景にあるのではないか。

2 ── ネガティブな出来事についての語り

　Fivushら（2003b）は暴力多発地域に住む5〜12歳の子どもに，ポジティブな出来事，ネガティブな出来事について語ってもらうという調査を行なった。ポジティブな出来事は行楽や外出など比較的均一であったのに対し，ネガティブな出来事は家族の重い病気や死，怪我，苦痛を伴う検査，暴力，いじめ，薬物中毒の母親が逮捕されるなど，多様であった。これらの体験の語りを比較したところ，発話量には差はないが，ポジティブな出来事では「人物」「事物」が多く言及され，ネガティブな出来事では「内的状態」への言及が多かった。また，語りの一貫性を「混乱」「時間的順序または因果的順序」「盛り上がったクライマックスで終了」「クライマックスに行きついた後，まとめや解釈等が行なわれる」の4段階でスコア化したところ，ポジティブな出来事に比べ，ネガティブな出来事において語りの一貫性が高かった。

　こういった内省に加え，ネガティブな出来事について話すことは，語ることによって気分が向上したり，実際的な解決が得られるということもあるだろう。Fivushら（2003a）は3，4歳児と母親に「恐れ」「怒り」「悲しみ」に関わる出来事について会話をしてもらい，その内容や語りのスタイルを分析している。その結果，同じネガティブな感情でも，「恐れ（お化け，モンスター，雷など）」の会話では，事実と問題解決に焦点が当てられることが多かった（子「夜，ほかのがこわい」，母「でもお母さん，それはほんとうはおばけでもなんでもないって見せたでしょ」）。「怒り（けんかなど）」の会話では感情の確認，受け止めがなされ，精緻化はあまりなされなかった。怒りは他者を遠ざけるものであり，詳しく語ることは好まれていないのかもしれなかった（母「怒っただけ？」，子「うん」）。「悲しみ（お友だちと遊べない，物がなくなったなど）」の会話は恐れと怒りの中間であり，評価や解決に向けたやりとりが多かった（子「寝るときはいつも悲しい」，母「あなたはお休みしないといけないから，ママやパパみたいに遅くまで起きていられないのよ」，子「ブライアンよりも遅くまで起きてたいな」，母「わかったわ。パパと相談してみるわね」）。このように，感情の種類により，語られる内容や会話のスタイル，機能は異なっている。

　大人を対象とした実験では，ネガティブな出来事について書いたり話したりすることは精神的健康度を高めることが示されている（レビューとして，Pennebaker, 1997など）。たとえばLyubomirskyら（2006）は，大学生に「最悪の体験」または「最高の体験」を1日に15分，3日間書くか，テープレコーダに話すか，または頭の中で考えるように指示した。その結果，「最悪の体験」を話すか，書くかした人では，考えただけの人に比べ，精神的健康度や人生の満足度が高くなった（しかし「最高の体験」ではこれらの評定値はむしろ低くなった）。子どもにおいてもこのような効果は

あるかもしれない。

　感情を語ることは，内省をうながし，体験や出来事の理解を深め，他者との関係性を強め，実質的な問題解決にもつながる。さらに，こういった体験は全体として自己理解を深めることにも寄与するだろう（Fivush et al., 2003a）。事実，Bird と Reese（2006）や Welch-Ross ら（1999）は 3, 4 歳児，あるいは 4, 5, 6 歳児と母親を対象とした研究で，母子会話における感情への言及と CSVQ（children's self-view questionnaire）により測定される子どもの自己に関する知識とに相関があることを示している。

4節　リスクのある子どもによる感情の報告

1 ── 司法場面

　子どもの感情を査定したり，子どもの気持ちを尋ねたりしたりしなければならない現実的な事態の1つに司法場面がある。離婚の調停，親権の争いなどの家事事件では，子どもがそれぞれの親に対してもっているイメージや感情を調査することが重要である。刑事司法においても被害の大きさを推し量ったり，被疑者の供述との一致・不一致を確かめるために（無理矢理やらされたのか，進んで手助けをしたのかなど），子どもの気持ちを尋ねることがある。加えて，近年の法改正により，被害者が積極的に司法手続きに参加できるようにもなっている。被害者となった子どもが法廷で被害者陳述を行なうといった事態も生じるかもしれない。こういった場合，私たちはどの程度，子どもによる感情表現を期待できるのだろうか。

　Aldridge と Wood（1998）は英国で行なわれている司法面接（ビデオ録画面接）100 例を分析し，子どもが適切に感情を表現できていない事例があることを指摘している。

1. 4歳の女児への面接から

    面接官：で，その人が（虐待行為を）した時，どんな気持ちだった？
    子ども：平気。（Aldridge & Wood, 1998／仲，2004, p.203）

2. 6歳の男児への面接から

    面接官：だいじょうぶ？
    子ども：うん。
    面接官：だいじょうぶじゃないことはある？　悲しいことは？

子ども：悲しい。（同上 p.152）

3．8歳の女児への面接から
面接官：（虐待者である）お父さんのこと好き？
子ども：うん。（同上 p.204）

　AldridgeとWood（1997）は，学術的研究から期待されるほどには，子どもが司法場面において十分に感情を表現できない理由として，1．司法的な面接はストレスが高く，妨害的であるため，2．虐待などの話題は話しにくいため，3．虐待された子どもは感情を表現できないことがあるため，4．母親による報告や，学術的な研究では子どもの能力は過大評価されることがあるため，などの可能性をあげている。どれも重要な指摘だが，ここでは3．に注目し，苦境にある子どもや虐待された子どもの感情表現について調べた研究を2つ紹介したい。

2 ── 入院

　1つはつらい状況にある子どもたちを対象にした研究である。HarrisとLipian（1989）は，一時的に病院に入院している6歳児と10歳児，およびその対照群（知的能力などをマッチさせた，学校に通う6歳児と10歳児）に，自己の感情の理解に関わる質問を行なった。病院の子どもたちは入院や手術を要する怪我や病気ではあったが，それは命に関わるようなものではなかった。第1の質問は，複数の感情について尋ねるものであった。たとえば，現在の状況を「悲しい」と表した子どもには，悲しくても，その中で楽しく感じられることはないか尋ねた。第2は，他者にわからないように感情を隠すことができるかどうか，第3は，悲しい気持ちを楽しくするなど，気分を変えることができるかどうかであった。いずれも，感情理解の認知的側面に関わる質問である。

　その結果，入院群の反応は対照群に比べ，発達的な水準が低いという結果が得られた。たとえば問1「複数の感情」では健康な6歳児の24％，10歳児の84％が複数の感情をもつことは可能だとした。しかし，入院群でそのように回答したのは6歳児で20％，10歳では40％であった。問2「感情を隠せるか」では，健康な6歳児の40％，10歳児の90％が「隠せる」と答えた。しかし，入院群でそう答えたのは6歳児で16％，10歳児では30％であった。問3「気分を変えられるか」も同様であり，入院群において発達的な水準が低い結果となった。Harrisらはこのような結果をslippage（遅延）が生じたとしている。

なぜこのような遅延が起きたのか。微熱や麻酔などの影響についても考察したうえで，Harrisらはストレスの影響を問題にしている。病院にいる子どもたちの第1の感情は「悲しい」「いやだ」「飽き飽きした」「うんざり」であった。こういったネガティブな感情がフィルターとなるため（あるいは幸せになる気持ちの容量を奪うため），入院群の子どもたちはつらい，悲しい気持ち以外のことを考えられなくなっているのではないか，というのである。退院すればこのような状態からは間もなく回復するであろう。しかし，このような状況にいるかぎり，改善は期待できないかもしれない。夫婦喧嘩の絶えない家庭，離婚訴訟の最中，日々放置や虐待を受けている子どもにおいては，ネガティブなフィルターが強く働いている可能性がある。

3 ── ハイリスクな環境

　もう1つは慢性的な剥奪に焦点を当てた研究である。一般にハイリスクな環境にある子どもの言語機能は低いといわれる。母親のアルコール摂取や薬物摂取，貧困からくる栄養不良などの生理学的影響（Beeghly et al., 2006）のほか，母親のうつによる家庭内の雰囲気の沈滞，愛着の形成不良，会話の質なども関わっているとされる（Coster et al., 1989; Raikes & Thompson, 2006）。こういった要因は，幼児の感情の理解や表出にも影響を及ぼす可能性がある。

　RaikesとThompson（2006）は，アメリカのヘッドスタート計画（就学前の幼児の知的発達を支援するプログラム）に参加している42組の母子を対象に，母親のうつ，母子間の愛着，会話における感情への言及が，幼児の感情理解に及ぼす影響を調査した。これらの家庭は低所得であり貧困に窮している家庭も多かった。幼児が2, 3歳の時点では母親のうつと母子の愛着が測定された。幼児が3, 4歳の時点では母親のうつ，母子の愛着，感情的な出来事に関する会話（子どもにとって楽しかった，怒った，悲しかったときのこと），子どもの感情理解（人形劇による）が測定された。その結果，一般的な家庭に比べ，これらの家庭では母親のうつ傾向が高く愛着が低いという傾向があった。とくに，幼児が2歳の時点における母親のうつの度合いは，3歳の時点における幼児の感情理解得点の低さと関わっていた。また，愛着が不安定な母子では会話における感情への言及が少なく，それが子どもの感情理解得点の低さと関わっていた。

　剥奪された環境の母親はうつ傾向になりやすく，子どもはネガティブな体験をしがちである。これに加えて，子どもは感情について話す機会も十分に与えられていないことになる。RaikeとThompson（2006）は，感情について学ぶことのできる健康で構造化された会話ができるよう，母親らを支援する必要があるとしている。

英国では，虐待により亡くなった幼児の事例について詳細な報告書が刊行されている。そのような事例の1人であるビクトリア・クリンビーは，大叔母（実父の叔母）の養女となり，フランスと英国とを行き来した後，ネグレクトと身体的虐待により8歳で亡くなった。衰弱のために何度も入院し，数回にわたりソーシャワーカーが家庭訪問をしていたにもかかわらず，虐待を発見することはできなかった。ソーシャルワーカーの記録には「幸せな様子」とあり，看護婦もビクトリアを「太陽の光のよう」と表現していたという（Lord Laming, 2003）。日本でも子どもに事情聴取をしながら虐待が発見できなかったケースがある（仲，2007）。語るべきネガティブなことはたくさんあるのに，それを言葉にできないというのは苦痛である。剥奪された環境やストレス下にある子どもに感情を語ってもらうにはどうすればよいか，実践的な研究が望まれる。

　感情を語ることは自己を理解し，問題を乗り越え，将来への希望をつなぎ，他者との関係性を深める。それだけでなく，感情を語ることで命が救われることもあるだろう。感情が語れるメカニズム，感情を語ることの意味・意義を私たちはもっと知る必要がある。

引用文献

Aldridge, M., & Wood, J. 1997 Talking about feelings: Young children's ability to express emotions. *Child & Neglect*, **21**, 1221-1233.

Aldridge, M., & Wood, J. 1998 *Interviewing children*. West Sussex, UK: John Wiley & Sons. 仲真紀子（編訳）齋藤憲一郎・脇中　洋（訳）2004　子どもの面接法―司法手続きにおける子どものケア・ガイド　北大路書房

Beeghly, M., Martin, B., Rose-Jacobs, R., Cabral, H., Heeren, T., Augustyn, M., Bellinger, D., & Frank, D. A. 2006 Prenatal cocaine exposure and children's language functioning at 6 and 9.5 years: Moderating effects of child age, birthweight, and gender. *Journal of Pediatric Psychology*, **31**, 98-115.

Bird, A., & Reese, E. 2006 Emotional reminiscing and the development of an autobiographical self. *Developmental Psychology*, **42**, 613-626.

Coster, W. J., Gersten, M. S., Beeghly, M., & Cicchetti, D. 1989 Communicative functioning in maltreated toddlers. *Developmental Psychology*, **25**, 1020-1029.

Dunn, J., Bretherton, I., & Munn, P. 1987 Conversations about feeling states between mothers and their young children. *Developmental Psychology*, **23**, 132-139.

Dunn, J., Brown, J., & Beardsall, L. 1991 Family talk about feeling states and children's later understanding of others' emotions. *Developmental Psychology*, **27**, 448-455.

Fivush, R., Berlin, L. J., Sales, J. M., Mennuti-Washburn, J., & Cassidy, J. 2003a Functions of parent-child reminiscing about emotionally negative events. *Memory*, **11**, 179-192.

Fivush, R., Buckner, J. P., & Fischer, A. H. 2000 Gender, sadness, and depression: The development of emotional focus through gendered discourse. In A. H. Fischer (Ed.), *Gender and emotion: Social psychological perspectives*. New York, NY: Cambridge University Press. Pp.232-253.

Fivush, R., & Fromhoff, F. A. 1988 Style and structure in mother-child conversations about the past. *Discourse Processes*, **11**, 337-355.

Fivush, R., Hazzard, A., Sales, J. M., Sarfati, D., & Brown, T. 2003b Creating coherence out of chaos? Children's narratives of emotionally positive and negative events. *Applied Cognitive Psychology*, **17**, 1-19.

Fivush R., & Keubli, J. 1997 Making everyday events emotional: The construal of emotion in parent-child conversation about the past. In N. L. Stein, P. A. Ornstein, B. Tversky & C. Brainerd (Eds.), *Memory for everyday and emotional events*. Mahwah, NJ: Lawrence Erlbaum Associates. Pp.239-266.

Harley, K., & Reese, E. 1999 Origins of autobiographical memory. *Developmental Psychology*, **35**, 1338-1348.

Harris, P. L., & Lipian, M. S. 1989 Understanding emotion and experiencing emotion. In C. Saarni & P. L. Harris (Eds.), *Children's understanding of emotion*. New York, NY: Cambridge University Press. Pp.241-258.

Harter, S., & Whitesell, N. R. 1989 Developmental changes in children's understanding of single, multiple, and blended emotion concepts. In C. Saarni & P. L. Harris (Eds.), *Children's understanding of emotion*. New York, NY: Cambridge University Press. Pp.81-116.

Hughes, C., & Dunn, J. 1998 Understanding mind and emotion: Longitudinal associations with mental-state talk between young friends. *Developmental Psychology*, **34**, 1026-1037.

Hughes, C., Lecce, S., & Wilson, C. 2007 "Do you know what I want?" Preschoolers' talk about desires, thoughts and feelings in their conversations with sibs and friends. *Cognition & Emotion*, **21**, 330-350.

岩渕悦太郎・村石昭三 1976 用例集―幼児の用語 日本放送出版協会

Jin, J. A., & Naka, M. 2006 Mother-child conversation about past events: Mothers' support and children's elaboration. 人工知能学会第48回言語・音声理解と対話処理研究会 *SIG-SLUD*, A602-04 (11/16), 19-24.

菊池哲平 2006 幼児における状況手がかりからの自己情動と他者情動の理解 教育心理学研究, **54**, 90-100.

Lord Laming 2003 *The Victoria Climbie Inquiry: Report of an inquiry*. Presented to Parliament by the Secretary of State for Health and the Secretary of State for the Home Department by Command of Her Majesty, January 2003.（英国内務省 HP より取得可能。http://www.victoria-climbie-inquiry.org.uk/finreport/reportoverview.htm）

Lyubomirsky, S., Sousa, L., & Dickerhoof, R. 2006 The costs and benefits of writing, talking, and thinking about life's triumphs and defeats. *Journal of Personality and Social Psychology*, **90**, 692-708.

Naka, M. 2007 Children's description of other's feelings and their own feelings. A presented paper at Society for Applied Research in Memory and Cognition, Bates College, Maine, July, 25-29.

仲真紀子 1999 対話における助数詞の獲得―語彙獲得における認知的要因と言語的環境

要因　小嶋祥三・鹿取廣人（監修）　桐谷　滋（編）　シリーズことばと心の発達(2)　ことばの獲得　ミネルヴァ書房　Pp.117-142.

仲真紀子　2007　供述という会話の特質―予兆を見逃さない事情聴取　内田伸子・坂元章（編）　リスク社会を生き抜くコミュニケーション力　金子書房　Pp.149-169.

Pennebaker, J. W. 1997 Writing about emotional experiences as a therapeutic process. *Psychological Science*, **8**, 162-166.

Raikes, H. A., & Thompson, R. A. 2006 Family emotional climate, attachment security and young children's emotion knowledge in a high risk sample. *British Journal of Developmental Psychology*, **24**, 89-104.

Shaver, P., Schwartz, J., Kirson, D., & O'Connor, C. 1987 Emotion knowledge: Further exploration of a prototype approach. *Journal of Personality and Social Psychology*, **52**, 1061-1086.

Strayer, J. 1989 What children know and feel in response to witnessing affective events. In C. Saarni & P. L. Harris (Eds.), *Children's understanding of emotion*. New York, NY: Cambridge University Press. Pp.259-289.

Welch-Ross, M. K., Fasig, L. G., & Farrar, M. J. 1999 Predictors of preschoolers' self-knowledge: Reference to emotion and mental states in mother-child conversation about past events. *Cognitive Development*, **14**, 401-422.

第V部

これからの
自伝的記憶研究

16章

自伝的記憶研究の今後に向けて

太田　信夫

1節　はじめに

　本書は，日本心理学大会における数回のワークショップをもとに編集されたものである。これらのワークショップは，日本認知科学会テクニカルレポート（佐藤ら，2004, 2005, 2006, 2007）として，公刊されている。本章は，このテクニカルレポートで，指定討論者の筆者（太田）が分担執筆した部分の一部を引用しながら，まとめたものである。したがって，詳しくはそのテクニカルレポートをご参照いただきたい。

2節　自伝的記憶研究に関する5つの問題提起

　自伝的記憶の研究は，個々人の人生そのものを扱うので，たいへん難しく，また危険性をはらんでいる。誰の人生も，膨大な経験から成り立っており，それをシンプルな法則や概念で表すことはできない。また誰の人生も，尊厳と個性を有しているので，それを平均的データとして扱うと，あまりにも表層的な研究であると言わざるを得ない。

　このようにたいへん複雑で個性のある人生に対して，記憶という切り口からその本質に迫るには，いくつかのハードルを越える努力が必要である。以下，検討を要する5つの問題を提起し，それについての本書の他の執筆者のコメントを引用する。引用においては，本節の文脈上，筆者によりごく部分的に変更した箇所があるが，テクニカルレポート（佐藤ら，2004）には，その原文や引用しなかった多くのコメントがあるので，参照いただければ幸いである。

問題提起1 ── 想起できない記憶をどのように扱ったらよいか

　従来の自伝的記憶研究では，想起された記憶（顕在記憶）を扱っているものがほとんどで，想起意識のない，いわゆる潜在記憶や手続き記憶は無視されている。しかし，

想起される記憶内容やその想起プロセスは，潜在記憶や手続き記憶によって支えられていると考えると，それらを無視した理論や研究方法では十分とはいえない。とくに，自己概念の形成や意識・行動などに対する，自伝的記憶の機能を考えると，意識化できない記憶の存在を抜きにしては考えられない。

〔佐藤浩一先生のコメント〕

　この問題提起を，さらに2つに分けて検討したい。1つは，自伝的記憶の想起内容や想起プロセスが手続き記憶・潜在記憶に支えられているという点である。この点は，不随意的想起（Berntsen, 1998）の研究に組み込んで検討できるのではなかろうか。たとえば，1. 動作などの手続き記憶が自伝的記憶を引き出す手がかりとしてどの程度有効か，2. 手がかりとなった出来事と想起された出来事の間にいかなる類似性があるのか—概念的な類似性か，知覚的な類似性か—，といった点を検討することで，自伝的記憶と手続き記憶・潜在記憶との関連についてのヒントが得られるだろう。

　もう1つは，自伝的記憶の機能については，意識化できない記憶の存在を抜きにしては考えられないという指摘である。確かに，効率的に機能する方向づけ機能を考えると，関連する自伝的記憶をいちいち想起して，現在の問題にあてはめていたのでは遅いということがある。その意味では，潜在的に想起され，意識的な処理を経る間もなく生かされるというのが，自伝的記憶が有効に機能するための1つの条件である。この問題についても，不随意的に想起された自伝的記憶の機能（神谷, 2003）を検討することで，有益な知見が得られるだろう。

　なおこれら2つのいずれの問題とも関連して，次のことを指摘しておきたい。意識化できない手続き記憶や潜在記憶とのつながりを強調すると，自伝的記憶の中でもとくに自動化した想起過程や機能を強調することにつながる。それはきわめて効率的なシステムかもしれない。しかしこうしたシステムに依存することは，我々の自己や自伝的記憶が固定化し，柔軟性を失う危険性もはらむことになる。

〔越智啓太先生のコメント〕

　現代の自伝的記憶研究のほとんどは，顕在的なエピソード記憶を扱っている。具体的には，手がかり語を呈示し，それにより想起されたエピソードを報告させるという方法などがとられる。しかし，歴史的にみれば，自伝的記憶研究が，想起できない記憶を無視してきたわけでは必ずしもない。たとえば，Freudの精神分析モデルは，想起できないエピソード記憶が，行動に影響を与えているというものであると考えることもできる。

　では，太田先生の指摘されるような，手続き的な記憶や潜在記憶はどうであろうか。これに関しては，ほとんど扱われていないというのが現状であろう。しかし，考

えてみると，自伝的手続き記憶，あるいは自伝的潜在記憶というものを「自伝的でない手続き記憶」や「自伝的でない潜在記憶」と分けて定義するのはなかなか困難である。もしかしたら，自伝的記憶という概念は暗黙にそれが，エピソード記憶であるということを想定しているのかもしれない（このことを明示的に記述している研究者もいる）。このあたりの問題は自伝的記憶の定義の問題を含めて，理論的にも検討していくことが必要であろう。

問題提起2 ──── 自伝的記憶における「自己」の概念をどのようにとらえるか

エピソード記憶とは，自己の過去経験を想起した記憶のことをいう。しかし，自己に関する概念や自己に関する知識をエピソード記憶というのか，意味記憶というのかは，議論のあるところである。たとえば「自分はこういう性格だ」という知識と「徳川家康はこういう性格だ」という知識との本質的な違いはあるのだろうか，ないのだろうか。このように考えていくと，自伝的記憶における自己とエピソード記憶との関係をどのように考えたらよいか，という問題は複雑で重要な問題であることがわかる。たとえば，ある社会的出来事の記憶と自己との関係には，さまざまなかたちがある。したがって私たちは，記憶理論全体の中で，自伝的記憶の位置づけを考える必要があるのではないだろうか。

〔佐藤浩一先生のコメント〕

記憶理論全体の中で，エピソード記憶や意味記憶との関連を考慮して，自伝的記憶の位置づけを議論しなければならないことは，言うまでもない。システムとしての自伝的記憶の独自性を主張するには，それが意味記憶やエピソード記憶あるいは社会的出来事の記憶とは構造的・機能的に異なっていることが示されなければならない。同じ研究パラダイムを用いて，自伝的記憶に関する想起や判断が，エピソード記憶や意味記憶あるいは社会的出来事の記憶とは異なるパターンを示すことを明らかにしなければならないだろう。ある記憶システムの特殊性を主張するには，慎重な検討が求められる。「フラッシュバルブメモリー」研究が始まった当初，特殊な「ナウ・プリント（Now Print!）」メカニズムで説明する仮説（Brown & Kulik, 1977）が提出されたが，それに対して，リハーサルによる説明の有効性も主張された（Bohannon, 1988）。越智（2004）はトラウマ記憶やフラッシュバルブメモリーは，感情の影響を想定しなくとも説明できることをクリアに論じている。

もしかしたら「自伝的記憶」を独立した特殊なシステムと考える必要はないのかもしれない。たとえば，我々は何に基づいて自分の性格を判断しているのであろうか。他者の行動からその人のパーソナリティを推測するのと同じ方法で，自分についても

関連する出来事を想起し判断を下しているのだとすると，あえて「自己」の特殊性を強調する必要はなくなる。これに対して，「自己について判断するときには，特定の記憶を想起することなく，関連する自己概念に直接アクセスして判断している」という仮説も考えられる（Klein & Loftus, 1993）。しかしその場合も，自己と他者を明確に二分する必要はなく，熟知度という次元上の差異で説明できるかもしれない。あるいは，実験室で呈示された物語文を想起する場合と，自分自身の物語（ライフストーリー）を想起する場合とでは，どこに決定的な違いがあるのだろうか。さほど大きな違いはないのかもしれない。

意味記憶やエピソード記憶あるいは自伝的記憶といったシステムに独自性があるとすると，独自性は，符号化から想起に至る処理の微妙な差異とその組み合わせによって生じるものではなかろうか。たとえば実験室で呈示された物語文に比べると自己のライフストーリーに関わる情報の符号化は感情の影響を強く受けて，感情と一緒に符号化されやすいだろう。またライフストーリーは物語文に比べると，リハーサルされる可能性が高い。こうした量的差異の蓄積が，各システムの独自性を生み出しているのではなかろうか。

〔堀内孝先生のコメント〕

問題提起2に関して，自己の記憶モデル（堀内，2004）に準じて説明する。自己の記憶モデルは「社会的認知」研究の中で提唱された多くの自己の情報処理モデルを精緻化したものである。その最大の特徴は，自己に関する情報，すなわち，自己知識は，他の知識表象と同様に，人間の記憶システムに準拠して情報が処理されると考えることにある。すなわち，意味記憶システムには比較的抽象化・概念化された自己知識である自己概念が保存されており，現実自己，理想自己，社会的自己などがその下位要素として含まれる。また，エピソード記憶システムには具体的な自分自身の体験である自伝的記憶が保存されており，それらは時系列と内容の二側面から体制化されている。そして，長期記憶から作動記憶システムに自己知識が転送され，そのときの気分や直前の事象，対人的な状況との交互作用を経ることにより，作動記憶内に作動自己（working self），すなわち自己意識が成立する。

自己意識（作動自己）は意識の常として時間の関数として時々刻々とその内容が変化していく。ある状況下での自己意識は，ある意味で一期一会であり，状況即応的である。その一方で，長期記憶内には自己知識が長期にわたって安定して保存され，必要に応じて検索可能であることが，自己の一貫性・連続性の感覚であるアイデンティティ感覚の基盤となっている。このように考えると，哲学上の難問といわれた自己意識の変動性と一貫性という矛盾する問題を，自己の記憶モデルでは整合的に説明する

ことができるのである。また，自己意識には，認識する自分（主我）と認識対象の自分（客我）という二側面が同時に成立するという回帰的側面がある（James, 1890）。自己の記憶モデルでは，主我を作動記憶システムにおける中央実行系，客我を現行の作動記憶とみなすことによって，この回帰的現象を説明する。また，最近ではfMRI（functional magnetic resonance imaging）などの脳画像技術の進歩に伴い，自己知識の神経学的基盤に関する検討も行なわれている。意味記憶システムにおける自己知識（自己概念）に関する判断，および，エピソード記憶における自己知識（自伝的記憶）の想起を扱った研究の多くにおいて，前頭前野内側部（MPFC：medial prefrontal cortex）の活性化が確認されていることから，MPFCは自己知識（の表象操作）に関する処理一般に関与している可能性がきわめて高いと考えられている（たとえば，Horiuchi et al., 2002）。ただし，その他の活性化部位に関しては2つの自己知識間で共通しておらず，たとえば，自伝想起の場合，海馬，扁桃体などの活性化が報告されるのに対し，自己概念に関する判断では，帯状回などの活性化が報告されている。

このように記憶や社会的認知の自己研究ではすでに多くの研究知見が蓄積されており，自己の記憶モデル（堀内，2004）のように，自伝的記憶はエピソード記憶システムにおける自己知識とみなすことが妥当だと思われる。

問題提起3 ── 記憶の信憑性は問題にしなくてよいのか

記憶には，忘却と変容はつきものである。また想起とは，過去経験の再構成ともいわれる。したがって，研究者が得る記憶内容は，オリジナルの記憶を出発点として，さまざまな原因によりバイアスや合理化などの影響を受け，変容し，しかも想起時の心理的物理的状況の影響下での記憶のことである。自伝的記憶は，何十年という超長期の記憶であるので，この記憶保持のプロセスは複雑にして微妙である。このように考えると，同一人が同じトピックを想起しても，年代により少し異なった内容になると考えられる。また，変容のプロセスには，量的質的に個人差もあるだろう。筆者は，このような問題こそ，生身の人間の記憶を扱うおもしろさに通ずるものであると思うのだが，このあたりを研究として見過ごしてもらいたくない。

〔槙洋一先生のコメント〕

記憶は再構成され，オリジナルな出来事の記憶は変容する。自伝的記憶を想起したときに，参加者がその変容に気づかないことも十分に考えられる。しかし，とくに個人的出来事の報告の場合には，信憑性を確かめるのはきわめて困難である。そこで，この種の研究では，参加者の報告は主観的事実として扱われることが多い。もちろん信憑性の問題は無視されているわけではない。20年前の出来事を想起し，その当時

の自分の日記と比較した研究（White, 2000）や移民してきた当時の出来事をきょうだいそれぞれから尋ねた研究（Schrauf & Rubin, 2000）などもある。

　しかし，自伝的記憶を扱う場合には，記憶の信憑性がないという問題よりも，何がどう変容して，どのように自己に組み込まれていくのかが重要ではないだろうか。オリジナルな出来事は，時間が経過するにつれて，現在の自己のライフストーリーに一致するように変容していくであろう。この変容のプロセスもバンプが生起する原因の1つになっていると考えられる。たとえば，青年期に経験した自分にとって重要だと感じられる出来事は繰り返して想起されるうちに，現時点での自分の視点から再構成され，精緻化されていくであろう。

　人は現在の自己に一致した想起をすると考えると，同一個人が同じトピックを想起しても，年代により内容が変化することは十分にあり得る。これに対しては，たとえば，大学生を対象にして，最近の出来事を想起させた後，縦断的方法によって，彼らが年齢を重ねるにつれて，その記憶がどのように変化していくのかを調査する方法もあるであろう。長期的に自伝的記憶の変容を探っていくことが今後求められる。

〔下島裕美先生のコメント〕

　自伝的記憶の研究では，想起された記憶が「どの程度正確か」「どの程度変容しているか」「どの程度忘却されているか」が問題とされてきた。自伝的記憶はかなり昔の出来事，それも個人的出来事であるため正確さの確認が困難な場合が多く，正確さ，変容の度合い，忘却の度合いを正しく評価することは困難であった。

　正確さを確認しようとする研究としては，Linton（1982），Wagenaar（1986），神谷（2004）が，自身を対象に日誌法による研究を行なっている。また，Fivush らは，幼児にある体験をさせてその内容を記録し，数ヶ月後，数年後に改めてその出来事について想起させるという方法をとっている（Fivush & Hamond, 1989; Fivush et al., 1984）。Thompson（1982）は，大学生に日記をつけてもらい，後日その日記をもとに過去の想起を調査している。しかし，全情報が記録されているわけではないので，後日新たに想起された情報が正しいものであるのか，誤想起であるのか，正確に判断することは難しい。

　筆者（下島）は，自伝的記憶は必ずしも正確に想起する必要はないと考える。我々がこれからの人生を生きていくうえで必要なのは，過去の事実の羅列ではなく，現在への適応と将来への展望に役立つ情報である。過去経験の中で，これからの人生にとって必要な情報は意識的に想起することができ，必要のない情報，忘却することが望ましい情報は，忘却される。また，変容することが現状にとって望ましい情報は，変容されて想起される。しかし，もとの情報がまったく書き換えられるわけではないであ

ろう。久しぶりに友人に出会ったり，あるいは過去のアルバムを見ていて，これまで信じていた過去は勘違いであったと認識したり，あるいはなぜこんな出来事を何年も思い出すことなく過ごしていたのか，という経験をすることがあるであろう。このように情報は状況にあわせて忘却・変容されるが，他の状況では，改めて正確な情報を事実そのものとして認識することができるように，正確な情報はまったく書き換えられてしまうものではないと考えられる。自伝的記憶は，どの側面からみるかによって想起内容がまったく変わってくる。このような柔軟な想起ができるかどうかが，現在にいかにうまく適応するか，将来に向けてポジティブに生きることができるか，を決定するのかもしれない。まさにこの想起の柔軟性を調べることに，自伝的記憶研究の醍醐味があるのではないだろうか。

問題提起4 ── 想起しても，言いたくない，あるいは言語化できない記憶をどのように扱うのか

　自我の中核にふれる出来事ほど，時と場合によっては，思い出したくない，言いたくないことが多い。したがって，質問紙で出てくるデータが想起内容のすべてではない。しかし困ったことに，そのような出来事こそ，その人にとって人生の中心的な意味をもつ自伝的記憶であることが多いのも事実ではないだろうか。自伝的記憶の構造や自己との関係を解明しようとしたり，自伝的記憶のもつさまざまな機能を考えようとするとき，このような質問紙には出てこない記憶をどのように扱ったらよいのだろうか。

　また，言いたいけれども，うまく言語化できない自伝的記憶もある。複雑な視覚的記憶や表現しにくい聴覚的記憶，あるいは味や匂いの記憶など，確かな表象はあっても言語化できないこともある。このような自伝的記憶にも，私たちは留意すべきであろう。新しい研究方法の工夫が期待される。

〔越智啓太先生のコメント〕

　「想起しても言いたくない記憶」をどのように扱うかについては困難な問題がある。第1は倫理的な問題であり，そもそもこのような記憶を想起させる実験に問題がないのか，という点である。第2の問題点として，実際に記憶実験ではこのような記憶は報告されないがゆえに，報告された研究のみを対象にしていては，結果にバイアスがかかるということである。この点に対する対処方法としては，想起内容自体を報告させないという方法で，ある程度は防げるかもしれない。第3の問題点としては，このような記憶が自己概念との関係で実は最も重要であるという指摘である。たとえば，Freudは，幼少時の性に関する自伝的記憶が個人のパーソナリティ形成や病理的な現

象に密接な関係があると指摘している。また，PTSDの症状のある人は，まさに想起しても言いたくない記憶によって，日々，苦しめられ，自己の行動が変わってきているのである。この点は太田先生のご指摘のとおりであり，今後，実験方法や研究方法を考えていく必要があるだろう。また，むしろ，このような範囲の研究は臨床心理学の研究として行なう必要があるのかもしれない。

　次に「言えない記憶」，つまり，匂いや音や皮膚感覚など「感じ」についての記憶である。おなかが痛くなったときに「これは前の痛みと同じ」と思ったり，心臓に痛みが走って「この痛みは体験したことがない」と思うことなどがあるが，これは「痛み」の感じについての記憶が存在することを意味し，しかも，その中には言葉にできないものが含まれている（Salovey et al., 1994）ことを示唆している。また，これは痛みだけでなく，より複雑な感情，たとえば，愛についてもいえることである。具体的には，人を好きになった場合の恋心について，「こんな気持ちになったのは初めて」といえる（過去の自伝的な恋愛感情を保持していなければ，こんな気持ちになったのは初めてかどうかを判断することはできない）のは，このような「言えない記憶」を反映している可能性がある。この点についても実験方法を考えていく必要があるだろう。

問題提起5 ── 倫理的問題にどう配慮するのか

　この問題を強調しすぎると，研究の発展を阻害することにもなりかねないが，人間を研究対象としている研究者にとっては，たいへん重要なことである。冒頭でも述べたように，個々人の人生は，尊厳と個性を有している。したがってその記憶内容を公表する場合には，プライバシーの問題に十分に注意すべきである。具体的なデータやケースを部分的でも発表する場合には，その本人が他人から特定されることのないようにするのであるが，研究上，個人を特定する必要性が高い場合には，難しい問題である。本人の了承を得るなど，研究者としての必要な手立てはとっておくべきである。

　また，調査や実験に参加した人によっては，「思い出したくないことまで思い出してしまい，その後，大学生活に不適応を起こした」という事実もある。自伝的記憶を想起することによって起きるさまざまな心理的影響に配慮することは，研究者の倫理である。

〔佐藤浩一先生のコメント〕

　この点については，実際の研究手続きをもって回答としたい。筆者（佐藤）が自由記述を中心とした質問紙法で自伝的記憶を収集する場合，以下の点に留意している。

1. 実施に先だって，協力はあくまで任意であること，回答によって不快な気分になることもあるので，その場合は，協力を取りやめても差し支えないこと，を説明する。
2. 回答は匿名で依頼する。複数回の協力を依頼して回答を照合させる必要がある場合には，生年月日のみ記入を求める。
3. 参加者の回答を「匿名の回答例」として公開してよいか，意向を確認する。たとえ匿名でも公開は控えてほしいという参加者が，必ず存在する。
4. 参加者は自分の回答が不特定多数の目にふれるとは考えていないため，分析は原則として研究者のみで行ない，学生には手伝わせない。
5. 結果のフィードバックを行なう。

なお，卒業研究や修士論文のテーマとして自伝的記憶を扱うことを，筆者（佐藤）は学生に対して推奨しない。卒業研究や修士論文の場合，その協力者は同じ学内の学生になる可能性が高い。こうした人々の個人情報（想起された出来事も含まれる）が，学生を通して流出する危険性を考慮してのことである。

3節　自伝的記憶研究の拡大と発展

自伝的記憶研究の本質を表すキーワードを2つあげるとすれば，「自己」と「エピソード記憶」である。以下，この2点について自伝的記憶研究の今後の発展を願いながら，考察を進めたい。

1 ── 自己

まず，自己についてであるが，今後の自伝的記憶研究を考えた場合，重要と考えられる研究テーマとして，自己形成と自己伝達がある。

(1) 自己形成

ここでいう自己形成の問題とは，自己概念の形成に自伝的記憶がどのように関わってくるかという問題である。遠藤由美先生の自己研究（10章参照）は，自己の主体的側面を重視した研究であるが，これに対して従来の自伝的記憶研究は，自己を客体視した研究であるといえよう。生の人間を扱うのが心理学であるとすれば，過去から未来に向かって現在を生きている自分自身が，どのように自己を評価し，どのような方向に自分をもっていこうとしているのか，という主体的視点から研究するのも，自伝的記憶研究の課題である。

現時点での過去経験の想起には，その時点でのその個人の内外にあるさまざまな要因によりバイアスがかかっていると考えられるが，この想起が自己概念の形成や変容と密接に関係している。そしてこの自己概念をもとにして，未来の自分を計画したり予測したりするのである。このような主体的観点からすれば，記憶とは過去と未来との接点として機能する認知的モーメントであるといえる。また，伝統的記憶研究の枠組みからいえば，自伝的記憶は回想的記憶と展望的記憶の接点として機能するともいえよう。ここでの展望的記憶とは，自己形成として働く人生プランのような長期的展望のことをいう。

このような自己形成に関わる自伝的記憶の研究は，心理学の実利的な面においても有効性をさらに高めるのである。

(2) 自己伝達

自己に関するもう1つの研究テーマとして，自己伝達がある。これは，自伝的記憶に関するコミュニケーションの問題である。すなわち，自己の過去経験を他人に伝えたり他人から聞いたりすることに関して，この内容と行為をいろいろな角度から研究することである。その1つが，野村信威先生の高齢者における回想の研究である（13章参照）。従来の自伝的記憶研究では，記憶の内容に関する研究が多く，その内容が自己や他人にとっていかなる機能を担うかという点については，あまり研究されてこなかった。しかし野村先生は，回想行為そのものに注目し，回想過程を細かく分析し，当人の人生における回想の意味づけを行なっている。このような研究は，臨床研究や対人関係研究にも関係しており，また人格の適応の問題としても扱うことのできるものである。

このように考えていくと，自伝的記憶研究における自己伝達の研究は，自伝的記憶研究の拡大と発展性をいっそう感じさせてくれるものである。

2 ── エピソード記憶

記憶の1つの分類法として，エピソード記憶，意味記憶，手続き記憶の3分法がある。自伝的記憶は，自分の人生における過去経験の記憶であるので，単純に考えれば，エピソード記憶のことである。しかし少し考えればすぐわかることであるが，エピソード記憶と同義とはいえないところもあり，また，意味記憶や手続き記憶の面も含んでいる。

エピソード記憶は，自己が何らかのかたちで関わる時空間的に定位される事柄の記憶であるが，その中でも自伝的記憶は自己の関わり方がより密接な記憶といえよう。したがって両記憶は，まったく同じとはいえない。また，次の例のように考えると，

自伝的記憶はエピソード記憶以外の部分もある。たとえば，ある高齢者が，青春時代に大病を患い生死の境をさまよい，それ以来，生命の尊さを生活信条としたとしよう。この人の大病の経験はエピソード記憶であるが，そこから得た教訓は意味記憶であろう。大病以来，その人に健康第一のセルフコントロールの術が身についたとすれば，その術の記憶は手続き記憶であろう。

自伝的記憶は，自己に関する記憶である。したがって，自己に関する知識という意味記憶も当然含まれる。「自分は軽率な人間だ」とか「自分は努力家だ」というような自己知識を青年期の自己像として記憶しているとすれば，これはエピソード記憶ではなく，一種の意味記憶である。もちろん同じ意味の記憶でも，一般的知識のようなものと自己に関する知識では，性質が異なると考えられる。

なお，これらの記憶の区分に関する議論には，未解決の点も多く，筆者とは異なる解釈も考えられるので，一言断っておきたい。いずれにしても，自伝的記憶は，記憶の分類理論からすると，複数の記憶が関係しており，記憶全般の問題として再構築する必要があると考える。

また自伝的記憶研究では，認知的側面に対する情意的側面の観点からのアプローチも必要である。私たちは，昔のことを思い出して，時には泣いたり，時にはやる気を出したりすることがある。野村先生の研究対象である高齢者の回想行為には，必ずと言ってよいほど情意的側面が随伴するであろう。また遠藤先生の自己研究においても，過去や現在の自己を評価する際には，その人の情意的側面が少なからず評価に影響を与えていると考えられる。したがって，この側面を無視しては，血の通った心理学研究にはならない。

しかしこのような自伝的記憶研究は，現在，たいへん少ない。人間は，常に，認知的であるとともに情意的存在でもあることを考えれば，この種の研究の重要さがわかる。

以上，自伝的記憶のキーワードとしての「自己」と「エピソード記憶」に関して，今後の自伝的記憶研究を視野に入れながら論じてきたが，今や自伝的記憶研究は単なる記憶研究の一部にとどまらず，心理学の他領域とも共有する問題をもち始めているといえる。自己形成の問題は，学習や成長の問題でもあり，発達心理学や教育心理学の領域とも重なる。自己伝達の問題は，社会あるいは人間関係における人格適応の問題として，臨床心理学や社会心理学の領域とも重なる。あるいは，自伝的記憶研究が記憶研究全般に再編成をうながすようなインパクトを与えれば，認知心理学のさらなる発展が期待できる。

自伝的記憶研究が，科学的価値を維持し真理を追究しながら，一方では，現実に生

きる私たちに指針を与えるような学問に発展することを，切に望む次第である。

4節　今後の自伝的記憶研究への2つの提案

1 ── 自伝的記憶研究と伝統的な実験室的記憶研究との相違点

　筆者は自伝的記憶研究と伝統的な実験室的記憶研究とが基本的に異なる点は，2つあると考えている。1つは，実験室的研究の多くは，記憶材料があり，それを符号化し，貯蔵し，検索するという3過程がすべて研究対象になるのに対して，自伝的記憶研究の多くは，すでに貯蔵されている記憶を検索することにより研究が進められる点である。すなわち，自伝的記憶研究のパラダイムでは，研究者がある基準に基づいて作成した記憶材料が存在しない点が，実験室的研究との大きな相違点である。神谷俊次先生の日誌法による研究（3章参照）や上原泉先生による幼児の個人的出来事の縦断的研究（4章参照）では，符号化時も研究の視野に入っているが，それは実験室における統制された条件での符号化とは異なるものである。

　自伝的記憶研究と伝統的な実験室的記憶研究とのこの相違点は，符号化されるものが客観的に決められているかどうかの違いともいえる。さらに別の言い方をすれば，研究対象である記憶内容が，限定されているかどうかの違いでもある。すなわち，自伝的記憶研究は，膨大で混沌とした記憶内容を研究対象としており，この点が自伝的記憶研究の大きな特徴であり，それは同時に，研究のおもしろさと難しさにも通じるものである。

　自伝的記憶研究を，「構造に関する研究」と「機能に関する研究」に大きく分けるとすれば，前述の特徴は前者に属するものである。自伝的記憶研究が伝統的な実験室的記憶研究と異なるもう1つの大きな特徴は，この研究が記憶研究の領域にとどまらず心理学の他の領域，あるいは心理学以外の学問とも必然的に関わってくるという点である。この特徴は，前述の自伝的記憶研究の2つの分類のうち，機能に関する研究を考えれば，自明のことであろう。心理学についていえば，自伝的記憶とパーソナリティ形成との関係の研究は人格心理学，自伝的記憶内容の開示と人間関係は社会心理学，心理療法との関係は臨床心理学，また発達心理学や教育心理学の研究領域でも扱われている。そして何よりも，現実社会で生きている個々人を理解するためには，どのような自伝的記憶をもっているかということは，たいへん重要なことである。もしそれが把握できれば，自伝的記憶研究の視点から，その個々人の価値観，人生観あるいは将来の展望の理解も可能になってくる。このように考えていくと，自伝的記憶の機能に関する研究は，心理学全体に関する研究であり，血の通った，本来の心理学研

2 ── 自伝的記憶の構造やメカニズムについての理論的検討

　自伝的記憶研究が伝統的な実験室的研究と比べて，このような2つの基本的特徴をもつとした場合，筆者は，ここで今後の研究方向として，2つの提案をしたい。

　まず第1の提案は，自伝的記憶研究の対象が膨大で混沌としている記憶内容であるならば，その構造やメカニズムについて，さらなる理論的検討が必要ではないか，ということである。もちろん既存のいくつかの理論的検討があるが，対象の複雑さと膨大さを考えると，既存のものは一部の記憶を扱っているにすぎないと言わざるを得ない。自伝的記憶といわれる中には，生き生きとしたイメージを伴って思い出せることもあれば，全体的内容がぼんやりとしか思い出せないが，アルバムに写真があったり，何回も他人にその事を話したりしており，確かに自己の行動であると確信できる記憶もある。この極端な例は，まったくエピソード記憶はないが，自己に関する知識として記憶している場合であり，言ってみれば歴史上の人物に対する知識とある意味では同様の知識であろう。膨大な自伝的記憶の中には，さらに，フラッシュバルブメモリーのように鮮明な記憶もあれば，初期記憶のように，自分の記憶なのか家族からの伝聞なのかわからないような，非常に曖昧で微かな記憶もある。このように，自伝的記憶と一口に言ってもさまざまな記憶が考えられ，その構造やメカニズムの原理は異なっているかもしれない。もしそうならば，いつも自伝的記憶を1つの記憶システムとして考えることは，研究の発展を妨げていることになるだろう。

　BerntsenとHall（2004）では，自伝的な不随意記憶では手がかり語法による自伝的記憶と比較して，より具体的で情緒的な自伝的記憶が思い出されやすいことが示されている。これは一例にすぎないが，研究方法により想起内容が異なることは明らかである。したがって膨大で混沌とした自伝的記憶内容を把握するためには，多面的な方法による研究が必要である。そのうえで，記憶内容の分類・整理や想起メカニズムの検討がされなければならないと考えられる。

3 ── 自伝的記憶研究から心理学の再編成を

　第2の提案は，前節の最後に述べた，自伝的記憶研究は単なる記憶研究の一領域ではないということと関連することである。自伝的記憶研究が，とくにその機能的側面における研究において，心理学のほとんどすべての領域と関係をもたざるを得ないのならば，自伝的記憶研究の観点から，人間に関する科学としての心理学の構成を再編してはどうかということである。そして方法においても理論においても，記憶研究以

外の領域の知見をフルに活用し，生きた人間の心理究明に迫れれば，この提案の目的は達成されたことになる。従来の心理学は，実験心理学，臨床心理学，社会心理学等々のような領域に分けられることが多いが，このような分け方とは異なる自伝的記憶研究独自の心理学とは，どのようなものであろうか。筆者も現時点ではよいアイデアがあるわけではない。たとえば「自分づくりの心理」「生きかたの心理」「知恵の心理」など日常用語で表されるようなかたちでの心理学の再編，また「内的情報」「外的情報」「伝達情報」などと，あるキーワードに依拠した心理学の構成も考えられるだろう。いずれにしても，心理学，場合によっては心理学を越えた広い視野から自伝的記憶研究を考え直すことにより，理論的にも方法的にも，さらなる発展がみられると考えたいということが，第2の提案の主旨である。このあたりのことがうまくいけば，将来，「自伝的記憶研究」という学際的な1つの学問分野を形成することも，夢ではない。

引用文献

Berntsen, D. 1998 Voluntary and involuntary access to autobiographical memory. *Memory*, **6**, 113-141.

Berntsen, D., & Hall, N. M. 2004 The episodic nature of involuntary autobiographical memories. *Memory & Cognition*, **32**, 789-803.

Bohannon, J. N. III 1988 Flashbulb memories for the Space Shuttle disaster: A tale of two theories. *Cognition*, **29**, 179-196.

Brown, R., & Kulik, J. 1977 Flashbulb memories. *Cognition*, **5**, 73-99.

Fivush, R., & Hamond, N. R. 1989 Time and again: Effects of repetition and retention interval on 2 year olds' event recall. *Journal of Experimental Child Psychology*, **47**, 259-273.

Fivush, R., Hudson, J. A., & Nelson, K. 1984 Children's long-term memory for a novel event: An exploratory study. *Merrill-Palmer Quarterly*, **30**, 303-316.

堀内 孝 2004 自己と認知 大島 尚・北村英哉（編） 認知の社会心理学 北樹出版 Pp.26-41.

Horiuchi, T., Nomura, M., Iidaka, T., Sadato, N., Okada,T., & Yonekura, Y. 2002 Differences between self referent encoding and other encodings: An event-related fMRI study. *NeuroImage. 8th International Conference on Functional Mapping of Human Brain*, 308.

James, W. 1890 *The principles of psychology*. New York, NY: Holt.

神谷俊次 2003 不随意記憶の想起に関する考察―想起状況の分析を通じて心理学研究, **74**, 444-451

神谷俊次 2004 自伝的記憶の想起における感情手がかりの効果 アカデミア 人文・社会科学編, **78**, 287-309.

Klein, S. B., & Loftus, J. 1993 The mental representation of trait and autobiographical knowledge about the self. In T. K. Srull & R. S. Wyer, Jr. (Eds.), *Advances in social cognition Vol. V. The mental representation of trait and autobiographical knowledge about the self.* Hillsdale, NJ: Lawrence Erlbaum Associates. Pp.1-49.

Linton, M. 1982 Transformations of memory in everyday life. In U. Neisser (Ed.), *Memory observed: Remembering in natural contexts.* San Francisco, CA: Freeman. Pp.77-81.

越智啓太 2004 感情・情動と自伝的記憶の関連――本当に感情システムは自伝的記憶に影響を及ぼすのか 佐藤浩一・槙 洋一・下島裕美・堀内 孝・越智啓太・太田信夫 2004 自伝的記憶研究の理論と方法 日本認知科学会テクニカルレポート, 51, 15-18.

Salovey, P., Sieber, W. J., Jobe, J. B., & Willis, G. B. 1994 The recall of physical pain. In N. Schwartz & S. Sudman (Eds.), *Autobiographical memory and the validity of retrospective reports.* New York, NY: Springer-Verlag. Pp.89-106.

佐藤浩一・槙 洋一・下島裕美・堀内 孝・越智啓太・太田信夫 2004 自伝的記憶研究の理論と方法 日本認知科学会テクニカルレポート, 51.

佐藤浩一・越智啓太・神谷俊次・上原 泉・川口 潤・太田信夫 2005 自伝的記憶研究の理論と方法(2) 日本認知科学会テクニカルレポート, 55.

佐藤浩一・野村信威・遠藤由美・太田信夫・越智啓太・下島裕美 2006 自伝的記憶研究の理論と方法(3) 日本認知科学会テクニカルレポート, 57.

佐藤浩一・白井利明・杉浦 健・下島裕美・太田信夫・越智啓太 2007 自伝的記憶研究の理論と方法(4) 日本認知科学会テクニカルレポート, 61.

Schrauf, R. W., & Rubin, D. C. 2000 Internal languages of retrieval: The bilingual encoding of memories for the personal past. *Memory & Cognition,* **28**, 616-623.

Thompson, C. P. 1982 Memory for unique personal events: The roommate study. *Memory & Cognition,* **10**, 324-332.

Wagenaar, W. A. 1986 My memory: A study of autobiographical memory over six years. *Cognitive Psychology,* **18**, 225-252.

White, R. 2000 Memory for events after twenty years. *Applied Cognitive Psychology,* **16**, 603-612.

人名索引

A
Ackerman, A. M.　81
Adair, J.　24
Addis, D. R.　64
上里一郎　171
Aldrige, M.　193
Alea, N.　66
Allport, G. W.　112
Anderson, H.　156
Andrews, B.　6

B
Ball, C. T.　42
Barclay, C. R.　35
Barsalou, L. W.　27
Bekerian, D. A.　9,27
Berntsen, D.　7,40,83,107
Bird, A.　193
Bluck, S.　62,177
Bowlby, J.　177
Brennan, P. L.　163
Brewer, W. F.　2
Brotchie, J.　167
Brown, N. R.　10,111
Brown, R.　105
Bruhn, A. R.　20
Bruner, J.　133
Buehler, R.　61
Burnside, I.　165
Burt, C. D. B.　4,35
Butler, R. N.　163

C
Campbell, D. T.　10
Carstensen, L. L.　65
Chemtob, C.　105
Clayton, N. S.　124
Conway, M. A.　4,27,84,96
Crawley, R. A.　24
Crawley, S. E.　122

D
Davidow, S.　21

Davis, P. J.　79
DeCooke, P. A.　35
Dickinson, A.　124
Dunn, J.　186

E
Eacott, M. J.　24
Ebbinghaus, H.　78
遠藤由美　134
Erikson, E. H.　84,160,163,180

F
Fivush, R.　119,189
Fradera, A.　120
Franklin, H. C.　80
Fredrickson, B. L.　68
French, C. C.　122
Freud, S.　78
Friedman, W. J.　117

G
Galton, F.　76
Gardiner, J. M.　93
Glück, J.　68
Goolishan, H.　156
Gould, O.　85

H
Habermas, T.　10,177
Haight, B. K.　165
Harris, P. L.　194
Harsch, N.　110
Harter, S.　187
橋本　宰　168
林　幹也　96
Holding, D. H.　80
Hollingshead, A.　95
Holmes, A.　84
堀内真希子　98
堀内　孝　95
Horselenberg, R.　39
Hughes, C.　188
Hunter, E. C. M.　6

215

Hyland, D. T.　81
Hyman, I. E.　28

■ J
Jacoby, L. L.　93
James, W.　129
Jin, J. A.　189
Johnson, H. M.　12
Johnson, M. K.　8
Joslyn, S.　38

■ K
神谷俊次　41,205
Keubli, J.　190
Kitayama, S.　79
Klein, S. B.　70,94
Kleinman, A.　175
小谷津孝明　121
Kulik, J.　105
Kurbat, M. A.　119
黒川由紀子　163
Kvavilashvili, L.　40

■ L
Lampinen, J. M.　38
Lee, P. J.　111
Lens, W.　141
Levine, B.　6
Libby, L. K.　133
Linton, M.　5,34,116,205
Lipian, M. S.　194
Little, J. C.　42
Loftus, E. F.　28
Loftus, J.　70,94
LoGerfo, M.　168
Luborsky, M. R.　7
Lyubomirsky, S.　192

■ M
Mace, J. H.　41
Maguire, E. A.　9
槇　洋一　85
Mandler, G.　40
Mansour, E.　65
Markus, H. R.　79,130
Marsh, E. J.　66

McAdams, D. P.　6
McLean, K. C.　68
Meacham, J. A.　163
Mead, G. H.　133
Moffitt, K. H.　64

■ N
仲　真紀子　85,189
中野　卓　175
Neisser, U.　24,105,119
Nelson, K.　49,125
Nigro, G.　24
西本実苗　159
野村晴夫　180
野村信威　168
野村豊子　163
Norrick, N. R.　66
Nuttin, J.　141

■ O
Oakes, M. A.　38
越智啓太　106,202
Odegard, T. N.　38
及川　晴　107
大橋靖史　143

■ P
Paha, C.　10
Pasley, L. E.　112
Pasupathi, M.　65
Perrota, P.　163
Pillemer, D. B.　11,67,106,122,157
Piolino, P.　6
Pleydell-Pearce, C. W.　96
Pohl, R. F.　67
Polkinghorne, D. E.　175
Polo, M.　65
Postman, L.　112

■ R
Raikes, H. A.　195
Ready, R. E.　43
Reese, E.　193
Richert, A. J.　182
Ricoeur, P.　175
Robins, R. W.　8

Ross, M.　64,121,133
Rubin, D. C.　7,83,120

■ S
相良陽一郎　110
桜井　厚　175
Salovey, P.　64
Sanitioso, R.　130
佐々木直美　171
佐藤浩一　9,19,139
Schlagman, S.　40
Schopflocher, D.　10
Seifert, C. M.　12
Shaver, P.　190
Sheingold, K.　23
清水寛之　8,142
下島裕美　121,144
Singer, J. A.　64
白井利明　142
Srull, T.　131
Steinberg, L. D.　163
Strayer, J.　188
Subramaniam, G.　39
菅原まゆみ　47
杉浦　健　140,152
Sutin, A. R.　8

■ T
Takahashi, M.　8
Tenney, Y. J.　23
Terr, L.　24,109
Thompson, C. P.　120,205
Thompson, R. A.　195
Thorne, A.　68
Thornton, S.　167
Tippett, L. J.　64
都築　学　143
Tulving, E.　3,91,124
Tversky, B.　66

■ U
上村有平　147

■ W
Wagenaar, W. A.　5,35,116,205
Walker, W. R.　38

Wang, Q.　79
Ward, J.　120
Watt, L. M.　166
Webster, J. D.　60,85,166
Welch-Ross, M. K.　193
White, R.　5,35
Whitesell, N. R.　187
Wilson, A. E.　64,121
Wirtz, D.　68
Witvliet, C. vanOyen　105
Woike, B.　65
Wong, P. T. P.　166,180
Wood, J.　193
Wyer, R.　131

■ Y
山田冨美雄　168
やまだようこ　180

事項索引

■欧文
autonoeticな意識　2
Crovitz法　19
fMRI（functional magnetic resonance imaging）　204
IRK手続き（independence/remember-know procedure）　93
Know反応　2,93
noeticな意識　2
PTSD（post traumatic stress disorder：心的外傷後ストレス障害）　8,20,107,207
Remember反応　2,93
RK手続き（remember-know procedure）　93
SPIモデル（serial-parallel-independent model）　92
TALE尺度（Telling About Life Experiences Scale）　62

■あ
愛　207
アイデンティティ　7,60,82,90,167,203
アルツハイマー症　20,64
アンカーとなる出来事（anchoring events）　157

■い
意識的成分　93
痛み　207
一次記憶システム（primary memory system）　91
一貫性（coherence）　177
一般的回想法　165
一般的な出来事（general event）　4,99
意味記憶　9,60,202
意味記憶システム（semantic memory system）　91,203
意味づけ（meaning making）　7,68,106,130

■う
ヴァレンス（valence）　187
うつ（病）　20,68,195

■え
エコー　189
エピソード記憶　3,48,116,129,201
エピソード記憶システム（episodic memory system）　91,203
エピソード報告開始時期　51

■お
横断的研究　47
汚濁シーケンス　7

■か
概括性　8,39
回想　60,99,142,163,209
　——のタイプ　166
　——のモダリティ　168
回想機能尺度（reminiscence functions scale）　60,86,167
回想的記憶　209
回想展望法　142
回想法（reminiscence therapy）　85,163
回想療法　158
階層構造モデル　10,99
外的妥当性（external validity）　10
会話スタイル　188
拡張された自己（extended self）　119
過去・現在・未来の相互関係　138
仮説構成体　129
家族　84
語り（narrative）　7,49,175
　——の一貫性　192
　——の機能性　176
　——の構造　176
カレンダー効果（calendar effect）　119
感情
　——語彙　190
　——表現　186
　——表現の発達　186
　——を語ることの機能　191

■き
記憶経験質問紙（memory experiences

questionnaire) 8
記憶語発話時期　51
記憶特性質問紙（memory characteristics questionnaire) 8
記憶表象説　134
記憶を植えつける実験　28
基準点（anchoring events）　67
虐待　6,103,193
客観的時間　117,135
客観的な成長　154
救済シーケンス　7
教育心理学　210
共感性　67,188
協同　139

■け
言語化　206
顕在記憶（explicit memory）　93,200

■こ
語彙獲得　190
後悔　143
構成説　135
高齢者におけるポジティビティ効果（positivity effect in the old age）　86
心の理論　188
個人的意味記憶　6
個人的出来事記憶（personal event memory）　67
コミュニケーション　209
語用論的な機能　187

■さ
再構成　204
再認開始時期　51
再認課題　51,93
作動記憶（working memory）　91,203
作動自己（working self）　203
参照記憶化　106
参照記憶のデフォルメ　112

■し
ジェンダー　189
時隔感　121,144
自覚的で合理的な思考者　131

時間情報処理能力の発達　116
時間スキーマ　117
時間の展望　123,138
自己　202
自己意識　203
自己概念　86,94,116,129,201
自己語り（self-narrative）　90,183
自己関連付け効果（self-reference effect）　94
自己機能　41,63
自己形成　208
自己高揚動機　134
自己査定動機　131
自己スキーマ（self-schema）　3,39
自己定義記憶(self-defining memory）　5,64
自己転換の語り　151
自己伝達　208
自己同一性　129
自己の一貫性　63,130,203
自己の発達　80
自己の変動性　130
自己表象　128
示差性　82
持続的な（人生の）水準点(benchmarks）　106
実験室的研究　211
実体　129
質問紙法　23,207
自伝想起の再生・再認モデル2008　94
自伝の記憶
　――の機能　22,41,60,85,106,157,201
　――の内容　20,90
　――の分布　64,76
自伝的記憶質問紙(autobiographical memory questionnaire) 8
自伝的記憶面接　5
自伝的推論（autobiographical reasoning）　65
自動的成分　93
司法面接　193
社会・文化的影響　189
社会機能　41,65
社会心理学　210
社会的構築（social construction）　154
社会的構築主義（social constructionism）　154

社会的相互作用　80,187
社会的相互作用説（social interaction theory）
　　79
収束的妥当性　2
縦断的研究　47,211
縦断的調査　50
主観的経験（subjective experience）　132
主観的時間　117,135
主観的な成長　154
熟知度　203
出発点（originating events）　67,139,204
循環　156
情意的側面　210
生涯発達　84,152,177
事例研究　48
白熊効果　107
人格心理学　211
人格適応　210
新奇性　82
新近性効果　24,78
人生の時期（lifetime period）　4,99,147
人生の転機　154
心的時間旅行（mental time travel）
　　3,100,124
侵入想起　107
信憑性　204
心理的現実（psychological reality）　22

■す
スキャフォルディング　189

■せ
精神的健康　192
精神分析モデル　201
生態学的自己（ecological self）　119
成長の力動的安定　159
生物学的説明　82
セルフ・スキーマ　25,129
潜在記憶（implicit memory）　93,200
潜時　5,68
漸成図式　160
前頭前野内側部（MPFC：medial prefrontal
　　cortex）　204

■そ
想起意識　200
想起と再符号化　106
想起内容　5,23,68,84,90,201
相互協調的自己像　79
相互独立的自己像　79
ソーシャルスキル　67

■た
体験の意味づけ　106
体制化　203
タイプ1トラウマ　109
タイプ2トラウマ　109
多重人格障害　110
短期記憶（short-term memory）　91

■ち
知覚表象システム（PRS：perceptual
　　representation system）　91
知識構造としての自己　129
中央実行系　204
長期記憶　203
治療的傾聴者（therapeutic listener）　172

■て
手がかり語法（cue word method）
　　4,25,43,68,76,212
出来事手がかり法（event cueing）　4
出来事に特異的な知識（event specific
　　knowledge）　4,99
出来事の中心性尺度（centrality of event
　　scale）　7
手続き記憶　60,200
手続き記憶システム（procedural memory
　　system）　91
テレスコーピング（telescoping）　119
転換点（turning points）　67
転機　6,65,122,150,177
　　――をめぐる循環論　140
展望的記憶　209

■と
トートロジー（循環論法）　158
トラウマ　7,24,43,86,103,122
トラウマ記憶　8,103,202

事項索引

■な
内的妥当性（internal validity） 10
ナウ・プリント（Now Print!） 105,202
ナラティブ（narrative） 49,79,151
ナラティブ・アプローチ 175

■に
偽の説明の受け入れ 112
日誌再生法（diary recall method） 33
日誌法 5,33,66,99,120,205
入院 194
認知症 164
認知心理学 210
認知発達 55,79,187

■ね
ネガティブな語彙 191
ネガティブな出来事 71,81,192

■の
脳機能画像研究 8,69

■は
ハイリスクな環境 195
発達心理学 210
反応時間 25
バンプ 24,64,120,205

■ひ
被害者陳述 193
非指示的日誌法 36
ビデオ録画面接 193
被誘導性 112
非連続性の認識 152

■ふ
フォールス・フラッシュバルブメモリー 111
複数の感情 187
不随意記憶 5,40,99,212
不随意記憶日誌法（involuntary memory diary method） 33
不随意的想起 9,201
フラッシュバルブメモリー 8,105,202
文化 79

■へ
ヘッドスタート計画 195

■ほ
忘却 204
方向づけ機能 41,67,201
ポジティブな出来事 81,107,192

■も
物語 175
物語構造 176
物語的な現実 156

■よ
幼児期健忘（childhood amnesia/infantile amnesia） 49,78,118
曜日エラー（DOW：day of week error） 120
抑圧（repression） 37,79,108,122
抑うつ 3,39,68,97,163

■ら
ライフ・スクリプト（life script） 83
ライフストーリー 3,48,65,177,203
ライフストーリー面接 6
ライフスパン 64,76
ライフレヴュー（life review） 163

■り
リスクのある子ども 193
リハーサル 202
臨床心理学 210
倫理 27
倫理基準 28

■る
類推（analogous events） 67

■れ
歴史認識 139
レミニセンス・バンプ（reminiscence bump） 80

執筆者一覧 (執筆順)

佐藤浩一	(編者)	1章, 5章
越智啓太	(編者)	2章, 8章
神谷俊次	(名城大学人間学部)	3章
上原(村上)泉	(お茶の水女子大学大学院人間文化創成科学研究科)	4章
槙 洋一	(北海道大学大学院文学研究科)	6章
堀内 孝	(岡山大学大学院社会文化科学研究科)	7章
下島裕美	(編者)	9章
遠藤由美	(関西大学社会学部)	10章
白井利明	(大阪教育大学教育学部)	11章
杉浦 健	(近畿大学教職教育部)	12章
野村信威	(明治学院大学心理学部)	13章
野村晴夫	(大阪大学大学院人間科学研究科)	14章
仲 真紀子	(北海道大学大学院文学研究科)	15章
太田信夫	(東京福祉大学大学院心理学研究科)	16章

編者紹介

佐藤浩一（さとう・こういち）
 1962 年　香川県に生まれる
 1990 年　大阪大学大学院人間科学研究科博士後期課程単位取得退学
 現　在　群馬大学大学院教育学研究科教授　博士（学術）
 〔主著〕
  日常認知の心理学（共編著）　北大路書房　2002 年
  記憶の生涯発達心理学（共著）　北大路書房　2008 年
  自伝的記憶の構造と機能　風間書房　2008 年

越智啓太（おち・けいた）
 1965 年　神奈川県に生まれる
 1992 年　学習院大学大学院人文科学研究科博士前期課程修了
 現　在　法政大学文学部心理学科教授
 〔主著〕
  法と心理学のフロンティア（共著）　北大路書房　2005 年
  記憶の心理学と現代社会（共著）　有斐閣　2006 年
  犯罪心理学（編著）　朝倉書店　2006 年
  記憶の生涯発達心理学（共著）　北大路書房　2008 年
  犯罪捜査の心理学　化学同人　2008 年

下島裕美（しもじま・ゆみ）
 1969 年　東京都に生まれる
 1997 年　慶応義塾大学社会学研究科博士課程単位取得退学
 現　在　杏林大学保健学部准教授　博士（心理学）
 〔主著・論文〕
  自伝的記憶の時間的体制化　風間書房　2001 年
  出来事の記憶における時隔感（共著）　心理学研究, 70, 136-143.　1999 年
  Memory of elapsed time and feeling of time discrepancy. *Perceptual and Motor Skills*, **94**, 559-565.　2002 年
  On feeling negative past as a part of current self: Subjective temporal organization of autobiographical memories. *Psychological Reports*, **95**, 907-913.　2004 年
  医療倫理と教育：4 ボックス法を用いた McCormick 博士の講義ノート（共著）　杏林医学会雑誌, **38**(1), 2-10　2007 年

自伝的記憶の心理学

| 2008年9月10日 | 初版第1刷発行 | 定価はカバーに表示 |
| 2012年6月20日 | 初版第2刷発行 | してあります。 |

編著者　佐　藤　浩　一
　　　　越　智　啓　太
　　　　下　島　裕　美

発行所　　　㈱北大路書房
〒603-8303　京都市北区紫野十二坊町12-8
　　　　　　電　話　(075) 431-0361 (代)
　　　　　　ＦＡＸ　(075) 431-9393
　　　　　　振　替　01050-4-2083

ⓒ 2008　制作／見聞社　印刷・製本／亜細亜印刷(株)

検印省略　落丁・乱丁本はお取り替えいたします。
ISBN978-4-7628-2614-6　　Printed in Japan